Elogios a
Persigue tu león

«*Persigue tu león* es un mensaje poderoso, apasionado e inspirador. Cuando persigues el sueño que Dios tiene contigo, puede que te asuste un poco pero, hombre, ¡cómo vale la pena!»

—Tim Tebow, jugador estelar de fútbol americano (NFL)

«Creativo. Inspirador. Desafiante. Los escritos de Batterson siempre nos animan y *Persigue tu león* no es la excepción. Si sientes como que la vida ha encogido el tamaño de tus sueños, ¡este libro es para ti!»

—Louie Giglio, pastor de la congregación Passion Church, fundador de las Conferencias Pasión y autor del libro *The Comeback*

«Mark Batterson nos recuerda confiar en la poderosa verdad de que con Dios no tenemos que dejar que nuestro pensamiento sea limitado. Al obedecerle, dejamos que nuestra fe creciente nos empuje a soñar en grande y a apoyarnos cada vez más cerca a Él sin temor ni vacilación. Es el momento de confiar en nuestro Dios, el cual nos permite realizar cosas que parecen más grandes de lo que pudiéramos imaginar».

—Craig Groeschel, pastor de Life.Church y autor de
#Struggles: Following Jesus in a Selfie-Centered World

«En todo lo que hacemos buscamos pertenecer a un grupo, en cuanto a nuestros sueños no debería ser diferente. En *Persigue tu león*, Batterson nos anima a aunar esfuerzos, compartir nuestros sueños y perseguirlos. Y, al hacerlo, nos convertimos no solo en perseguidores de sueños, sino en receptores ideales para los otros en nuestra manada».

—Steven Furtick, pastor de Elevation Church y
autor de best sellers del *New York Times*

«¡El pastor Mark lo ha hecho de nuevo! Esta es una lectura obligada para cualquiera que alguna vez se haya sentido desanimado o decepcionado. *Persigue tu león* no solo me ayudó a darle una nueva mirada al propósito de mi vida, sino que también renovó mi energía para soñar en grande y trabajar duro. El pastor Mark verdaderamente tiene el don de hacer la Palabra de Dios accesible y alentadora».

—Mara Schiavocampo, corresponsal de *Good Morning America*

«*Persigue tu león* promueve una mentalidad amplia que impulsa nuestra capacidad de soñar para que sea más grande aun. Este modo de pensar es una elección, una decisión, y la creencia de que Dios nos diseñó y creó a cada uno de nosotros para la grandeza, nada menos. Si no somos lo suficientemente valientes y audaces para extendernos nosotros mismos y creer que Dios nos dará capacidad para la grandeza, habremos sido infieles a nuestro potencial. Este libro es para cualquier persona que tema no alcanzar la verdadera grandeza de la que es capaz».

—Buzz Williams, entrenador en jefe de baloncesto en Virginia Tech

«Los escritos de Mark Batterson han tenido un profundo impacto en mi vida, tanto en lo personal como en lo profesional. Acepta conmigo el desafío de Mark para perseguir un sueño que sea tan grande que solo Dios pueda convertirlo en realidad. ¡La vida es mejor cuando perseguimos leones!»

—Kirk Cousins, mariscal de campo del equipo Washington Redskins

«Los libros de Mark me han iluminado y ayudado a inspirar a nuestro equipo. Con la Palabra de Dios directamente, *Persigue tu león* es un gran mensaje para cualquier equipo y para las personas en todos los ámbitos de la vida».

—John Harbaugh, entrenador en jefe de los Baltimore Ravens

«Mark Batterson es una voz destacada entre la nueva generación de pastores en Estados Unidos. Tiene mucha sabiduría que ofrecer a todo aquel que quiera acercarse a Jesús. Él combina brillantemente la visión y la claridad de un pionero con la calidez y la amabilidad de un pastor».

—Nicky Gumbel, vicario de Holy Trinity Brompton

«Acabo de terminar *Persigue tu león* y estoy sollozando, impresionado por el modo en que mi Dios me creó para que sea un guerrero en su nombre. Las palabras de Mark me obligan a preguntarme y contestarme: ¿Qué leones estoy persiguiendo? ¿Qué sueños estoy teniendo que van a hacer una diferencia en mis hijos y en los hijos de mis hijos y dentro de un centenar de años?»

—Hugh Freeze, entrenador en jefe de fútbol de la Universidad de Mississippi

PERSIGUE TU LEÓN

**Si tu sueño no te asusta,
es demasiado pequeño**

Mark Batterson

www.EditorialNivelUno.com

Para vivir la Palabra

Para vivir la Palabra

Para vivir la Palabra

MANTÉNGANSE ALERTA;
PERMANEZCAN FIRMES EN LA FE;
SEAN VALIENTES Y FUERTES.
—1 Corintios 16:13 (NVI)

Persigue tu león por Mark Batterson
Publicado por Editorial Nivel Uno, Inc.
Miami, Florida
www.casacreacion.com
©2023 Derechos reservados

ISBN: 978-1-941538-31-9
E-book ISBN: 978-1-941538-33-3

Desarrollo editorial: *Grupo Nivel Uno, Inc.*
Adaptación de diseño interior y portada: *Grupo Nivel Uno, Inc.*
Fotografía de portada: Adobe stock #77364960

Publicado originalmente en inglés bajo el título:
    Chase the Lion
    Publicado por *Multnomah Books*
    un sello de *The Crown Publishing Group*
    una división de Penguin Random House LLC
    Published in association with the literary agency of The Fedd Agency, Inc.
    P.O. Box 341973, Austin, TX 78734
    Copyright © 2016 by Mark Battersonl
    Todos los derechos reservados.
Esta traducción es publicada por acuerdo con Multnomah Books, un sello de The Crown
Publishing Group, una división de Penguin Random House LLC

Nota de la editorial: Aunque el autor hizo todo lo posible por proveer teléfonos y
páginas de internet correctos al momento de la publicación de este libro, ni la editorial
ni el autor se responsabilizan por errores o cambios que puedan surgir luego de haberse
publicado.

Impreso en Colombia

23 24 25 26 LBS 12 11 10 9 8 7 6

A los perseguidores de leones
Ustedes han enfrentado sus temores y han perseguido sus sueños.
¡Sigan corriendo hacia el rugido!

CONTENIDO

Manifiesto del Perseguidor de Leones

Deja de vivir como si el propósito de la vida
es llegar seguro a la muerte.
Corre hacia el rugido.
Fija metas del tamaño de Dios. Persigue las pasiones que Dios te da.
Persigue un sueño que esté destinado a fracasar
si Dios no interviene.
Deja de señalar los problemas. Conviértete en parte de la solución.
Deja de repetir el pasado. Comienza a crear el futuro.
Enfrenta tus miedos. Lucha por tus sueños.
¡Agarra la oportunidad por la melena y no la dejes ir!
Vive como si hoy fuera el primer día y el último día de tu vida.
Quema los puentes pecaminosos. Abre nuevos caminos.
Vive para que te aplaudan las manos horadadas por los clavos.
No permitas que lo que esté mal contigo
te impida adorar a lo que está bien con Dios.
Atrévete a fallar. Atrévete a ser diferente.
Deja de resistirte. Deja de refrenarte. Deja de huir.

Persigue tu león.

PERSIGUE AL LEÓN

En un día de mucha nieve,
Benaía persiguió a un león hasta un hoyo y lo mató.

2 Samuel 23:20, ntv

Cuando la imagen de una bestia devoradora de hombres viaja a través del nervio óptico hacia la corteza visual, el cerebro transmite un mensaje urgente al cuerpo: *¡huye!* Eso es lo que hacen las personas normales, pero lo normal está sobrevalorado. Los perseguidores de leones no escapan; los perseguidores de leones corren hacia el rugido. Ellos no ven un problema de doscientos cincuenta kilos; ellos agarran la oportunidad por la melena. No salen volando; luchan a muerte por sus sueños.

Enterrado en el segundo libro de Samuel, el capítulo veintitrés y versículo veinte, está uno de los actos de valor más contrarios a la intuición en toda la Escritura. Es solo 1 de 31.102 versículos en la Biblia, pero es mi favorito. Es poco más que una línea escrita por un autor bíblico, pero se ha convertido en la historia de mi vida. Mi lema de vida se encapsula en su mensaje: *persigue tu león.*

Estaba también Benaía, hijo de Joiada, un valiente guerrero de Cabseel, quien hizo muchas proezas heroicas, entre ellas mató a dos campeones de Moab. En otra ocasión, en un día de mucha nieve, Benaía persiguió a un león hasta un hoyo y lo mató.[1]

Napoleón Bonaparte hizo una distinción entre dos tipos de valor: el *valor normal* y el *valor de las dos de la mañana.* «El atributo más raro entre los generales», dijo el Pequeño Cabo, «es el valor de las dos de la mañana».[2]

Perseguir un león hasta un hoyo en un día de mucha nieve requiere un valor como el de las dos de la mañana. Pero ese solo acto de valor cambió por completo la trayectoria de la vida de Benaía. Lo mismo es cierto contigo. Estás a una idea, a un riesgo, a una decisión de distancia de una vida totalmente diferente. Por supuesto, es probable que sea la decisión más difícil que nunca habrás de tomar, el riesgo más temible que jamás corras. Pero si tu sueño no te asusta, es demasiado pequeño.

La Escritura no explica qué estaba haciendo Benaía o a dónde iba cuando se cruzó con el león. No sabemos la hora del día ni su estado de ánimo. Lo que sí revela es su reacción visceral, la cual era valiente.

Ponte en las sandalias de Benaía.

Tu visión está oscurecida por la nieve que cae y el aliento helado. Por el rabillo del ojo detectas movimiento. Las pupilas se dilatan. Los músculos tensos. Ráfagas de adrenalina. Es un león que ronda acechando su presa: tú.

En la naturaleza, el guion de hombre contra león siempre se redacta de la misma manera. El hombre corre; el león persigue; el rey de las bestias come Manwich [sándwich de hombre] como almuerzo. Pero Benaía modifica el guion. ¡Eso es lo que hace el valor! No sé si fue la mirada en sus ojos o la lanza en su mano, pero el león dio media vuelta, huyó y Benaía lo persiguió.

Un león completamente desarrollado puede correr cincuenta y ocho kilómetros por hora y saltar nueve metros de un brinco. Benaía no tiene posibilidades, pero eso no le impide que lo persiga. Él no puede mantener el paso, pero puede seguir las huellas en la nieve recién caída. Así que llega al lugar donde el suelo ha cedido bajo el cuerpo de doscientos cincuenta kilos del león. Benaía se asoma al hoyo. Unos felinos ojos amarillentos resplandecen.

Es un momento hecho para Hollywood. Imagínalo en la pantalla grande. Benaía se aleja del foso, mientras el público en el cine suspira de alivio. Pero Benaía no se aleja; está dejando terreno por delante para tomar impulso. El público está sin aliento mientras Benaía da la vuelta y da un salto de fe, desapareciendo en la oscuridad. Un rugido ensordecedor se hace eco en las paredes del foso cavernoso, seguido de un grito de guerra que helaba la sangre.

Luego, silencio; un silencio de muerte.

En ese momento, nadie está comiendo palomitas de maíz. Todo el mundo espera que el león salga arrogante, sacudiendo su melena. Pero no. Una figura humana se levanta y sale del foso. Gotas de sangre colorean de carmesí la nieve. Hay marcas de garras en forma de equis en el brazo de la lanza de Benaía. Pero a pesar de todo, el valiente guerrero de Cabseel gana una victoria épica.

Aparecen los créditos de cierre.

Luego, si yo estuviera produciendo la película, después de los créditos habría una escena como en las películas de superhéroes de *Marvel:* la lucha enjaulada de Benaía con un egipcio gigante.[3]

Persigue al león

Si te encuentras en un hoyo con un león en un día de nieve, tienes un problema. ¡Es probable que sea el último que tendrás en tu vida! Pero tienes que admitir: «Maté a un león en un hoyo en un día de nieve» luciría tremendamente impresionante en tu hoja de vida, sobre todo si estás solicitando un puesto en la guardia real de Israel.

Benaía no solo consiguió el trabajo que soñaba como guardia personal del rey David, sino que su vida excedió sus sueños más irracionales. Benaía ascendió en la cadena de mando militar hasta la cima, convirtiéndose en comandante en jefe del ejército de Israel. El perseguidor de leones se convirtió en la persona más poderosa en el reino de Israel, después del rey. Sin embargo, la genealogía de su sueño se remonta a un momento de «o luchas o huyes». Una decisión determinó su destino. Y no es mucho lo que ha cambiado en los tres milenios desde entonces. Tú puedes huir de lo que te da miedo, pero vas a estar huyendo el resto de tu vida. Es hora de hacer frente a tus miedos, dar un salto de fe ¡y perseguir al león!

En cada jornada ensoñadora llega un momento en el que tienes que dejar de vivir como si el propósito de la vida fuera llegar de manera segura a la muerte. Tienes que perseguir un sueño que esté destinado al fracaso sin la intervención divina.

Tienes que hacerlo en grande o irte a casa.

Tienes que tomar el camino menos transitado o conformarte con lo corriente.

Tienes que hacer de tripas corazón u olvidarte de tus sueños.

Mi teoría es que: *tu escritura favorita se convertirá en el guion de tu vida.* Yo tomo mis pistas de 2 Samuel 23:20. Ese guion destaca lo que quiero ser, lo que quiero de la vida y lo que creo acerca de Dios. *Perseguir al león* es más que un bonito eslogan; es la meta narrativa que supera la historia de mi vida.

La mayoría de nosotros nos pasamos la vida huyendo de las cosas que tememos. Renunciamos a nuestros sueños en el altar del miedo. O perseguimos cosas equivocadas. Estamos tan ocupados subiendo la escalera del éxito que no nos damos cuenta de que está apoyada en la pared equivocada.[4]

Al final de nuestras vidas, nuestros pesares más grandes serán las oportunidades ordenadas por Dios que dejamos sobre la mesa, las pasiones que Dios nos dio pero que no perseguimos, y los sueños del tamaño de Dios que no salimos a buscar porque dejamos que el miedo dictara nuestras decisiones.

Sin agallas no hay gloria

La mayoría de la gente cree que Dios es real, pero pocas personas viven en realidad como si lo creyeran. El resultado es una creciente brecha entre su teología y su realidad. Permiten que sus circunstancias se interpongan entre ellos y Dios, en vez de dejar que Dios se interponga entre ellos y sus circunstancias. Los perseguidores de leones comparan todo con Dios todopoderoso, incluidos los leones de doscientos cincuenta kilos. Esa es la diferencia entre ser un miedoso y ser un perseguidor de leones.

Cuando todo esté dicho y hecho, Dios no va a decir: «Bien dicho», «Bien pensado» ni «Bien planificado». Hay una vara de medir: «¡Hiciste bien, siervo bueno y fiel!»[5]

Fidelidad no es quedarse cuidando la fortaleza.

Fidelidad es salir a perseguir leones de doscientos cincuenta kilos.

Hay un tipo de religiosidad que parece satisfecha con conformarse: *no hagas esto, no hagas aquello y estarás bien.* El problema con eso es el siguiente: puede que no hagas nada malo, pero tampoco haces nada bueno. Conformarse es salir mal. Dios nos ha llamado a jugar a la ofensiva con nuestras vidas. Aquellos que simplemente huyen de lo que está mal no llegarán a ser más que mediocristianos. La única manera de aprovechar el potencial que Dios te dio, de cumplir el destino que ordenó para ti, es saliendo a perseguir leones de doscientos cincuenta kilos.

El sueño de Dios para tu vida es mucho más grande, mucho mejor que tu conformismo. Si te concentras en no cometer errores, no te vas a destacar. No vences al pecado enfocándote en *no* pecar. Es necesario un sueño que sea más grande y mejor que las tentaciones que estás tratando de superar. Necesitas un sueño que no te permita ser desviado espiritualmente, un sueño que exija lo máximo posible de ti por lo máximo y superior de Dios.[6] Hay un antiguo aforismo que dice: *Sin agallas no hay gloria.* Cuando nos falta la osadía para perseguir leones de doscientos cincuenta kilos, le robamos a Dios la gloria que se merece. Por definición, un sueño del tamaño de Dios estará más allá de tu capacidad, más allá de tus recursos. ¡A menos que Dios lo haga, no se puede hacer! Y así es precisamente como Dios recibe la gloria. Él hace cosas que nosotros no podemos hacer para que no podamos tomar el crédito por ellas. Dios honra los grandes sueños porque los grandes sueños honran a Dios.

El destino no es un misterio. El destino es una decisión: una decisión difícil, una decisión audaz, una decisión contraria a la intuición. Tú cumples tu destino al aprovechar una oportunidad tras otra. Por supuesto, esas oportunidades a menudo vienen disfrazadas de problemas de doscientos cincuenta kilos. Caer en un hoyo con un león en un día de nieve califica como un mal día, una mala racha. Pero Benaía no lo vio como mala suerte; lo vio como su gran oportunidad.

Si estás buscando una excusa, siempre la encontrarás.

Si estás buscando una oportunidad, siempre la hallarás.

Los perseguidores de leones tienen ojo para la oportunidad. Hay oportunidades asombrosas a nuestro alrededor todo el tiempo, pero hay que verlas para aprovecharlas. Por tanto, necesitas tener un valor como el de las dos de la mañana para perseguirlas.

La génesis de un sueño

Cuando tenía diecinueve años, escuché un sermón que cambiaría la trayectoria de mi vida. Sam Farina predicó sobre un hombre llamado Benaía, que persiguió a un león en un hoyo en un día nevado. Nunca había oído esa historia, apenas podía creer que estuviera en la Biblia. Pero un pensamiento se disparó a través de mis sinapsis: *Si alguna vez escribo un libro, me gustaría escribirlo sobre ese versículo.* Esa fue la génesis de un sueño titulado *Con un león en medio de un foso cuando estaba nevando.*

Transcurrirían diez y seis años para que ese sueño se convirtiera en realidad, y casi lo abandono una o dos veces. El 16 de octubre de 2006, *Con un león* salió a la luz con muy poca fanfarria. De hecho, casi no vio su segunda edición. Pero *Con un león* venció los obstáculos e inspiró a una generación de perseguidores de leones a ir tras sus sueños. Diez años más tarde *Con un león* tiene una secuela: *Persigue tu león.*

A menudo me preguntan cuál de mis libros es mi favorito. ¡Es lo mismo que si me preguntaras cuál de mis hijos es mi favorito! Los amo a todos, pero hay algo único cuando ves tu libro primogénito en una estantería por primera vez. *Con un león* no es mi libro más vendido, pero si la vara a usar para medir son las decisiones que afectan la vida como resultado directo de su lectura, podría ganarse el gran premio. Ha sido un elemento de cambio para una gran cantidad de perseguidores de leones, por lo que voy a contarles algunas de las jornadas ensoñadoras de ellos en este libro: *Persigue tu león.* Sus sueños son tan diversos como ellos, pero cada uno ha perseguido un león a su propia manera. Espero que sus sueños de doscientos cincuenta kilos te inspiren tanto como a mí.

En la precuela de este libro, me he enfocado exclusivamente en Benaía, el guardia personal del rey David. *Persigue tu león* es el resto de la historia. Al igual que el círculo íntimo de Washington o el equipo de rivales de Lincoln, treinta y siete hombres poderosos de David califican como el grupo de hermanos más notable. Eran extraordinariamente valientes, apasionadamente leales. Sus hazañas serían increíbles si no estuvieran registradas en las Escrituras. Y sin ellos, el sueño de David de convertirse en rey habría sufrido una muerte de fugitivo.

Nuestro destino está entretejido con los demás de una forma más compleja de lo que cualquiera de nosotros pensamos. El objetivo de *Persigue tu león* no es simplemente ayudarte a descubrir *tu* sueño. ¡La mejor manera de descubrirlo es ayudando a otras personas a lograr el suyo! Eso es lo que hicieron los hombres valientes y, al hacerlo, sus vidas superaron sus sueños más salvajes.

Esa es mi oración por ti.

Espero que descubras *tu sueño del tamaño de Dios* en las páginas de este libro y que tengas el valor para perseguirlo. Sin embargo, tu mayor legado no es tu sueño, sino ¡los sueños que inspiraste en los demás! Tú no eres simplemente un soñador; eres un cazador de sueños.

Cuando comiences esta jornada de sueños, no vayas solo. ¡A los soñadores les gusta la compañía! Persigue al león con un amigo, un cónyuge, un mentor. Forma una manada, al igual que lo hacen los leones. Juntos pueden lograr mucho más que la suma total de tus sueños compartidos. El Dios que es capaz de hacer muchísimo más que todo lo que puedas pedirle, hará mucho más de lo que puedas imaginarte,[7] como lo hizo por David y sus hombres valientes.

Y recuerda, si tu sueño no te asusta, es demasiado pequeño.

UN SUEÑO DENTRO
DE OTRO SUEÑO

Éstos son los nombres de los soldados más valientes de David.

2 Samuel 23:8

En el verano de 1896, Orville Wright, de veinticinco años de edad, contrajo fiebre tifoidea. Estuvo varios días delirando, a punto de morir. Pasó todo un mes antes de que pudiera sentarse en la cama y varias semanas más antes de que pudiera salir de la cama. Y puede que eso haya sido lo mejor que le pudo ocurrir a Orville. Su hermano, Wilbur, se había interesado mucho en el vuelo humano. Con Orville postrado en cama, Wilbur tuvo su público cautivo. Le leía sobre el tema a Orville, en voz alta, y así es como el camino de los hermanos Wright se cruzó con su león.

Los leones de doscientos cincuenta kilos se esconden a menudo en las páginas de un libro, a la espera de un soñador que voltee una de ellas. Tu sueño puede estar a un libro, a una página, de distancia.

El obispo Milton Wright tenía una biblioteca bastante considerable para finales del siglo diecinueve. El obispo tenía una sacra curiosidad por todo lo referente a la vida, pero tenía una especial fascinación con el vuelo de las aves, lo que explica un título atípico en su estante: *El mecanismo de los animales: Un tratado de locomoción terrestre y aérea*. Para el tiempo en que Wilbur terminó de leer ese libro, ya había descubierto su destino. La fascinación del padre se había convertido en la obsesión de los hermanos.

El 30 de mayo de 1899, Wilbur escribió la carta más importante de su vida, dada la reacción en cadena que puso en movimiento. Dirigió la carta, escrita en papelería de la compañía Bicicletas Wright, al Instituto Smithsonian, informándoles que había comenzado un estudio sistemático del vuelo humano. Wilbur solicitó todo lo escrito sobre el tema, que no era mucho. Pero un libro, *L'Empire de l'Air* del agricultor, poeta y estudiante de vuelo francés Louis Pierre Mouillard, fue como «un profeta que clama en el desierto, que exhorta al mundo a arrepentirse de su falta de fe en la posibilidad del vuelo humano».[1]

Exhortar al mundo a arrepentirse de su falta de fe en la posibilidad del vuelo humano.

Me gusta esa frase, y mucho.

Me convence, me desafía.

¿De qué imposibilidad necesitas arrepentirte?

No es solo de nuestro pecado que necesitamos arrepentirnos. Es de nuestros sueños pequeños. El tamaño de tu sueño puede ser la medida más precisa del tamaño de tu Dios. ¿Es Él más grande que tu mayor problema, tu peor fracaso, tu error más grande? ¿Es Él capaz de hacer muchísimo más que todo lo que puedas pedir o imaginar?[2]

Un sueño del tamaño de Dios siempre estará más allá de tu capacidad, más allá de tus recursos. A menos que Dios intervenga, ¡no se puede hacer! Pero así es como Dios recibe la gloria. Si tu sueño no te asusta, es demasiado pequeño. Tampoco está a la altura de la gloria de Dios, por no darle la oportunidad de presentarse y mostrar su poder.

Este libro es un llamado al arrepentimiento: *arrepiéntete de tus pequeños sueños y tu pequeño Dios*. Es también un desafío: *un desafío a perseguir un sueño que sea más grande que tú*.

Para un Dios infinito, todos los finitos son iguales. No hay grande ni pequeño, fácil ni difícil, posible ni imposible. Cuando Jesús salió de la tumba al tercer día, la palabra *imposible* fue eliminada de nuestro diccionario. Así que deja de concentrarte en el león de doscientos cincuenta kilos. Fija tus ojos en el León de la tribu de Judá.

Lo imposible es una ilusión.

Los hermanos Wright no tenían educación, ni fondos ni amigos en las altas esferas. Todo lo que tenían era un sueño, pero eso es todo lo que se necesita si se acopla con una perseverancia tenaz. Una y otra vez, los hermanos Wright fracasaron en sus intentos por volar, pero se negaron a rendirse. Aprendieron de cada uno de los fracasos hasta que desafiaron la gravedad durante doce segundos en Kitty Hawk, Carolina del Norte, el 17 de diciembre de 1903.

Lo imposible es temporal. En el verano de 1896, el vuelo humano era ciencia ficción. Ahora es nuestra realidad diaria. En cualquier momento dado en un día cualquiera, cinco mil aviones que transportan un millón de pasajeros están volando a través de la tropósfera a quinientos kilómetros por hora. Y todo comenzó con un sueño. Siempre es así. Wilbur Wright se arrepintió de su incredulidad en la posibilidad del vuelo humano; el resto es historia.

No te limites a leer este libro.

¡Arrepiéntete de no creer que tu sueño es posible!

El origen

Mi esposa, Lora, y yo tenemos una pequeña tradición en la víspera de Navidad. Vemos el clásico de 1946, *Es una vida maravillosa*, protagonizada por Jimmy Stewart. Nuestros hijos tienen la suya. Ellos ven *El origen*, la película de ciencia ficción escrita, dirigida y producida por Christopher Nolan. Esa película introduce a nuestros hijos en el espíritu de la Navidad, supongo.

La trama no es fácil de desenredar, pero unos extractores se infiltran en las mentes subconscientes de sus objetivos y sacan información de allí, mientras estos están en un estado soñoliento. En una escena que cambia la trama, Dominic Cobb, interpretado por Leonardo DiCaprio, va más allá de la técnica de extracción. Intenta la casi imposible tarea de originar o implantar una idea en el subconsciente de uno de los objetivos.

Cobb le dice a su socio en el crimen, Arthur, interpretado por Joseph Gordon-Levitt: «Tenemos que plantarlo en lo profundo de su subconsciente». Arthur le pregunta: «¿Qué tan profundo?» Cobb dice: «A tres niveles de profundidad». Arthur responde con una pregunta que enmarca la película: «Un sueño dentro de otro sueño dentro de un sueño más, ¿es eso siquiera posible?»[3]

La película de Christopher Nolan popularizó la frase «un sueño dentro de otro sueño», pero su etimología se remonta a un poema de Edgar Allan Poe titulado: «Un sueño dentro de otro sueño». La última estrofa plantea una pregunta: «¿Es todo lo que vemos o no es más que un sueño dentro de otro sueño?»[4]

La respuesta, creo, es sí.

En el principio Dios tenía un sueño llamado creación. En el sexto día creó a los soñadores. Esa capacidad de imaginar es aplicable solo a los portadores de su imagen.

La imaginación es un regalo de Dios para ti.

El sueño es tu obsequio a Dios.

Suponemos que Adán y Eva habrían permanecido en el jardín del Edén por siempre si no hubieran comido del árbol del conocimiento del bien y el mal, pero eso es una mala interpretación del texto. Mucho antes de que Adán y Eva fueran expulsados del jardín, Dios les dijo que llenaran la tierra y la sometieran. Era una invitación divina a explorar, a aventurar, a descubrir, a soñar.

Todo al este del Edén era inexplorado: 510.100.422 kilómetros cuadrados de territorio virgen. No muy diferente de Cristóbal Colón, que fue comisionado por los reyes de España para encontrar una ruta occidental a las Indias, o Lewis y Clark, a quienes el presidente Jefferson les encargó que exploraran el territorio recién adquirido de Luisiana; Adán y Eva fueron comisionados por Dios para someter al planeta Tierra.

El astrónomo que traza el mapa de las estrellas, el genetista que traza el mapa del genoma humano, el investigador que busca una cura para el cáncer, el desarrollador que diseña centros de ciudades, el oceanógrafo que explora el arrecife de coral, el ornitólogo que estudia las especies de aves raras, el empresario que comienza empresas, el político que elabora la legislación, el físico que persigue a los cuarzos, y el químico que traza las estructuras moleculares están todos cumpliendo la comisión de Génesis en sus propias maneras.

No sé qué sueño te ha dado Dios, pero es un sueño dentro de otro llamado *Creación*. Es también una historia dentro de una historia llamada *Redención*. Dios está escribiendo su historia a través de ti, y siempre comienza con un sueño. Es posible que no te veas como un soñador, pero lo eres. Tienes sueños que ni siquiera estás consciente de ellos, sueños que no has pensado que son sueños. Si eres padre o madre, por ejemplo, tienes un sueño. Incluso le diste un nombre a tu sueño cuando él o ella nacieron.

Ahora voy a estrechar el diafragma un poco.

Y en los postreros días, dice Dios,
    Derramaré de mi Espíritu sobre toda carne,
    Y vuestros hijos y vuestras hijas profetizarán;
Vuestros jóvenes verán visiones,
    Y vuestros ancianos soñarán sueños.[5]

Soñarán sueños.

Ese es el subproducto natural y sobrenatural de ser llenos del Espíritu de Dios.

El Espíritu Santo puede crear inicios y lo hace. Él implanta sueños profundos dentro del espíritu humano, a tres niveles de profundidad. También extrae sueños que han estado muertos y enterrados por décadas, y los trae de vuelta a la vida. Y lo puede hacer de mil maneras.

Para Wilbur Wright, fue un libro que leyó a los veintinueve años.

Para mí, fue un sermón que oí a los diecinueve años.

Para David, fue el día que un profeta se presentó en su puerta.

El soñador

David estaba cuidando las ovejas del mismo modo que lo había hecho el día anterior y el día previo al anterior. Es lo que él hacía; es lo que él era. Así que cuando el profeta Samuel le dijo al padre de David que uno de sus hijos se convertiría en rey, el padre no se molestó en llamar a David. ¿Por qué? Porque su padre terrenal no vio el potencial de David. Vio a un niño pastor. Ni más ni menos.[6]

Samuel vio otra cosa, algo más.

Cuando reflexiono en mis sueños, agradezco eternamente por los profetas —entrenadores, maestros, pastores, mentores— que vieron un potencial en mí que yo no podía ver. En momentos críticos creyeron en mí más que lo que yo creía en mí mismo. Sus palabras de aliento me dieron el valor para dar los pasos de fe. Sus palabras sabias me ayudaron a navegar entre decisiones difíciles. Son gente común con nombres corrientes: Don, Bonnie, Bob, Karen, Bob, Bob y Dick, solo por nombrar unos pocos. Como Samuel con David, ellos me ayudaron a descubrir mi destino.

Nunca se sabe cuándo, dónde o cómo el destino llamará a tu puerta, pero rara vez tiene una cita programada. Casi nunca descubres tu sueño. Tu sueño es el que te descubre a ti cuando estás atendiendo fielmente a las ovejas. David era asesino de gigantes, compositor y el rey de Israel. Pero antes de que fuera ninguna de esas cosas, era soñador. Samuel hizo algo más que ungir la cabeza de David; implantó un sueño en el corazón de David. Y al igual que cualquier sueño del tamaño de Dios, tomaría tiempo y requeriría un equipo.

El equipo soñado

Segundo de Samuel 23 es más que una larga lista de treinta y siete nombres. Es una lista de personajes importantes. En las páginas que siguen, vamos a detallar algunos de sus actos heroicos. Estos eran los mejores amigos de David, sus confidentes más cercanos. No solo eran de valor sin igual, sino que su lealtad a David era absoluta. Todos ellos estaban dispuestos a dar sus vidas por la de David. Y eso plantea algunas preguntas: ¿Qué atraía a esos hombres poderosos hacia David? ¿Por qué echarían suertes con un fugitivo? ¿Qué transformó a esos rebeldes andrajosos en una banda de hermanos que arriesgarían sus vidas por lo que parecía una causa perdida?

Los hombres valientes se sentían atraídos por un soñador con un sueño del tamaño de Dios. Eso es lo que va a atraer a la gente hacia ti.

Sin su banda de hermanos, el sueño de David de convertirse en rey era una quimera. Su destino estaba ligado al de ellos y el de ellos estaba ligado al de David. El sueño de David se convirtió en el de ellos, un sueño dentro de otro sueño.

Nuestros sueños se entrelazan más estrechamente a través del tiempo y el espacio de lo que cualquiera de nosotros pueda imaginar. Tus sueños son posibles gracias a los sueños que se soñaron antes. El efecto dominó de tus sueños se sentirá por generaciones.

Benaía ayudó a David a cumplir con su destino, por lo que este se convirtió en el rey de Israel. Pero fue una acción de doble sentido. David ayudó a que los sueños de Benaía también se hicieran realidad. Cuando la corona pasó de David a su hijo Salomón cuarenta años más tarde, Benaía fue promovido de guardaespaldas a comandante en jefe del ejército de Israel. Y lo mismo puede decirse de Salomón. Fue el sueño de David lo que estableció a Salomón como rey de Israel, pero fue Salomón quien cumplió el sueño de su padre de construir un templo en Jerusalén.

Tu mayor legado no es tu sueño. Tu mayor legado es la próxima generación de soñadores que tu sueño inspire: los sueños dentro de otro sueño.

Uno de mis sueños es pastorear una iglesia de por vida, sueño que he estado viviendo por los últimos veinte años. Pero, en realidad, es un sueño dentro de otro sueño. Mi suegro, Bob Schmidgall, fundó y fue pastor de Calvary Church en Naperville, Illinois, por treinta y un años. Estuve por mucho tiempo en primera fila viendo con obediencia en la misma dirección. Vi lo que Dios podía hacer si uno se planta a sí mismo en un lugar y deja que sus raíces profundicen. El sueño de él implantó una semilla en mi espíritu, a tres niveles de profundidad.

Mi sueño no es mi legado.

Mi sueño es el legado de mi suegro.

Mi sueño no nació el 7 de enero de 1996, el día que empecé a pastorear un grupo de diecinueve personas llamado National Community Church (NCC). Mi sueño dentro de otro sueño se concibió en julio de 1967, cuando mi suegro inició Calvary Church.

Nuestros sueños nos preceden.

Nacieron mucho antes de que existiéramos.

Nuestros sueños suceden después de nosotros.

Ellos hacen la distinción mucho después de que nos hayamos ido.

El atrapasueños

Nuestra familia extensiva se reunió alrededor de la chimenea el pasado Día de Acción de Gracias y escuchamos un sermón de mi suegro predicado el 21 de febrero de 1979. Él murió hace dieciocho años, por lo que algunos de sus nietos nunca habían oído su voz.

Fue un mensaje sorprendente sobre la visión, pero una observación preliminar me llamó la atención. Mi suegro honraba a E. M. Clark, que estaba en la audiencia ese día. Se refirió a Clark, el superintendente distrital de las Asambleas de Dios de Illinois, como un padre espiritual. Nunca conocí a E. M. Clark. Y hasta que oí el sermón, no tenía ni idea de que había hecho un impacto tan profundo en la vida de mi suegro. Pero yo soy el beneficiario secundario. Si E. M. Clark era el padre espiritual de mi suegro, eso me convierte en su nieto espiritual.

E. M. Clark era un atrapasueños. Su sueño era aprovechar los sueños de otras personas, y se evidencia por su lema que se convirtió en el mantra del distrito de Illinois: «Ven a compartir tu sueño con nosotros y te ayudaremos a cumplirlo».

A mediados de la década de 1960 dos jóvenes soñadores llamados Bob Schmidgall y Dick Foth respondieron a ese llamado. Dick y Ruth Foth plantaron una iglesia cerca de la Universidad de Illinois, en Urbana. Bob y Karen Schmidgall fundaron otra en Naperville, Illinois. Eran los instrumentos jóvenes del distrito de Illinois, y ambas iglesias siguieron una curva de crecimiento similar durante su primera década. Dick Foth dejó el pastorado para convertirse en presidente de Bethany College, en Santa Cruz, California, pero Dick y Bob permanecieron como amigos cercanos aunque lejos y a través de los años.

Ahora permíteme conectar los puntos.

Justo antes de que Lora y yo persiguiéramos a un león a Washington, D.C., en 1994, Dick y Ruth Foth se reubicaron en la capital del país para trabajar tras bambalinas con personas importantes de Washington en embajadas, en el Pentágono y en los pasillos del Congreso.

Los Foth no solo nos invitaron a Lora y a mí a cenar nuestro primer Día de Acción de Gracias en Washington D.C., sino que nos trataron como de la familia. Es más, Dick Foth ha sido mi padre espiritual durante los últimos veinte años. Su influencia en mí es incalculable.

Hace veinte años, cuando diecinueve personas se presentaron a nuestro primer servicio, dos de ellos eran Dick y Ruth Foth. Y ellos invitaron a sus amigos el senador John Ashcroft y su esposa Janet. No solo nos dieron apoyo moral, que tanto necesitamos, sino que también nos dieron la mayor parte de la ayuda financiera, puesto que nuestro grupo básico consistía principalmente de estudiantes universitarios.

Si se sacan cuentas, el veintiún por ciento de nuestro grupo principal fue resultado directo de una amistad que mi suegro cultivó con Dick Foth antes de que yo naciera. Y esa amistad era el derivado de un atrapasueños que dijo: «Ven a compartir tu sueño con nosotros y te ayudaremos a cumplirlo».

¿Mi punto? Mi sueño es un sueño dentro de otro sueño dentro de otro sueño más. Y también lo es el tuyo. Tu sueño tiene una genealogía. ¡Honra a tus ascendientes! Tu sueño también tiene descendencia. ¡Empodera a tus descendientes! Y recuerda, tu vida es una trama secundaria en la gran narrativa de Dios: el arco de la historia de la redención.

Una nota al pie: tu legado no consiste solo en tus sueños del tamaño de Dios.

Tus pequeños actos de bondad también son tu legado.

E. M. Clark fue un padre espiritual para mi suegro, pero hizo más que ayudarlo a cumplir su sueño. Un acto de bondad hizo que se destacara mucho más. Durante los primeros días de su viaje ensoñador, una docena de estudiantes universitarios pasaron un verano en Naperville, Illinois, ayudando a mi familia política a plantar la congregación de Calvary Church. Clark y su esposa, Estella, visitaron un fin de semana, y mi suegra les sirvió panes con salchichas (hot dogs), papas fritas y Kool-Aid. Eso era todo lo que ella y mi suegro podían permitirse. En el camino saliendo de la ciudad, los Clark se detuvieron en la tienda de comestibles y compraron bistecs, papas al horno y helado para todo el equipo. Unos días más tarde, mi suegra recibió un regalo en el correo: un cuchillo eléctrico, ¡que sigue utilizando cuarenta y nueve años más tarde! Es la dádiva que sigue dando. No solo el cuchillo, sino también el sueño.

Inventario del sueño

Cuando hago un inventario de mis sueños, me doy cuenta de que todos ellos son un sueño dentro de otro. El sueño de escribir un libro sobre Benaía se inspiró en un sermón que oí cuando tenía diecinueve años. Así que el libro es realmente un sueño dentro de un sermón expuesto por Sam Farina. El sueño de crear una fundación para la familia fue inspirado por Jim Linen y el Fideicomiso de Caridad de Des Plaines, donde he tenido el privilegio de servir como miembro del consejo de administración por la última década. Incluso nuestro sueño con las reuniones en salas de cine en las paradas del metro es un sueño dentro de otro sueño. La idea fue implantada en mi subconsciente al escuchar la historia de la congregación Willow Creek Community Church, en una de sus conferencias de liderazgo.

Este año, abrimos una sala de cine de primera clase para películas de segunda exhibición en el Capitolio. Es una expresión de nuestra convicción fundamental: *el lugar de la iglesia es en el medio del mercado.* En mi opinión los cineastas son profetas posmodernos y las pantallas de cine son vitrales posmodernos.

Con demasiada frecuencia, la iglesia se queja de la cultura en vez de crearla. La energía que gastamos en la crítica se la estamos robando a la creatividad. Es energía lateral. Necesitamos menos comentaristas y más innovadores. Trato de vivir de acuerdo con la máxima de Miguel Ángel: *critica creando.* ¡Deja de quejarte de lo que está mal y haz algo que marque la diferencia!

Escribe un mejor libro.

Inicia un mejor negocio.

Crea un mejor producto.

Ejecuta una mejor campaña.

Redacta una mejor ley.

Produce una mejor película.

En la década de 1930 un productor de la empresa cinematográfica 20th Century Fox escribió una carta a los presidentes de varios colegios cristianos prominentes, pidiéndoles que le enviaran guionistas. Su sueño era producir películas con una trama secundaria de redención. Un presidente le contestó y dijo que primero enviaría a sus jóvenes al mismo infierno que a Hollywood.[7]

¡Cómo se perdió esa oportunidad!

Ahora déjame parar de despotricar y hacer mi punto. El que una iglesia abra una sala de cine es algo un poco fuera de los parámetros prestablecidos, pero incluso ese sueño es un sueño dentro de otro sueño.

En 1960, un evangelista llamado R. W. Schambach sostenía una campaña de avivamiento en Washington, D.C. Mientras caminaba por una sala de cine en el 535 Eighth Street SE, se sintió inspirado a orar para que

Dios cerrara el teatro y lo convirtiera en una iglesia. Dos años más tarde se convirtió en la congregación People's Church. Y cuarenta y nueve años más tarde se convertiría en National Community Church. Nunca olvidaré nuestro primer encuentro. Llenamos el lugar, no solo el santuario y el vestíbulo. Teníamos gente hasta esperando en la acera. Michael Hall, el pastor de People's Church, estaba allí esa noche.

Más tarde, Michael dijo: «Mark, hace muchos años tuve una visión en la que nuestra iglesia estaba llena de gente joven que levantaba sus manos en adoración. La iglesia estaba tan llena que vi gente que adoraba a Dios afuera de la puerta del frente hasta la acera». Michael había soñado ese sueño por mucho tiempo y esa noche se convirtió en realidad. «Creí que la visión era para mí», dijo. «Pero ahora me doy cuenta de que era para ti».

Estoy eternamente agradecido a nuestros queridos amigos Michael y Terry Hall. Requirió mucho valor para que People's Church nos vendiera su edificio, pero las oraciones que se hicieron en ese lugar durante cuarenta y nueve años todavía están siendo respondidas. Todo lo que Dios hace en y a través de National Community Church es una oración dentro de otra oración. Estamos cosechando donde no sembramos.

Además de tener las cuatro reuniones de fin de semana, decidimos convertir nuestro recinto, en el Capitolio, en un teatro tipo art-deco, en el que la iglesia y la comunidad pudieran coincidir. Hace poco tuvimos que colocar un aviso afuera del teatro. Decidimos darle el nombre de lo que era: *El milagro*. Es también una forma de honrar a R. W. Schambach, cuya oración hace cincuenta y seis años, lo hizo posible.

Después de sus campañas, Schambach a veces iniciaba una iglesia. La primera fue en Newark, Nueva Jersey, en 1959. También comenzó iglesias en Filadelfia, Chicago y Brooklyn. A cada una de ellas se le dio el mismo nombre: Templo El Milagro. Nosotros quitamos «Templo» y añadimos «Teatro». Pero es el testimonio de un soñador, un nombre dentro de otro nombre, una oración dentro de otra oración, un sueño dentro de otro sueño.

La historia que Dios está escribiendo a través de tu vida es la trama derivada de otra persona.

Fue cierto para los valientes de David.

Es verdad para mí.

Y es verdad para ti.

EL EFECTO DOMINÓ

En una batalla

2 Samuel 23:8

Paul Tudor Jones es una leyenda de Wall Street.
El fundador de la empresa Tudor Investment Corporation hizo su marca el Lunes Negro, el 19 de octubre de 1987. Todavía se ubica como la mayor caída porcentual en un solo día del Promedio Industrial Dow Jones; sin embargo, Jones logró triplicar su valor de inversión vendiendo a tiempo su cartera de acciones. Y él no es un triunfador efímero de un solo éxito. Jones ha desafiado la gravedad financiera desde entonces, ganando rendimientos positivos durante veintiocho años consecutivos. Como uno que le gusta llevar la contraria, busca oportunidades donde otros ven señales de alerta. Cuando los inversores rescatan a un mercado en baja, él sale a cazar oportunidades. Y no teme agarrar a un mercado alcista por los cuernos y aprovechar el descontrol.[1]

Paul Tudor Jones vive por unas máximas de mercado: *ten siempre una parada mental, nunca perdedores promedio* y *olvídate de los errores que cometiste hace tres segundos*. Pero su filosofía de inversión se resume en un principio rector: *permanece en el juego tanto como puedas*. Pocas personas practican el juego de la inversión mejor que Jones, pero convertirse en multimillonario no era el león de doscientos cincuenta kilos que él estaba persiguiendo. Jones puso su mirada mucho más arriba que eso.

En 1986 Jones adoptó una clase de sexto grado en una escuela pública de bajo rendimiento en la ciudad de Nueva York. A pesar de garantizarles una beca universitaria a todos los graduados de la escuela secundaria, solo un tercio de los chicos obtuvieron su diploma. Jones admitió que había subestimado los desafíos ambientales que enfrentan los niños del centro de la ciudad, pero que el fracaso encendió su pasión para luchar contra la pobreza. En vez de renunciar a la lucha, Jones comenzó la Fundación Robin Hood. Desde su creación en 1988, Robin Hood ha canalizado $1.45 mil millones de dólares para la causa por la que Jones se preocupa tan profundamente. La fundación también ha inspirado a otros filántropos arriesgados. La revista *Fortune* ha llamado a la Fundación Robin Hood, «una de las organizaciones filantrópicas más innovadoras e influyentes de nuestro tiempo».[2]

Paul Tudor Jones es tan competitivo como el que más, evidenciado por el campeonato de peso welter de boxeo que ganó cuando era un veinteañero. Es un luchador. Pero al igual que el guerrero-poeta David, tiene otra cara de su personalidad. El motor impulsor de su vida es un acto de bondad. Un día cuando era niño, Jones estaba en un mercado de verduras al aire libre con su madre y se perdió.

Cuando tienes cuatro años de edad, tu madre lo es todo. Y ese hombre extraordinariamente amable, muy viejo, un negro muy alto se acercó y le dijo: «No te preocupes. Vamos a encontrar a tu mamá. No llores, vamos a encontrarla. Vas a ser feliz en un minuto».

Tú nunca olvidas cosas como esa. Cada acción de Dios, esas pequeñas acciones se hacen mucho más grandes, y luego se vuelven multiplicativas. Nos olvidamos cuán importante puede ser la más pequeña acción. Para mí, creo, dio lugar a toda una vida de tratar de compensar siempre esa bondad.[3]

¿Cuál era el nombre de ese viejo hombre negro, muy alto? No tengo ni idea, ni tampoco Paul Tudor Jones. Y es probable que haya muerto hace bastante tiempo. ¡Pero ese solo acto de bondad inspiró a toda una vida de filantropía! Paul Tudor Jones puede haber iniciado la Fundación Robin Hood, pero fue un completo desconocido el que le proporcionó la inspiración. Cada beca que la fundación otorga es un regalo dentro de otro regalo.

«En una batalla».

Esa pequeña frase en 2 Samuel 23 es tan simple, pero tan poderosa. ¡Eso es todo lo que se necesita! Estás a una batalla de distancia de tu destino. Una conversación improvisada, una idea loca o una mirada a través de una sala llena de gente pueden cambiar todo. Lo que es verdad para Joseb Basébet es verdad para ti. Al igual que el miembro de más alto rango de los valientes de David, es posible que tengas que hacer un movimiento.

Desafíos épicos

Hace algunos años pasé dos días de capacitación en la ciudad de Nueva York con el erudito en escritura de guiones Robert McKee. Su seminario de historia es como una formación de postgrado en narración. Diseccionamos texto y subtexto, historia y escenario original de la misma, implantación y resolución, ritmo y transformación, conflicto y resolución.

Inicialmente me inscribí para el seminario porque pensé que tal vez quisiera probar mi mano en la escritura de guiones, pero el proceso reformuló totalmente la forma en que veo mi propia historia. Una observación general fue un elemento de cambio:

No hay conflicto. No hay historia.

Aceptamos ese hecho cuando se trata de películas. Las películas épicas exigen conflicto épico. ¡Eso es lo que las hace épicas! Y lo que es cierto de las grandes películas es cierto de las grandes vidas. Un gran conflicto cultiva un gran carácter. Por supuesto, es más fácil de verlo en la pantalla que caminar a través de él.

Si quieres llevar una vida épica, vas a tener que superar algunos retos heroicos. Tienes que correr algunos riesgos épicos, hacer algunos sacrificios homéricos.

Para David fue una pelea con Goliat.

Para Benaía fue perseguir al león.

Para Joseb fue sostener su posición cuando el resto del ejército se retiró.

En cada historia hay momentos decisivos. El vocablo técnico, en términos de estructura de la trama, es «incidente incitante». Es un punto crucial, un punto de inflexión. Un punto de no retorno.

Los incidentes incitantes vienen en dos variedades básicas: las cosas que te suceden que no puedes controlar y las cosas que tú haces que sucedan y que puedes controlar. Por supuesto, incluso si algo está fuera de tu control, aún controlas tu reacción. Puede que no seas responsable, pero eres capaz de responder. Y es la capacidad de elegir tu respuesta lo que probablemente determinará tu destino.

Algunos incidentes incitantes se perciben como positivos, como una beca de la universidad o una promoción en el trabajo. Otros son percibidos como negativos, como una carta de despido del empleo o un diagnóstico positivo. Pero no seas demasiado rápido en juzgar una bendición o una maldición por su cubierta. Lo que percibimos como positivo a veces resulta tener efectos secundarios negativos, y lo que percibimos como negativo a menudo resulta ser lo mejor que nos ha podido pasar.

Después de un intento fallido de fundar una iglesia en Chicago, me sentí como un completo fracaso. Pero si hubiera tenido éxito esa vez, nunca nos hubiéramos mudado a Washington, D.C. Así que, en retrospectiva, el fracaso fue una de las mejores cosas que nos han pasado.

El mal manejo del éxito es la principal causa de fracaso.

El fracaso bien manejado es la causa principal del éxito.

No he ganado la guerra con el orgullo; es una batalla diaria. Pero el fracaso es clave para ganar esa guerra. Nos muestra de lo que somos capaces, y, en mi caso ¡no es mucho! Sin la ayuda de Dios, estoy por debajo del promedio. Ese fracaso de plantar iglesias me enseñó una lección muy valiosa: a menos que el Señor edifique la casa, en vano trabajamos.[4] Por supuesto, la otra cara también es cierta. Si Dios la edifica, nada puede obstaculizarlo.

HE PASTOREADO LA NATIONAL Community Church en Washington, D.C., durante dos décadas. Hemos tenido el privilegio de tocar decenas de miles de vidas, y lo mejor está aún por venir. Es difícil imaginar lo que serían nuestras vidas si no hubiéramos dado ese paso de fe y no nos hubiéramos mudado a Washington, D.C. Nos hubiéramos perdido tantas bendiciones. Pero como cada viaje de sueños, este se remonta a un incidente incitante, un paso de fe de 950 kilómetros de Chicago a Washington D.C. No teníamos ningún lugar dónde vivir y no teníamos salario garantizado cuando empacamos todas nuestras pertenencias en un camión de mudanzas de cuatro metros y medio, pero sabíamos que Dios nos estaba llamando.

¿Qué es lo que tienes que hacer para convertir tu sueño en realidad? A lo mejor es dar el primer paso de fe o quemar algunos puentes detrás de ti. Después de todo, no puedes robarte la segunda base si mantienes el pie en la primera. Quizás sea usar tu capacidad de respuesta en algo que te ha incapacitado durante demasiado tiempo. De lo único que estoy seguro es de esto: ¡va a requerir un poco de valor como el de las dos de la mañana!

El efecto dominó

Los incidentes incitantes vienen en muchos tamaños, formas y colores. Algunos son tan audaces y temerarios como Benaía persiguiendo a un león. Otros son tan sutiles y tiernos como el acto de amabilidad que influyó en Paul Tudor Jones. Pero de cualquier manera, nunca se debe subestimar el poder de un acto de bondad, un acto de valor, un acto de generosidad.

La batalla de Jericó se ubica como uno de los puntos de inflexión más importantes en la historia judía. Fue la primera victoria en la tierra prometida, pero la clave de la victoria fue un acto de bondad. Y ese acto de bondad es la clave para tu salvación.

Cuando los israelitas enviaron dos espías a Jericó para hacer el reconocimiento, casi los capturan. Una prostituta llamada Rahab fue la que salvó sus vidas arriesgando la suya. Albergar espías judíos era similar a la traición. Así que antes de ayudarlos a escapar, Rahab llegó a un acuerdo. Simplemente les pidió que le devolvieran el favor. «Por lo tanto, les pido ahora mismo que juren en el nombre del Señor que serán bondadosos con mi familia, como yo lo he sido con ustedes».[5]

Rahab estaba pensando exclusivamente en su familia inmediata. Era una petición en tiempo presente, pero tenía ramificaciones de tiempo futuro. Al mostrar bondad a Rahab, esos espías judíos también estaban mostrando bondad a su tataranieto David. Ese solo acto de bondad tuvo un efecto dominó a través de las naciones y las generaciones.

Según la tradición rabínica, Rahab era una de las cuatro mujeres más bellas de las Escrituras. Las otras tres fueron Sarai, Abigail y Ester. Y según la tradición, Rahab se convirtió al judaísmo a la edad de cincuenta. Se enamoró de Salmón, un judío de la tribu de Judá. Tuvieron un hijo llamado Booz, el cual tuvo un hijo llamado Obed, el cual tuvo un hijo llamado Isaí, el cual tuvo un hijo llamado David.

Tú nunca sabes a quien le estás mostrando bondad. Podría ser a la tatarabuela de un rey. Podría ser a un futuro multimillonario que llegará a ser un filántropo aventurado. O podría ser a tu futuro yerno.

Cuando yo tenía trece años de edad, estaba en la unidad de cuidados intensivos del Hospital Edward en Naperville, Illinois. Alrededor de las dos de la mañana, sentí como si estuviera dando mi último aliento. Los médicos lo denominaron paro cardíaco, y mis padres llamaron a nuestro pastor, Bob Schmidgall. Acabábamos de empezar a ir a la iglesia que él pastoreaba, y era una congregación de miles, por lo que ni siquiera nos conocía. Pero eso no le impidió acudir al hospital en plena noche para orar por mí. Él no lo sabía en ese momento, pero estaba orando por su futuro yerno. Me casé con su hija nueve años más tarde y le dimos su primer nieto.

A veces, las semillas de nuestros sueños no germinan en meses, años o décadas. Pero si plantamos y regamos, Dios dará el crecimiento a su debido tiempo. ¿Por qué? Porque no puedes violar la ley de la siembra y la cosecha. Eso determinará tu éxito o fracaso.

No nos cansemos de hacer el bien, porque a su debido tiempo cosecharemos si no nos damos por vencidos. Por lo tanto, siempre que tengamos la oportunidad, hagamos bien a todos, y en especial a los de la familia de la fe.[6]

Cuando se trata del efecto dominó, Rahab es la prueba A.

Ella no era simplemente la tatarabuela del rey David. También aparece en la genealogía de Jesús. La idea puede parecerte una exageración, pero un acto de bondad tuvo algo que ver con tu salvación. Si Rahab no hubiera salvado la vida de los espías, y si los espías no hubieran salvado la de Rahab, ella habría perdido la oportunidad de ser parte de la línea y el linaje de Jesús. Esa línea y ese linaje habrían sido cortados dieciocho generaciones antes del nacimiento de Jesucristo en Belén.

¡Tú eres un beneficiario secundario de ese acto de bondad!

Una frambuesa

El 3 de septiembre de 1939, las tropas alemanas invadieron Bielsko, Polonia. Una chica de quince años de edad, Gerda Weissman, y su familia sobrevivieron en un gueto judío hasta junio de 1942. Fue entonces cuando Gerda le fue arrebatada a su madre. Su madre, Helene, fue enviada a un campo de exterminio. Gerda pasaría tres años en un campo de concentración nazi, seguido por una marcha mortífera de 560 kilómetros que de alguna manera sobrevivió. En el momento en que fue liberada por las tropas estadounidenses, Gerda era un esqueleto de treinta kilos. Y en lo que debe figurar como una de las historias de amor más improbables, Gerda se casó con el soldado que la encontró, teniente Kurt Klein.[7]

Hay seis torres de cristal en el Memorial del Holocausto en Boston, Massachusetts, en representación de los seis campos de exterminio donde seis millones de judíos perdieron la vida. Cinco torres cuentan la historia de la crueldad desmesurada y el sufrimiento inimaginable, pero la sexta torre se erige como un testimonio de esperanza. Inscrita en ella hay una historia corta titulada: «Una frambuesa», escrita por Gerda Weissman Klein.

Ilse, una amiga mía de la infancia, encontró una vez una frambuesa en el campo y la llevó en el bolsillo todo el día para regalármela esa noche en una hoja. Imagina un mundo en el que toda tu posesión es una frambuesa y se la das a tu amiga.[8]

La verdadera medida de un regalo es a lo que renunciaste al darlo. Una frambuesa no es mucho, ¡a menos que sea todo lo que tienes! Entonces no es casi nada, es todo. Lo mismo puede decirse de dos mil millones de dólares o dos blancas. Los grandes sueños a menudo comienzan con pequeños actos de bondad. Es algo poderoso cuando estamos en el extremo receptor, pero es aun más maravilloso cuando estamos en el extremo que da.

Cada acto de bondad crea un efecto dominó. Cuando le alegras el día a alguien, no solo alegras su día, porque hay una buena probabilidad de que él o ella le alegre el día a otra persona. ¿Dónde termina el efecto dominó de la bondad? Nadie lo sabe. Lo mismo puede decirse del amor, la gracia y el valor. Dale una o dos o dieciocho generaciones, y pudiera ser el incidente incitador que cambie el curso de la historia.

Incidentes incitantes

La mayoría de nosotros no manejamos fundaciones de billones de dólares como Paul Tudor Jones o instiga y ayuda a espías internacionales como lo hizo Rahab, así que permíteme llevar esta idea a la realidad. Algunos incidentes incitantes son obvios, como el alquiler de un camión de mudanzas y trasladarse a Washington, D.C. Sin embargo, muchos incidentes incitantes vuelan por debajo del radar de nuestra conciencia. No nos damos cuenta del impacto que tuvieron en nosotros hasta muchos años más tarde.

Uno de mis primeros recuerdos es un amigo de cuatro años de edad, que me decía que no podía andar más en su bicicleta porque su papá le había quitado las ruedas de entrenamiento. Después que me lo informara, montó su bicicleta de vuelta a su casa, tres puertas más abajo. Al instante me dirigí a su casa, pedaleé su bicicleta de regreso a la mía y triunfalmente empujé hacia abajo el pie de apoyo de la bicicleta en el camino de entrada al garaje.

Si quieres que yo haga algo, no me digas *hazlo*. Eso no es motivación para mí. Dime que *no se puede hacer*. Esa es la forma en que estoy diseñado. Tengo ese impulso subliminal, y a veces no santificado, de demostrar a los pronosticadores que están equivocados. Me atraen los enormes obstáculos, los retos imposibles.

Otro de mis incidentes incitantes es una película llamada *El refugio secreto*, una película de Billy Graham acerca de otra sobreviviente del Holocausto llamada Corrie ten Boom. Yo solo tenía cinco años de edad cuando la vi, lo que hace que me pregunte por qué mis padres me llevaron a verla. Pero esa película fue el comienzo de mi camino de fe. ¿Es una coincidencia que pastoree una iglesia en múltiples localidades que se reúne en salas de cine y que produce tráilers para sus series de sermones? ¿Es una coincidencia que uno de mis objetivos en la vida sea producir una película? Tratamos de influir en los demás de la manera en que fuimos influenciados. Para mí fue una película. ¿Y dónde termina ese efecto dominó? Solo Dios lo sabe.

Una de las mejores maneras para descubrir tu destino es estudiando tu historia. Las semillas de tus sueños suelen estar enterradas en tu memoria, a tres niveles de profundidad.

Haz un inventario.

Mensajes subliminales

Algunos de mis primeros recuerdos son estar sentado en los servicios en la congregación Trinity Covenant Church en Crystal, Minnesota. El orden de servicios era impreso en el boletín cada semana, y recuerdo claramente tacharlos uno por uno con el lápiz de la banca de la iglesia. Francamente, la iglesia me aburría tanto que me quedaba agarrotado. También es que, solo tenía seis años. Una forma en que me entretenía era llenando sobres de ofrenda y colocándolos en el plato cuando pasaban recogiéndolos. Trinity Covenant Church recibió un buen número de regalos de millones de dólares de los superhéroes escritos a mano por un niño.

Mi servicio de la iglesia más memorable fue el día que mi padre tomó un paquete de tarjetas de fútbol *Topps* y me dejó abrirlos durante el servicio. Casi estalló un avivamiento cuando encontré a dos receptores Vikingos, Ahmad Rashad y Sammy White.

Esos recuerdos pueden parecer pequeños incidentes en mi pasado antiguo, pero eran incitantes. Como pastor, tengo un temor subliminal de que haya gente simplemente tachando el orden de un servicio. ¡Creo que la iglesia debe ser cualquier cosa menos aburrida! Cuando la gente falta a la iglesia, en realidad, deben *extrañarla*.

¿Sabías que el ojo hace pequeños movimientos llamados microsacádicos casi constantemente? Son los movimientos más rápidos ejecutados por el cuerpo humano, tan veloces que solo pueden observarse con instrumentos especiales. Los seis músculos que controlan el globo ocular se contraen alrededor de cien mil veces al día.[9]

De la misma manera, hay cientos de miles de motivaciones subliminales que controlan nuestros movimientos cotidianos. Ellas operan por debajo del nivel de conciencia, pero dictan el por qué hacemos lo que hacemos más de lo que nos damos cuenta.

En el segundo grado levantaste con entusiasmo tu mano, solo para dar la respuesta equivocada. Treinta años más tarde dudas de interponer tus ideas en la sala de juntas, porque tus compañeros se rieron de ti y tienes miedo de que ocurra lo mismo otra vez. O dale vuelta al guion. En situaciones críticas tienes una confianza comedida porque en la secundaria lanzaste un tiro libre que ganó el partido. Grande o pequeña, buena o mala, un puñado de experiencias influye en la forma en que nos vemos a nosotros mismos, la forma en que vemos la vida. No es sino hasta que hacemos inventario de nuestros incidentes incitantes que empezamos a ver por qué hacemos lo que hacemos.

Estoy seguro de esto. Si has superado las probabilidades ochocientos a uno, como lo hizo Joseb, no hay mucho que te abrume después de eso. Si has perseguido a un león hasta un hoyo en un día de nieve, como Benaía, no hay mucho que te asuste después de eso. Si has derrotado a un gigante filisteo en el campo de batalla, al igual que David, no hay mucho que te intimide después de ello.

Tienes que hacer un inventario de la fidelidad de Dios para que puedas sacar fe de los éxitos pasados, de los milagros pasados, de las bendiciones pasadas. ¡Y la buena noticia es que la fidelidad de Dios no puede ser sobregirada!

Historias mejores

Conocí por primera vez la idea de incidentes incitantes en el brillante libro de Donald Miller: *A Million Miles in a Thousand Years*. De hecho, eso es lo que me inspiró a tomar el seminario de historia de Robert McKee. Como fruto de ese libro, Don comenzó una compañía llamada Storyline, y me encanta su misión: ayudar a las personas a contar mejores historias con sus vidas.

¿Estás viviendo de una manera que vale la pena contar historias acerca de ella?

Cuando Don habló en la National Community Church hace unos años, contó uno de sus incidentes incitantes. Don es un autor de best sellers del *New York Times* que ha vendido millones de libros, pero durante sus años mozos era algo así como un inadaptado. En realidad, su autoevaluación es un poco más brutal: «Yo no era bueno en nada».

Una vez le pidieron que escribiera un breve artículo para el boletín informativo del grupo de jóvenes de su escuela secundaria. Fue entonces cuando aquel encuentro sin guion, un halago, hizo que rescribiera su historia. Alguien dijo: «Don, eres un escritor muy bueno».

Era la primera vez que alguien le había dicho a Don que era bueno en algo.

Esa frase clave puntualiza la vida de Don. Le puso un punto y aparte a sus sentimientos de incompetencia e inició una nueva frase, un nuevo capítulo en su vida.

Dios quiere escribir su historia a través de tu vida. Y si le das total control editorial, va a escribir una epopeya. Por supuesto, va a incluir un conflicto épico. Pero el Dios que comenzó la buena obra en ti la completará, ¡incluso si le toma dieciocho generaciones!

Contar una historia mejor con tu vida comienza al identificar los incidentes incitantes en tu pasado. Ese es el escenario de tu historia. Luego, empieza a crear incidentes con intencionalidad. Ese es el resto de la historia.

LA PUERTA AL FUTURO

Mató con su lanza a ochocientos hombres.

2 Samuel 23:8

Wilson Bentley nació y se crió en una granja en Jerico, Vermont. Cuando era niño desarrolló una fascinación por los copos de nieve. La mayoría de las personas buscan refugio durante las tormentas de nieve, pero no Wilson. Él corría afuera cuando los copos empezaban a caer, los atrapaba en terciopelo negro, los miraba bajo un microscopio, y tomaba fotografías de ellos antes de que se derritieran. Su primera microfotografía de un copo de nieve la tomó el 15 de enero 1885.

Bajo el microscopio, encontré que los copos de nieve eran milagros de belleza; y parecía una pena que esa belleza no fuera vista y apreciada por los demás. Cada cristal era una obra maestra de diseño y ninguno era repetido. Cuando un copo de nieve se derretía, ese diseño se perdía para siempre. Tanta belleza se había ido, sin dejar atrás ningún registro.[1]

Wilson Bentley persiguió su sueño por más de medio siglo, acumulando 5.381 fotografías que fueron publicadas en su obra magna: *Cristales de nieve*. Más tarde, Wilson tuvo una muerte muy apropiada, una muerte que resumió su vida. Wilson «Copo de Nieve» Bentley contrajo neumonía después de caminar seis millas a través de una tormenta de nieve y murió el 23 de diciembre 1931.

¡Quiero morir de esa manera! No, no de neumonía. Quiero morir haciendo lo que me gusta hacer, haciendo lo que Dios me ha llamado a hacer. Quiero perseguir sueños del tamaño de Dios hasta el día que muera. Y si me mata, que así sea. ¡Qué manera de irse!

No estoy convencido de que nuestra verdadera fecha de muerte sea la que figura en nuestro certificado de defunción. Por desdicha, muchas personas mueren mucho antes de que el corazón les deje de latir. Empezamos a morir el día que dejamos de soñar. E irónicamente, comenzamos a vivir el día que descubrimos un sueño por el que vale la pena morir.

Eso es lo que encontraron los hombres valientes en David: una causa por la que valía vivir, un sueño por el que valía la pena morir. Si no tienes un sueño, acércate a las personas que lo tienen. Es posible que te contagien de lo que tienen. ¡Los sueños son altamente contagiosos!

Sabemos muy poco acerca de Joseb Basébet. Una sola frase del texto sagrado habla de él. Pero en algún momento, Joseb dejó de levantar pesas y comenzó a levantar su lanza en defensa de David. Ya no se trataba de ir al gimnasio y admirarse en el espejo. Por cierto, si eres un ratón de gimnasio, ¡asegúrate de que el espejo no sea unidireccional! Tengo un amigo, uno de nuestros pastores, que hacía flexiones en frente de un espejo durante unos cinco minutos, sin darse cuenta de que una clase de yoga en el otro lado estaba viendo todo el asunto. No voy a mencionar sus iniciales, pero su nombre es David Schmidgall. ¡La gente incluso lo aplaudía cuando terminaba las flexiones!

No leas esto mal. Estoy a favor de las membresías en los gimnasios. Todos los hombres valientes eran *fuertes*. Pero en mi experiencia, hacer ejercicios por hacerlos es desalentador. Necesitamos una meta que perseguir, como correr una maratón o disminuir dos tallas de la cintura. Allí es entonces cuando nuestros entrenamientos adquieren una nueva dimensión motivacional.

Necesito un objetivo en la vida para seguir adelante.

Necesito una causa noble para mantenerme comprometido.

Necesito un sueño del tamaño de Dios para no desmotivarme.

Nosotros no morimos cuando nuestro corazón deja de latir. Morimos cuando nuestros corazones laten irregularmente en busca de nuestras pasiones, cuando nuestros corazones dejan de romperse por las cosas que rompen el corazón de Dios.

Un versículo

Si le aplicas la ingeniería inversa a la historia del tiempo, cada átomo en el universo puede rastrear su origen a las cuatro palabras con las cuales Dios habló todo a la existencia: «¡Que exista la luz!» De acuerdo al efecto Doppler, esas cuatro palabras todavía están creando galaxias en los bordes exteriores del universo.

De la misma manera, hay momentos génesis en cada viaje de sueños. Un sueño se implanta en tu espíritu por el Espíritu de Dios, y el resto de tu vida es el efecto dominó. Cambia la trama de tu vida para siempre.

Para Wilson Bentley el momento génesis fue el día en que su madre, que era maestra escolar, le dio un microscopio. A Wilson le encantaba observar cualquier cosa y todas las cosas bajo el microscopio. Y mientras crecía en una región de grandes nevadas, con un promedio anual de tres metros de nieve, desarrolló una predilección especial por los copos de nieve.

A los dieciséis años Wilson supo de una cámara que podía acoplarse con un microscopio para tomar fotografías. Le tomó un año ahorrando para comprarla. Y otro año de intentos fallidos para poder capturar su primera imagen. ¿Qué lo mantuvo después de cada intento fallido? Un versículo de las Escrituras: Job 38:22, que dice: «¿Has llegado a visitar los depósitos de nieve de granizo?»

Esta es una de las cincuenta y una preguntas sin respuesta que Dios le hizo a Job durante su examen sorpresa.[2] Las leemos como reproches, y lo son. El Omnisciente estaba poniendo a Job en su lugar intelectual. Pero también las veo como preguntas inductivas, cuestiones que nos convocan a la investigación científica. Incluso dicen: «Detente y considera las maravillas de Dios».[3] Eso es precisamente lo que Wilson Bentley estaba haciendo con cada microfotografía de los copos de nieve.

Wilson Bentley dedicó su vida a responder esa pregunta, explorando el significado de ese versículo de la Escritura. Ese versículo fue la principal motivación de la existencia de Bentley. Y su vida se convirtió en su interpretación. Como señaló uno de sus biógrafos: «El Gran Diseñador encontró un intérprete en un chico campesino insignificante».[4]

Ya he contado esta teoría, pero vale la pena expresarla una vez más: con el tiempo, tu Escritura favorita se convierte en el guion de tu vida.

Las promesas de Dios se convierten en la trama de tu vida. Y cuanto más ensayes esas líneas, más entras en la esencia del protagonista: en el carácter de Cristo. Tu vida se convierte en una interpretación única de ese versículo vital.

Para Wilson Bentley fue Job 38:22.

Para mí es 2 Samuel 23:20.

¿Cuál versículo está escudriñando, interpretando o traduciendo tu vida?

Página 23

Recientemente tuve el privilegio de hablar en el Brooklyn Tabernacle. Es una iglesia famosa por su coro, que ha ganado seis Grammys. Pero lo que me impresiona son las tres mil personas que se reúnen en su servicio de oración los martes por la noche.

A finales de los 1800, la iglesia Brooklyn Tabernacle tenía un edificio de seis mil asientos. Durante el siglo siguiente, la congregación se redujo gradualmente hasta que quedaron treinta personas. Fue entonces cuando Jim Cymbala se convirtió en pastor.

Jim estaba tratando de hacer girar al barco, pero nada de lo que intentaba funcionaba. «No podíamos afinarlo», dijo Jim. «No podíamos organizar, proyectar ni programar nuestra salida de esa situación». Fue entonces cuando Jim tuvo una revelación de Dios en un barco de pesca frente a la costa de Florida:

> Si tú y tu esposa guían a mi pueblo a orar y a clamar en mi nombre, nunca te faltará algo fresco que predicar. Voy a suministrar todo el dinero que se necesite… y nunca tendrás un edificio lo suficientemente grande como para contener a la multitud que voy a enviar.[5]

Dios le prometió que alcanzaría la meta y Jim ¡alzó la lanza!

Fue un momento de génesis para Jim y para Brooklyn Tabernacle. Él apostó todas sus canicas a la promesa de Dios en 2 Crónicas 7:14, y Dios ha cumplido. Si alguna vez visitas Brooklyn Tabernacle, mejor es que llegues temprano. Y eso es solo para conseguir un asiento en la sala adyacente.

Una nota al pie.

Mi amigo Steven Furtick es un poderoso predicador y un líder visionario. ¿Cuál fue el momento génesis en su viaje ensoñador? La página 23 del libro de Jim Cymbala *Fuego vivo, viento fresco*, donde dice: «Me desesperaba al pensar que mi vida podría pasar de largo sin ver a Dios mostrarse poderosamente a nuestro favor». Esa declaración saltó de la página y al espíritu de Steven. Steven la llama su visión de la página 23.[6]

¿Mi punto? La visión de Steven para la congregación Elevation Church es un sueño dentro de otro sueño. Jim es el ascendiente de Steven y Steven es descendiente de Jim. Y estoy orando para que Dios te dé una visión de la página 23 a medida que leas *Persigue tu león*. Si te la da, ¡voltea la página! Es el comienzo de un nuevo capítulo en tu vida.

Momentos génesis

El novelista inglés Graham Greene está calificado como uno de los más grandes escritores del siglo XX. Su carrera como escritor duró sesenta y siete años en los que produjo veinticinco novelas. El trabajo de su vida fue elaborar guiones, lo cual añade credibilidad a mi frase favorita de él: «Siempre hay un momento en la infancia cuando la puerta se abre y deja entrar al futuro.»[7]

Lo que es cierto en ficción es cierto en la vida.

Hay momentos génesis en cada viaje de sueños que cambia radicalmente la trama de nuestras vidas. Es imposible predecir cuándo, dónde o cómo van a ocurrir. Pero una vez que la puerta se abre hacia el futuro, la puerta al pasado se cierra de golpe. No hay vuelta atrás.

Es un nuevo día, una nueva normalidad.

Un versículo. Una decisión. Un riesgo. Una idea.

Eso es todo lo que se necesita.

La puerta al futuro se abrió para mí en una clase de oratoria de secundaria. Di un discurso que hizo las veces de mi primer sermón. No estoy seguro de que alguno de mis compañeros de clase tuviera una revelación, pero fue un momento génesis en mi historia. He predicado mil sermones desde entonces, pero ese fue el primero.

Sin yo saberlo, mi mamá le dio una copia de ese discurso a mi abuela, que a su vez le dio una copia a su profesor de estudio de la Biblia. Ese maestro de Biblia, a quien incluso nunca conocí, ¡me dio un puntaje más alto que mi profesor de oratoria! Él le preguntó a mi abuela: «¿Ha pensado Mark alguna vez en el ministerio?»

En ese momento de mi historia, la respuesta era no. No había pensado para nada en el ministerio. Pero cuando ese halago fue transmitido de mi abuela a mi madre y de mi madre a mí, sembró una semilla en mi espíritu, a tres niveles de profundidad.

No subestimes el poder de un halago.

Una palabra de aliento tiene el potencial de cambiar la perspectiva en la vida de una persona, la trama vital de una persona para toda la eternidad. Y no solo elogia a las personas en sus caras. ¡Presume de ellos a sus espaldas! La palabra correcta en el momento adecuado puede ser el catalizador para el sueño de otro.

Siempre hay un momento en que la puerta se abre, un momento génesis cuando Dios se revela en una zarza ardiente en el otro extremo del desierto, un momento génesis cuando Dios te tumba de tu caballo en el camino a Damasco, un momento génesis cuando Dios muestra su poder en Pentecostés.

Para David, su momento génesis fue el día en el que un profeta se presentó sin previo aviso en la puerta la casa de su familia.

Para Benaía fue perseguir a un león en un hoyo en un día de nieve. Esa decisión, en una fracción de segundo, le abrió la puerta al futuro: un trabajo como guardaespaldas del rey David. Y esa puerta abrió otra puerta: comandante en jefe del ejército de Israel.

Para Joseb Basébet fue alzar su lanza contra ochocientos enemigos jurados de David. Ese solo acto valeroso de las dos de la mañana le abrió la puerta y le ganó un puesto de honor en la mesa redonda de David. Ninguno de los valientes de David superó a Joseb.

Las probabilidades imposibles

«Que las probabilidades estén siempre a tu favor».

Ese es el lema de *Los juegos del hambre* [Hunger Games], pero así no es cómo funciona en el reino de Dios. Es más como: «Que las probabilidades estén siempre en tu contra». ¡Las probabilidades imposibles prepararon el terreno para los mayores milagros de Dios! Y, en apariencia, a Dios le gustan los tiros largos.

¿No es por eso que le quitó 9.700 soldados al ejército de Gedeón?

¿No es por eso que dejó que calentaran siete veces más el horno de fuego?

¿No es por eso que no se presentó sino hasta que Lázaro tenía cuatro días de muerto? Si los israelitas hubieran derrotado a los madianitas con un ejército de 10.000 hombres, estoy seguro de que hubieran dado gracias a Dios. Pero apuesto a que hubieran tomado algunos créditos para sí. Así que Dios redujo de tamaño al ejército. Dejó que Nabucodonosor aumentara la intensidad del fuego. Dejó que Lázaro reposara en una tumba por cuatro días. ¿Por qué? Para garantizar que Él recibiría todo el crédito, toda la gloria.

Tenemos la tendencia a evitar situaciones en las que las probabilidades están en contra nuestra, pero cuando hacemos eso, le robamos la oportunidad a Dios de que haga algo sobrenatural.

Le pasamos de largo cuando leemos, pero Joseb levantó su lanza contra 800 hombres. Si deseas apreciar cuántas personas son esas, trata de cantar, «800 soldados filisteos en el campo, 800 soldados filisteos. Elimina a uno, hazlo de nuevo, 799 soldados filisteos en el campo».

¡Esas son unas probabilidades muy grandes! Pero así fue como un hombre se convirtió en el jefe de los valientes de David. ¡Venció con 800 probabilidades a una!

¿Cuándo fue la última vez que intentaste algo que estaba destinado a fracasar sin la intervención divina?

Cuando la congregación National Community Church tenía solo un año de existencia, regalamos casi veintitrés mil kilos de víveres para cinco mil personas en nuestra primera tarea comunitaria con el Convoy de la Esperanza. Sabíamos que necesitábamos cuatrocientos voluntarios para llevar a cabo la actividad, y nuestro promedio de asistencia era menor a un centenar de personas. Estábamos comprometidos muy por encima de nuestras cabezas, pero varias iglesias de la zona se nos unieron, ¡y un millar de personas cruzaron la línea de fe! ¡Fue un día excepcional! ¿Por qué? Porque sacamos nuestras espadas, aun cuando las probabilidades estaban en contra nuestra.

Cuando pienso que estoy soñando en grande, Dios a menudo hace algo que revela cuán pequeño es mi sueño en comparación con su omnipotencia. En la última década Dios realizó un milagro inmobiliario tras otro para NCC. Adquirimos una media docena de propiedades, a pesar del hecho de que los terrenos por estos lares cuestan alrededor de 14 millones de dólares por acre (menos de media hectárea [0.40 Ha]). El último milagro fue un castillo de 29.3 millones de dólares en el Capitolio. Yo no calificaba para comprar una manzana de la ciudad, ¡y sin duda que menos aun con el precio normal! Además, estábamos en contra de una compañía de inversiones que ofrecía dinero en efectivo. ¡Era como 800 probabilidades a una!

Las probabilidades no estaban a nuestro favor, pero así es como Dios recibe más gloria.

La pregunta génesis

Brian Grazer es un productor de películas consumado con cuarenta y tres nominaciones al Oscar en su haber. Me gustan muchas de las películas de Brian, pero me encanta aun más su enfoque de la vida. Él reveló un secreto de su éxito en su libro *A Curious Mind*. Por décadas Brian ha tenido lo que él llama «conversaciones curiosas» con personas de éxito, que van desde científicos hasta espías. «La vida no se trata de encontrar las respuestas», dijo Brian. «Se trata de hacer las preguntas.»[8]

Al igual que Brian, me encanta preguntarle a la gente acerca de sus viajes de sueños. Y mi interrogante favorita es lo que llamo «la pregunta génesis». Aun más que historias, me encantan los escenarios originales de las historias. Así que hago esta pregunta: ¿Cuál fue la génesis de tu sueño?

La primera vez que hice la pregunta génesis fue en una cena con el pastor y autor Rick Warren. Había veinticinco personas con nosotros, sentados en muchas mesas, así que no quería monopolizar el tiempo de Rick. Pero, como nuevo autor, quería escuchar acerca de la génesis de su best seller *Una vida con propósito*.

Antes de que a Rick le ofrecieran un contrato para escribir ese libro, la Iglesia Saddleback inició una campaña de construcción. Como pastor de la iglesia, Rick quería establecer la norma, por lo que él y su esposa, Kay, se comprometieron a dar el equivalente a tres años de su salario a la campaña.

Poco después de hacer esa promesa, Rick firmó un acuerdo de dos libros de *La iglesia con propósito* y *Una vida con propósito*.

¡El adelanto por las regalías fue la misma cantidad de dólares que lo que prometieron! ¿Coincidencia? Creo que no. Y considerando que *Una vida con propósito* es uno de los libros de no ficción más vendidos de todos los tiempos, me atrevo a decir que Rick recuperó su adelanto. Conocer el escenario original de esa historia me hizo respetar a Rick aun más.

¿Cómo *Una vida con propósito* se convirtió en uno de los libros de no ficción más vendidos de la historia? Bueno, cómo van a responder los lectores a un libro es un misterio, como todo autor sabe. *Una vida con propósito* ciertamente tocó una fibra muy sensible: un profundo deseo de conocer el propósito. Pero aquí está mi opinión: Dios ha honrado los libros de Rick porque Rick honró a Dios con una promesa. Esa promesa para tres años fue un momento génesis. Y para que conste, ¡cada acto de generosidad lo es! Si quieres que Dios haga algo más allá de tu capacidad, trata de darle más allá de tus medios. Es un gran punto de partida, un punto de apoyo.

A una escala mucho más pequeña, creo que Dios ha honrado *Con un león en medio de un foso cuando estaba nevando* debido a una promesa de 5.000 dólares que mi esposa y yo hicimos a las misiones el 31 de julio de 2005. Esa promesa de fe no encajaba en nuestro presupuesto, pero creíamos que Dios, de alguna manera, proporcionaría lo que prometimos. Sesenta y cinco días más tarde firmé el contrato para mi primer libro.

El acuerdo del libro fue un sueño hecho realidad, ¡pero también lo fue hacer un cheque de 5.000 dólares para las misiones! Y creo que fue nuestro compromiso lo que hizo el sueño de escribir una realidad.

Era nuestra manera de levantar la lanza como Joseb.

Era nuestra manera de perseguir al león como Benaía.

Cada sueño del tamaño de Dios tiene una génesis, una oportunidad ordenada por Dios, una pasión dada por Dios. Pero, en algún momento, necesitas levantar tu lanza de fe. Así es como la puerta se abre y deja entrar al futuro.

¿Qué lanza necesitas levantar?

¿Qué probabilidades necesitas desafiar?

¿Qué versículo necesitas interpretar con tu vida?

EL JUEGO DE CENTÍMETROS

Estuvo con David cuando desafiaron a los filisteos.

2 SAMUEL 23:9

EN EL VERANO DE 1957, un chico de doce años de edad, Ed Catmull, viajaba a través del país con su familia al Parque Nacional de Yellowstone. Mientras zigzagueaban en una carretera del cañón sin barandilla, un coche que circulaba en la dirección opuesta se metió en su carril. Ed recuerda a su madre gritando y a su padre desviándose. Quedaron a cinco centímetros de caer por el precipicio, se acabó el juego.

Eso es lo cerca que estuvimos de no tener *Buscando a Nemo*, *Los increíbles*, y *Up*. ¿Por qué? Porque Ed Catmull es el fundador y presidente de los Estudios de Animación Pixar. Así que, como yo lo veo, sin Ed no hay *Toy Story*, *Toy Story 2* ni *Toy Story 3*.

Al reflexionar en ese encuentro cercano con la muerte, Ed Catmull dijo: «Cinco centímetros más y no existiría Pixar».[1] Pero no son solo las películas animadas de Pixar lo que no habría existido. Ed ha señalado, con no poca medida de satisfacción, cuántos empleados de Pixar se han conocido, se han casado y han tenido lo que él llama hijos Pixar. «Todas esas parejas de Pixar no tienen la menor idea de los cinco centímetros que pudieron haberles impedido conocerse o impedido que sus hijos hayan sido concebidos».[2]

¡La vida es un juego de centímetros!

La vida se compone de sucesos de cinco centímetros que cambian nuestra trayectoria.

Después de beber unos tragos de más, Dee Duncan estaba de pie en una esquina de una calle en Georgetown, a las dos de la mañana. Un taxi se detuvo, Dee se sentó en el asiento trasero y el conductor le dijo: «Usted estaba haciendo algo que no debería haber estado haciendo, ¿verdad?» ¡Eso lo hizo recuperar la sobriedad enseguida! El taxista profeta le señaló: «Yo nunca conduzco por esta zona de la ciudad, pero el Señor me dijo que pasara por esta calle, que había alguien a quien Él necesitaba hablarle».

Mientras llevaba a Dee a través de la ciudad hacia su apartamento, le dijo que Dios tenía un plan y un propósito para su vida. También le indicó que tenía que encontrar una iglesia. Al día siguiente, Dee entró en National Community Church por primera vez. Comenzó a asistir con regularidad, se conectó a un pequeño grupo, e incluso fue en un viaje misionero a Zambia con uno de mis hijos. Pero mi parte favorita de la historia es el día en que se sentó a cinco centímetros de una joven llamada Anna. Unos años más tarde Dee subió a la plataforma después de uno de nuestros servicios, se hincó en una rodilla y le preguntó a Anna si quería casarse con él.

Ahora, rebobina la cinta.

¿Y si ese taxista no hubiera obedecido a ese pequeño impulso que lo llevó a girar por esa calle en ese momento? No creo que Dee hubiera encontrado la iglesia NCC. Y aunque no quiero restarle importancia a la soberanía de Dios ni un ápice, no estoy seguro de que Dee habría encontrado a Cristo ni Anna tampoco.

De lo que sí estoy seguro es de esto: Dios está en el negocio de posicionarnos estratégicamente en el lugar correcto en el momento correcto. Por supuesto, a menudo parece que fuera el lugar equivocado en el momento equivocado. Pero al igual que un gran maestro que posiciona estratégicamente sus peones, alfiles, reyes y reinas, Dios te está preparando.

Permíteme poner mis cartas sobre la mesa. Yo no creo en las coincidencias, no si estás llevando una vida guiada por el Espíritu. Creo en la Providencia. Creo en un Dios soberano que está ordenando tus pasos, preparando las buenas obras con antelación y haciendo que todas las cosas ayuden a bien. Por supuesto, algunas cosas no tendrán sentido hasta que crucemos el continuo espacio-tiempo y entremos en la eternidad. En el ínterin, no te preocupes por conocer a la persona correcta. Concéntrate en llegar a ser la persona adecuada. Si sigues haciendo las cosas bien en el día a día, ¡Dios mantendrá su parte del trato!

Si acaso pasa una semana que no escucho historias locas sobre la soberanía de Dios. Algunas de ellas empiezan como errores, como Dee con unas cuantas copas de más. Hace poco oí sobre una mujer que ordenó un solo ejemplar de *El hacedor de círculos* pero, por accidente, le enviamos una caja completa. No recuerdo eso, pero evidentemente le dije que se quedara con la caja. Ella repartió los libros dándole uno a una persona cuando sentía un impulso, y ocho de ellas creyeron en Cristo.

Tú lo puedes llamar error humano.

Yo lo llamo sincronicidad sobrenatural.

Puede parecer insignificante, pero es una preposición providencial: Eleazar estaba *con* David cuando desafiaron a los filisteos. En otras palabras, él estaba en el lugar correcto, en el momento correcto, con la persona correcta. Y no fue una coincidencia. Fue un acontecimiento de cinco centímetros que cambió la trayectoria de su vida.

Me encanta la escena en *Regreso al futuro II*, cuando Doc Brown le dice a Marty McFly: «Obviamente, el lapso temporal se ha interrumpido, creando una nueva secuencia de sucesos temporales que resultan en esta realidad alterna».[3]

No es ciencia ficción; es un hecho.

No es un guion; es la Escritura.

No es un accidente; se trata de una cita divina.

¿Puedo hacer una simple observación? ¡Observa quién está a tu lado! Lo que tú crees que es una asignación de asiento podría ser una asignación divina. La persona a cinco centímetros de distancia puede cambiar tu destino, ¡o tú podrías cambiar el suyo!

Solo un poco más lejos

Mientras Taylor Wilkerson cruzaba el puente George Washington, se sintió inspirado a orar por el barrio de la ciudad de Nueva York al que Dios lo había llamado. Harlem fue el epicentro de un renacimiento cultural en la década de 1920, pero la Gran Depresión, junto con la desindustrialización, dejó a su paso delincuencia y pobreza.

Mientras Taylor rodeaba Harlem en su coche, el Señor le decía: *Un poco más lejos.* Noventa minutos más tarde Taylor pronunció una oración final cuando se dirigía a casa: *Incluso ahora, Señor, dame la oportunidad de llegar a alguien.*

Después de estacionar su auto Taylor no había dado cinco pasos cuando hizo contacto visual con Michael. Taylor le hizo una pregunta bastante audaz: «¿Te gusta tu vida?» Mirando hacia el suelo, Michael dijo: «No. La odio. Lo eché a perder todo».

Cuando Taylor le preguntó a Michael si conocía a Jesús, Michael mostró con orgullo la cadena alrededor de su cuello. «Sí. Lo mantengo en mi cuello». Taylor explicó tiernamente que el uso de Jesús alrededor de su cuello no es suficiente, que tienes que invitarlo a que entre en tu corazón. Entonces Taylor le preguntó a Michael si alguna vez había estado en una iglesia.

«Hace algunos años estaba en el centro de Manhattan», dijo Michael, «cuando un blanco anciano me detuvo y me invitó a la iglesia. Estaba vestido con un lindo traje. Más tarde ese mismo, día fui allí ¡y resulta que era el pastor! ¿Ha oído hablar de la congregación Times Square Church?»

Taylor se rió en sus adentros, pero mantuvo el rostro inalterable. Le preguntó a Michael si recordaba el nombre del pastor. Michael le dijo: «Tengo que pensar en eso. Era… Wilkerson. Sí, David Wilkerson». A continuación, Taylor le extendió la mano. «¿Sabes cómo me llamo? Mi nombre es Taylor David Wilkerson. Michael, la última persona que te habló acerca de Jesús era mi tío abuelo David Wilkerson. Y ahora Jesús me envió para recordarte que no es demasiado tarde para empezar de nuevo».

Cuando Dios te diga que vayas «un poco más lejos», una cita divina podría estar a cinco centímetros o a dos segundos de distancia. Si ignoras el impulso, te pierdes el milagro. Si obedeces el impulso, logras llegar hasta el agujero del conejo. Nada nos prepara para un milagro como ir la milla extra: «un poco más lejos». Es entonces cuando Dios se presenta y se muestra. Un pequeño paso de fe puede convertirse en un gran salto. Una persecución puede cambiar la trayectoria de tu vida o la eternidad de otra persona.

Taylor me contó esta historia con una taza de café. Él y su esposa, Kristen, también compartían mi pasión por Harlem. Mientras hablábamos, tuve recuerdos momentáneos de nuestro primer año cuando fundábamos la iglesia en Washington, D.C. Plantar una iglesia califica como lo más aterrador que he hecho, pero el miedo, adecuadamente canalizado, ¡es estupendo!

La familia de mi esposa, los Schmidgall, han sido amigos de la familia de Taylor, los Wilkerson, hace muchas décadas. El padre de Taylor, Rich Wilkerson, era como un hermano para mi suegro, Bob Schmidgall. Así que Taylor y Kristen se sienten como primos. Son tan agradables como pueden, pero no se equivoquen con eso, ¡son perseguidores de leones! Veo una fe feroz dentro de ellos que se resume en una oración profética. Casi como Eliseo pidiendo el manto de Elías, Taylor oró: *Señor, si hay alguna oración sin respuesta o sueño no realizado en la vida de David Wilkerson, ¡respóndelo a través de mí!*

El sueño de Taylor y Kristen, la iglesia Trinity Harlem, es realmente un sueño dentro de otro sueño. Se remonta a una experiencia cercana a la muerte, un encuentro de cinco centímetros cuando David Wilkerson miró fijamente a la muerte sin parpadear.

Mantenga ese pensamiento.

Sueños de cincuenta años

Un año después del ataque a las torres gemelas, hice un viaje a la ciudad de Nueva York con mi mentor, Dick Foth, y nuestro amigo, John Ashcroft. El fiscal general de la nación había sido invitado a presentarse en *El Show de David Letterman*, y nos invitó a acompañarlo. Fue una experiencia divertida, pero conocer a David Letterman no fue lo más memorable del viaje. Fue una reunión improvisada con David Wilkerson, el pastor fundador de Times Square Church. Así como las réplicas de los terremotos, la conversación de diez minutos aún resuena en mi espíritu.

La transparencia cruda de David Wilkerson desarmaba cuando hablaba de la forma en que Mateo 25 estaba jugando con su mente. Se preguntaba en voz alta si iba a escuchar a Dios decir: ¡Hiciste bien, siervo bueno y fiel! Se preguntaba si él había sido «fiel en lo poco» o «amó al más pequeño de ellos». Casi no podía creer lo que estaba escuchando.

David Wilkerson sintió el llamado a tratar con las bandas de Nueva York en la década de 1950. Cuando lo amenazaron con matarlo, se negó a dar marcha atrás. El enfrentamiento más famoso se registra en *La cruz y el puñal*, el éxito de ventas del New York Times, que ha vendido más de quince millones de ejemplares.

Cuando Nicky Cruz, el jefe de la banda callejera de los Mau, se alzó frente a David y lo amenazó con matarlo, este le dijo: «Me puedes cortar en mil pedazos y arrojarlos a la calle, pero cada pedazo te seguirá amando». David Wilkerson fue un perseguidor de leones, ¡por decir lo menos! Sin embargo, se preguntaba en voz alta si había amado a los más pequeños de estos, inspirado en Mateo 25. Mientras nos contaba sus dudas acerca de si estaba viviendo a la altura de la regla de oro del evangelio, no pude evitar pensar: *Si David Wilkerson no oye: «Hiciste bien, siervo bueno y fiel», ¡yo estoy en un gran problema!*

Recordé la escena de la reunión de diez minutos con David cuando Taylor me dijo que su pasión impulsora es Mateo 25: alimentar al hambriento, vestir al desnudo, cuidar a los enfermos. Él está cumpliendo el sueño de cincuenta años de su tío abuelo. Y hay una pieza más del rompecabezas de los sueños. Mientras leía *La cruz y el puñal,* Taylor descubrió que David había soñado con fundar una iglesia en Harlem, cosa que nunca hizo. Trinity Harlem no es solo el sueño de Taylor. Es el cumplimiento de un sueño que su tío abuelo tuvo cinco décadas antes.

Es un sueño dentro de otro sueño.

Las prejugadas

Uno de los momentos más humillantes pero gratificantes en la vida de un padre es cuando «el estudiante se convierte en maestro». Tuve uno de esos momentos con mi hijo Parker hace unos años. Me había ganado en ajedrez unas cuantas veces, ¡pero nunca en tres movimientos! Lo llamó el Gambito de dama; yo lo llamé *suerte.* Pero a decir verdad, Parker había estado estudiando de apertura, las movidas para forzar, las jugadas tranquilas y los contraataques.

¿Sabías que el número total de permutas posibles en solo las primeras diez jugadas o movidas de una partida de ajedrez es 169.518.829.100.544 .000.000.000.000.000? Yo lo deletrearía, ¡pero ninguno de nosotros tiene ese tipo de tiempo![4]

Esa es una cantidad inmensa de contingencias y posibilidades. Y el juego de la vida es mucho más complicado que una partida de ajedrez. Pero eso no debería ponerte nervioso, no si el Gran Maestro es el que ordena tus pasos. Después de todo, es en Él que «vivimos, nos *movemos* y existimos».[5]

La clave del éxito es hacer las movidas o jugadas correctas, por lo que es útil pensar en términos de ajedrez. Nuestra mudanza a Washington, D.C., fue una movida *tranquila*, pero esa jugada creó el marco para los veinte años venideros. Nuestro primer servicio fue una movida de *apertura*, pero no fue más espectacular que cuando un peón avanza un espacio. Cuando la escuela pública de D.C. donde nos reuníamos cerró a causa de ciertas violaciones al código de incendios, nuestra movida a las salas de cine en Union Station fue un *contraataque*. Y el lanzamiento de nuestro segundo recinto fue una *movida para forzar* que dio lugar a un tercer, un cuarto y, con el tiempo, un octavo recinto.

Evaluar todas las posibles permutas es algo abrumador. ¿Y si hubiéramos hecho *esto* en vez de *aquello*? ¿Y si hubiéramos ido *aquí* en vez de *allá*? ¿Y si lo hubiéramos hecho *antes* en lugar de *más tarde*? Sin embargo, veo un hilo común en nuestra historia: una jugada estableció la siguiente movida, la cual a su vez estableció la siguiente después de esa. En ajedrez se llama una *prejugada*, la movida previa a la movida antes de la movida.

No nos mudamos a Washington, D.C., para plantar una iglesia, pero Dios tenía motivos ulteriores. Pensamos que nos movimos a D.C. para dirigir un ministerio en los barrios marginados, y eso estábamos haciendo. Pero Dios siempre tiene razones más allá de la razón. La movida a D.C. fue una prejugada. Dios me estaba preparando para pastorear en National Community Church.

Pensar en todas las posibles permutas me marea un poco, pero encuentro mi equilibrio en la soberanía de Dios. Todo en nuestro pasado es una prejugada que Dios usará para su gloria de alguna forma, de alguna manera.

Tu fecha de y tu lugar de nacimiento no fueron casuales. Fue la movida de apertura en una vida que está destinada a servir a los planes y propósitos eternos de Dios. Dios determinó exactamente cuándo y dónde nacerías.[6] Y ha ordenado cada código postal desde entonces.

Estaba en el octavo grado cuando nuestra familia empezó a asistir a la Calvary Church y yo no sabía que el pastor tenía una hija. En aquel momento no me importaba. No es por eso que fuimos allí, pero el Casamentero me estaba preparando. Fue una prejugada. Y cuando me encontré con Lora, ¡saqué todas mis movidas! Hice movidas de apertura, movidas tranquilas y movidas de contraataque, ¡hasta que le di jaque mate a mi reina!

Puertas cerradas

Durante trece años, la congregación National Community Church se reunió en salas de cine en Union Station, el centro de transporte de Washington, D.C., por el que pasan cien mil personas todos los días. Eso no solo nos puso en el medio del mercado, sino que también nos puso en el mapa. No muchas iglesias tienen su propia parada de metro, estación de tren y parada de taxis que dejan la gente frente a su puerta.

Esa oportunidad de oro comenzó con una llamada telefónica que me informaba que la escuela pública de D.C., donde nos reuníamos, estaba cerrando sus puertas debido a violaciones del código de incendios. Mi reacción inmediata fue de temor, porque nos ponía a punto de convertirnos en una iglesia sin local. Pero pronto descubrí que algunas de las mejores prejugadas de Dios son las puertas cerradas.

Yo no habría entrado en las salas de cine de Union Station si Dios no hubiera cerrado esa puerta. Y no es ninguna coincidencia que entrara el día después de que la cadena de cines pusiera en marcha un programa VIP en todo el país para captar usuarios de sus instalaciones durante las horas que no se exhibieran películas. Era como si Dios extendiera la alfombra roja, pero la realidad es que había hecho prejugadas un siglo antes.

Después de firmar el contrato de arrendamiento con las salas de cine en Union Station, tomé el libro *Union Station: A History of Washington's Grand Terminal* [Estación Unión: Una historia de la gran terminal de Washington]. El 28 de febrero de 1903, Teddy Roosevelt firmó «un proyecto de ley del Congreso para crear la Union Station *y para otros* fines». Esa pequeña frase saltó de la página a mi espíritu, infundiendo en mí una sensación premonitoria.

Casi cien años después de que se aprobara ese proyecto de ley, la Union Station comenzó a servir a los propósitos de Dios a través del ministerio de NCC. Roosevelt pensó que estaba construyendo una estación de tren, pero también fue la construcción de una iglesia, ¡y el Congreso financió nuestra campaña capital!

Al reflexionar, me río del hecho de que yo estaba tan asustado cuando la escuela donde nos reuníamos cerrara. Incluso tengo los apuntes del diario donde escribí que habíamos sido «acorralados en una esquina». Se sentía como si hubiéramos caído en un hoyo con un león en un día nevado. Yo no podía ver una salida, un camino a seguir. Y lo mismo pasó trece años más tarde, cuando recibí una llamada telefónica que me informaba que las salas de cine en Union Station estaban cerrando. Al principio me asusté, tal como me pasó cuando la escuela cerró. ¿Cómo reubicas una congregación que ha crecido a miles de personas? ¡Y teníamos que hacerlo en el plazo de una semana!

Una de las promesas que más he marcado con un círculo en mi Biblia es Apocalipsis 3:7: «El que abre y nadie puede cerrar, el que cierra y nadie puede abrir». Me encanta la primera mitad de la promesa: puertas abiertas. ¿La segunda mitad? ¡No tanto! Sin embargo, algunos de los más grandes milagros en mi vida han estado al otro lado de una puerta cerrada. Fue la puerta cerrada en Union Station la que nos dirigió a nuestro futuro recinto: el Castillo de 29.3 millones de dólares en el Capitolio. ¡Así que gracias a Dios por ambas!

¡Algún día puede que le des gracias a Dios por las puertas cerradas más que por las puertas abiertas! Es una de sus mejores prejugadas.

Un artículo

Albert Schweitzer era un hombre renacentista del siglo XX, médico, filósofo y organista extraordinario. Firmó con Columbia Records y produjo veinticinco grabaciones de Johann Sebastián Bach. Pero fue su trabajo como médico misionero lo que le valió el Premio Nobel de la Paz en 1952. Esa labor emprendedora comenzó en la primavera de 1913, cuando Albert y su esposa, Helene, viajaron catorce días en balsa por el río Ogooué, a través de la selva del África Central, para llegar a un puesto misionero en Gabón. Allí establecieron un hospital y cuidaron de decenas de miles de pacientes por más de cuatro décadas y en medio de dos guerras mundiales. Cien años más tarde el Hospital Albert Schweitzer es uno de los principales centros hospitalarios de investigación en el continente africano y está trabajando para poner fin al flagelo de la malaria.[7]

Ahora, aquí está el resto de la historia.

Un día de otoño en 1904, Albert se sentó en su escritorio en el Seminario Santo Tomás y encontró una revista de la Sociedad Misionera Evangélica de París. Fue colocada allí por la señorita Scherdlin, una amiga de la infancia de Albert. Ella sabía que a él le gustaban esas cartas misioneras. De hecho, cuando era niño, su padre solía leérselas. Antes de dedicarse a sus estudios, Albert pasó las páginas de la revista hasta que llegó a un artículo titulado; «Las necesidades de la misión en el Congo». Ese artículo cambió la trayectoria de su vida. El autor, Alfred Boegner, expresaba su deseo de que su petición de misioneros cayera en las manos de aquellos «sobre quienes los ojos del Maestro ya reposaban».

Albert Schweitzer estaba mirando fijamente a su león. «Terminé mi artículo», dijo Schweitzer, «y en silencio comencé mi trabajo. Mi búsqueda había terminado».[8]

Fue una movida tranquila, una prejugada.

No me identifico con esa frase como lo hace Schweitzer, pero mi sueño es paralelo a su viaje en cierta manera significativa. Así como Schweitzer, descubrí mi destino en una revista. Inmediatamente después de que nuestro intento por fundar una iglesia fracasara en mis días en el seminario, estaba hojeando una revista de misiones cuando me encontré con un anuncio de cierto ministerio paraeclesiástico en Washington, D.C. Por qué dejé de pasar las páginas sigue siendo un misterio para mí, pero había algo magnético en esa página en particular. Ese artículo condujo a una llamada telefónica, que llevó a una visita, la que dio lugar a una movida de apertura hacia Washington, D.C.

El destino no hace citas. Por lo general se presenta en la puerta sin previo aviso. Y a menudo golpea suave, por lo que tienes que escuchar con atención. Se manifiesta en una revista, en una reunión, en una conferencia. Se manifiesta en las vacaciones o en un viaje misionero.

En un sentido, tú no descubres tu destino. Tu destino te descubre a ti. Se manifiesta en un campo de lentejas, en unos filisteos burlones, en un foso con un león en un día nevado.

No sé lo que Benaía tenía en su lista de tareas pendientes de ese día, pero estoy seguro de que tenía lugares dónde ir y cosas qué hacer. Pero

Benaía reconoció su destino cuando rugió. En vez de echar vuelo, decidió luchar por su destino.

La curva de aprendizaje

El momento génesis del sueño de Albert Schweitzer fue el día de otoño de 1904, cuando agarró una revista de la Sociedad Misionera Evangélica de París. Pero permíteme practicar ingeniería regresiva de su viaje ensoñador un poco más profunda. Era una mañana de verano en 1896 cuando Albert hizo una resolución.

«Mientras los pájaros trinaban afuera… llegué a la conclusión de que hasta que tuviera treinta años justificaría dedicarme al estudio académico y a las artes», dijo Schweitzer, «pero después de eso me dedicaré directamente a servir a la humanidad».[9]

Me gusta la manera en que Schweitzer se acerca a la tercera década de la vida: aprender lo más que pueda acerca de lo más que pueda. He compartido esa filosofía con nuestra congregación, cuya mitad está compuesta por veinteañeros. No te presiones mucho para subir la escalera corporativa. Para la mayoría de la gente su primer trabajo no es el ideal, y tampoco lo es el segundo ni el tercero ni el cuarto. Pero eso es parte del proceso de descubrimiento de nuestro destino. Son esos pequeños trabajos y empleos poco agradables los que nos ayudan a identificar nuestro trabajo ideal una vez que lo hallamos.

En vez de subir la escalera corporativa, enfócate en la curva de aprendizaje.

Eso es lo que Nicole Poindexter hacía cuando estaba entre un trabajo y otro. En vez de fijar su atención en el hecho de que estaba sin trabajo, decidió sacar el máximo provecho de ello. Una de sus resoluciones de año nuevo fue la lectura de la Biblia de principio a fin, pero Nicole tenía tanto tiempo en sus manos y tanta hambre en su corazón, ¡que terminó a finales de enero!

Nicole se conectó con las promesas de Dios en una manera que nunca antes lo había hecho. Y parecía que cada movimiento que hacía era ordenado por Dios. En palabras de Nicole: «Nada de lo que ocurrió en ese mes fue una coincidencia».

Durante un año sabático que ella misma programó, Nicole comenzó a investigar sobre la electricidad con energía solar como un negocio potencial en el continente de África. Un mes más tarde estaba en un avión hacia Ghana.

El último día de mi viaje era el Día de la Independencia de Ghana y me pidieron que estuviera en un servicio de oración por el país. Mientras observaba el salón lleno de gente orando, me di cuenta de que este sueño respecto a mí y a mi éxito era fácil de lograr, pero yo sabía que Dios me había llevado a Ghana como una bendición para ellos.

Los primeros versículos que Nicole memorizó después de entregarse a Cristo fue la promesa dada a Abraham en Génesis 12:1-2: «Sal de tu tierra, tus parientes y la casa de tu padre a la tierra que te mostraré… Te bendeciré… y serás una bendición».

Ese versículo es el guion de Nicole, y lo está viviendo literalmente; dejando su país y dirigiéndose al que Dios le ha mostrado. En el 2015, 125 africanos en la aldea de Affulkrom tuvieron electricidad por primera vez en sus vidas, gracias al sueño de Nicole. Cuatro meses y cuatro aldeas más tarde, el total fue de hasta 750 personas. Como le gusta decir a Nicole: «El marcador ahora es *Luz 750, oscuridad 0*». Esa electricidad con energía solar es una línea vital que permite todo, desde comunicación hasta atención sanitaria.

Si tú no tienes un sueño, sigue aprendiendo mientras estás esperando. Entra en la Palabra de Dios y el sueño de Dios va a entrar en ti.

Año de sueños

En los primeros años de plantar iglesias, me encontré con un colega en el área de D.C. llamado Ben Arment. Entablamos amistad, lo que es fácil para los plantadores de iglesias dado que puede ser una jornada solitaria.

En ese momento, yo era adicto a las conferencias. Siempre estaba buscando ideas que nuestro personal pudiera rogar, pedir prestada o robar, y obtuvimos un montón de ellas en la actividad conocida como Catalyst

Conference [Conferencia Catalizadora] en Atlanta, Georgia. El primer año que asistimos, solo dos de nosotros fuimos, pero esa conferencia se convirtió en una peregrinación anual para nuestro personal. Era parte de nuestra curva de aprendizaje. La última vez que participamos, más de cincuenta miembros del personal asistieron. En todos esos años, solo una vez llevamos con nosotros a una persona que no era miembro del personal. Esa persona era Ben Arment, me sentí impulsado a pagar sus gastos de viaje.

«Ese viaje cambió mi vida», dijo Ben. «Todos mis sueños y deseos encontraron resonancia en esa actividad». Lo que yo no sabía en ese momento es que Ben había dado un pequeño paso de fe mediante la incorporación de una organización que produciría actividades muy parecidas a Catalyst Conference.

Catalyst Conference es un gran evento, trece mil personas llenan el Centro de Gwinnett cada año. Sin embargo, para Ben era un evento de cinco centímetros. Aquello le requirió valor a Ben para dejar de ser pastor. Pero se dio cuenta de que estaba «diseñado para emprender cosas, no pastorear personas».

El sueño de crear conferencias no sucedió de la noche a la mañana. Es más, Ben renovó la cuota anual en su sueño diez veces antes de que al fin diera a luz su idea, la conferencia STORY [Historia]. A veces, ¡ese es el tiempo que toma para que nuestra preparación y nuestras experiencias alcancen nuestros sueños!

Dejo pasar más oportunidades de las que aprovecho, créeme, pero yo sabía que Ben tenía que ir a la conferencia con nosotros. Pensé que iba a ayudarle a cumplir su llamado como pastor, pero Dios tenía una soberana sorpresa bajo la manga. Catalyst Conference se convirtió en el potenciador para que Ben dejara de ser pastor y empezara a perseguir otros sueños dados por Dios, ordenados por Él.

Durante la última década, Ben ha ayudado a innumerables personas a perseguir sus sueños a través de la conferencia HISTORIA y su red de entrenamiento, Año de Sueños.[10] Y en concordancia con la forma en que está diseñado, ¡Ben ya ha vendido esas empresas para perseguir a leones aún más grandes!

«Una vez perseguidor de leones», dice Ben, «¡siempre perseguidor de leones!»

EL MOMENTO DECISIVO

Pero Eleazar se mantuvo firme.

2 SAMUEL 23:10

EL 2 DE SEPTIEMBRE de 2015, el cadáver de un niño sirio de tres años de edad, llamado Aylan Kurdi fue arrastrado a orillas de la ciudad portuaria de Bodrum, Turquía. Había estado huyendo del Estado Islámico con su familia de refugiados, que buscaban asilo en Europa. El periodista turco Nilüfer Demir fotografió el cuerpo sin vida de Aylan sobre la arena húmeda y a un trabajador de refugiados cargando su pequeño cuerpo inerte.

Esas imágenes ofendieron la conciencia pública y llamaron la atención sobre la mayor crisis de refugiados desde la Segunda Guerra Mundial. Las naciones tomaron nota, se llevaron a cabo vigilias de oración y las donaciones a organizaciones benéficas relacionadas con los refugiados se dispararon. «Fue uno de esos momentos», señaló a la BBC, «cuando todo el mundo pareció preocuparse».[1]

Tenemos una opción en momentos como ese: volver a la normalidad o estar en los negocios del Padre. ¿Cuál? Porque es una u otra.

Siria tiene una población de veintitrés millones de personas, casi la mitad de ellos son desplazados y necesitan ayuda humanitaria con urgencia. La mitad de esa mitad son niños inocentes, como Aylan.

Un viejo adagio dice: «Una imagen vale más que mil palabras». Pero creo que vale más que eso. Los procesos cerebrales se imprimen en una página a cien bits por segundo, mientras procesa imágenes a mil millones de bits por segundo. Así que, técnicamente, ¡una imagen vale más de diez millones de palabras![2]

«Los reporteros gráficos a veces captan imágenes tan poderosas», dijo Nick Logan de *Global News*, «que el público y los legisladores no pueden ignorar lo que ellas muestran.»[3] Una imagen tiene el poder de pinchar la conciencia. Puede iniciar una revuelta o una revolución.

El famoso fotógrafo Henri Cartier-Bresson lo llama «el momento decisivo». Él no solo acuñó la frase, también escribió un libro muy vendido con ese título. «Para mí», dijo, «la fotografía es el reconocimiento simultáneo, en una fracción de segundo, de la importancia de un acontecimiento». Si estás una fracción de segundo antes o una fracción de segundo después, te perdiste el momento. Y no puede ser dejado a la suerte. Para Cartier-Breeson, era una habilidad aprendida que requiere un ojo para la ocasión. «Debes saber con intuición cuándo hacer clic en la cámara», dijo. «Una vez que lo pierdes, se va para siempre». Pero, ¿si lo capturas? «Una fotografía [puede] fijar la eternidad en un instante».[4]

Si la Biblia fuera un libro de imágenes, 2 Samuel 23 tendría con justicia sus momentos decisivos. Me puedo imaginar a Joseb Basébet levantando su lanza con ochocientos soldados enemigos en un escenario nublado. Puedo imaginarme la cara de Benaía mientras intercambia una mirada con el león. Pero déjame acercar el zoom a la mano de Eleazar, la que se le quedó pegada a la espada cuando tomó su posición en contra de los filisteos.

Los ojos entrecerrados en el sol del mediodía.

Los músculos de la mandíbula apretados.

Las venas de su brazo con la espada palpitando.

Es Clint Eastwood en la película Impacto súbito: «¡Anda, alégrame el día!»

Es John Wayne en Temple de acero: «Joven, si estás buscando problemas, te voy a complacer».

Es Russell Crowe en Gladiador: «Mi nombre es Maximus Decimus Meridius, comandante de los ejércitos del norte, general de las Legiones Félix y leal servidor del verdadero emperador, Marco Aurelio. Padre de un hijo asesinado, marido de una mujer asesinada. Y tendré mi venganza, en esta vida o en la próxima».

No quiero poner palabras en la boca de Eleazar, de todos modos sus acciones hablan más que las palabras. Pero si yo fuera el guionista, este sería el momento para la breve frase épica de Eleazar. Y supongo que diría algo así: «Puede ser que muera en este campo de batalla hoy, ¡pero no voy a morir con una espada en la espalda!»

La palabra *retirada* no estaba en el vocabulario de Eleazar. Tampoco lo estaba *derrota*. No era lucha o huida. Era lucha por tu vida, ¡lucha hasta la muerte! Hace poco dicté una conferencia de pastores en Harrogate, Inglaterra.[5] Hablar después del Arzobispo de Canterbury Justin Welby fue una lección de humildad. Pero no tan aleccionadora como hablar ante el hermano Edward, que pastorea una iglesia en Damasco, capital de Siria. Unas semanas antes de la conferencia, 157 personas murieron en un bombardeo no lejos de donde él es pastor. Su vida corre peligro todos los días. Sus fieles caminan por las calles con francotiradores solo para ir a adorar juntos.

¡Eso acaba con cualquier excusa que tengamos!

El moderador de la conferencia le preguntó al hermano Edward por qué no se va de Siria. «Cuando un país retira a sus embajadores de otro país, usted sabe que está mal», dijo el hermano Edward. «Dios no está llamando a sus embajadores a salir de Siria».

Al igual que Eleazar antes de él, el hermano Edward se mantiene firme.

Cien generaciones

Cada vida es definida por momentos decisivos, momentos que a menudo dictan el curso de décadas. Eso no debería ponerte nervioso, no si Dios está ordenando tus pasos. ¡Debería colmarte de una sensación de destino!

En su libro *Decisive Moments in History* [Momentos decisivos en la historia], el autor Stefan Zweig describió «un solo momento que determina y decide todo: un solo *Sí*, un solo *No*, un *demasiado temprano* o un *demasiado tarde* hace esa hora irrevocable por cien generaciones y determina la vida de un individuo, un pueblo e incluso el destino de toda la humanidad».[6]

Esto puede parecer una exageración en un principio, pero en realidad creo que se queda corto. Sí, los momentos decisivos son pocos y distantes entre sí. Sin embargo, sus repercusiones trascienden el tiempo y el espacio. Nuestras acciones y omisiones tienen consecuencias eternas. Y que conste, la inacción *es* una acción.

Cuando fallamos en actuar, perdemos el futuro. Y así como la falta de acción es una acción, la indecisión es una decisión. Como bien dijo Edmund Burke: «La única cosa necesaria para el triunfo del mal es que los hombres buenos no hagan nada».[7] La crisis de refugiados y todo tipo de crisis que nuestro mundo enfrenta es cierta. Nuestro trabajo como perseguidores de leones es dar un paso adelante, intervenir. ¿Necesitamos leyes de inmigración y políticas de asilo? Absolutamente. Pero también tenemos que cumplir con nuestro deber diplomático como embajadores del cielo.

NCC hace poco envió un equipo para trabajar con nuestros amigos en la Campaña A21 que están proporcionando ayuda, con mucho amor, en los campos de refugiados fuera de Tesalónica, Grecia. Mi esposa, Lora, pasó varios días en uno de esos campos, y las imágenes que tomó de esos preciosos niños, pequeños como Aylan, eran desgarradoras. Cada imagen hizo que yo orara: *Dios, ¡ayúdanos a ayudarles!*

A veces se siente como si la esperanza se hubiera perdido, pero no te olvides que la historia se divide en dos por el nacimiento de Cristo. Deja de vivir como si fuera a.c., antes de Cristo. Es d.c., después de Cristo. Si es necesario, vuelve a leer el libro de Apocalipsis para recordarte que el amor gana y el odio pierde; ¡la fe gana y el miedo pierde!

Luchamos oscuridad con luz, miedo con fe y odio con esperanza. Y cuando hacemos eso, las puertas del infierno no pueden prevalecer contra nosotros. En palabras de Julia Ward Howe y su «Himno de Batalla de la República», «¡Gloria! ¡Gloria! ¡Aleluya! ¡Su verdad está en marcha!»[8]

¡Su verdad es imparable!

¡Su gracia es invencible!

Pero debemos dar un paso adelante, intervenir.

Cuna de oro

Elizabeth Fry nació en cuna de oro, sin embargo, se negó a permanecer indiferente a la pobreza «dickensiana» del Londres del siglo diecinueve. Contemporánea de William Wilberforce, que dirigió la campaña para abolir la esclavitud en Gran Bretaña, Elizabeth Fry tenía dos grandes objetivos. La primera fue la reforma penitenciaria y la segunda fue con las personas sin vivienda. ¡Ambas cosas eran leones de doscientos cincuenta kilos!

Un día, un amigo de la familia, Stephen Grellet, invitó a Elizabeth a visitar la prisión de Newgate. Las condiciones que encontró en la sala de mujeres la horrorizaron. Elizabeth tenía once hijos propios que cuidar, pero eso no le impidió cuidar de esas presidiarias. Así que volvió al día siguiente con comida y ropa. Luego comenzó una escuela en la prisión para los hijos de las reclusas. Y, por último, fundó la Sociedad de damas británicas para la promoción de la reforma de las prisioneras, la primera organización nacional de mujeres en Inglaterra. La estrategia de Fry para hacer conciencia del problema fue invitar a destacados miembros de la sociedad a pasar una noche en prisión —en un hoyo— para que pudieran experimentar las condiciones por sí mismos.[9]

En el invierno de 1819, Elizabeth tropezó con el cuerpo de un niño que se había congelado hasta morir.[10] Al igual que la fotografía de Aylan Kurdi, fue una imagen que nunca olvidaría. Elizabeth estableció un refugio nocturno para atender a las personas sin hogar de Londres, un modelo que se extendió por toda Gran Bretaña.

Un gran sueño no se limita a destacarse. Inspira sueños hasta la tercera y cuarta generación. Y eso puede ser el mayor legado de Elizabeth. En 1840 a la edad de sesenta años, Elizabeth comenzó una escuela de formación para enfermeras. Fue ese programa lo que inspiró a Florence Nightingale, la madre de la enfermería moderna, a dar un paso adelante e intervenir en la Guerra de Crimea. Al igual que los médicos que juran defender el juramento de Hipócrates, las enfermeras juran el compromiso Nightingale.[11] Ellas puede que no sepan el escenario original completo de la historia, ya que el compromiso fue instituido en 1893, pero su voto es un sueño dentro de otro sueño.

Desde el año 2001, una foto de Elizabeth Fry fue estampada en el billete de cinco libras del Banco de Inglaterra. Eso es un alto honor. Es un testimonio de una mujer que simplemente se negó a permanecer en silencio, que se negó a hacer nada.

No permitas que lo que no puedes hacer te impida hacer lo que sí puedes hacer.

No te rindas antes de darle una oportunidad.

¿Qué prefieres: mantenerte firme o quedarte callado?

La inteligencia contextual

En el libro *In Their Time*, Anthony Mayo y Nitin Nohria trazan el perfil de algunos de los más grandes líderes de negocios del siglo veinte. Esos líderes vivieron en diversas épocas, trabajaron en distintas industrias y enfrentaron diferentes retos, pero los autores encontraron un denominador común entre ellos: la inteligencia contextual. Ese es el factor diferenciador entre el éxito y el fracaso en cuanto a los sueños, sean con fines de lucro y sin ellos. Los grandes líderes poseen una aguda sensibilidad a los contextos sociales, políticos, tecnológicos y demográficos que definen sus épocas.

Eso fue cierto con Steve Jobs, que tuvo la visión de una computadora «todo en uno» en cada hogar. Fue el caso de Elizabeth Fry, que luchó por la reforma social en el siglo XIX en Inglaterra. Y fue lo mismo con los valientes de David, que dirigieron una revuelta política en el siglo décimo antes de Cristo.

Permíteme colocar la inteligencia contextual en su contexto bíblico:

De Isacar: doscientos jefes [líderes] y todos sus parientes bajo sus órdenes. Eran hombres expertos en el conocimiento de los tiempos, que sabían lo que Israel tenía que hacer.[12]

Que conste, las otras tribus se conocen como *guerreros* o *soldados*. Solo los de la tribu de Isacar son llamados *jefes*.[13] ¿Por qué? Debido a su inteligencia contextual. Ellos no solo tenían el pulso del estado social, político y espiritual de los tiempos. Eran innovadores y emprendedores que sabían convertir sus ideas en estrategias.

La inteligencia contextual es la capacidad de detectar oportunidades donde otros no las ven. Eso es lo que distingue a los líderes de los demás; eso es lo que los prepara para el éxito. Llámalo sexto sentido. Llámalo instinto. Los perseguidores de leones ven y aprovechan el momento decisivo.

En 1893, una asignación de 10.000 dólares del Congreso estableció la Entrega Rural Gratuita (RFD, por sus siglas en inglés). Hasta entonces los estadounidenses que vivían en zonas rurales iban en sus caballos a la ciudad para recoger su correo en el almacén general. La entrega, RFD, proporcionó servicio de correo a los residentes rurales por primera vez. Dos hombres de negocios emprendedores, Aaron Montgomery Ward y Richard Sears, vieron un nuevo canal de distribución para sus productos. Produjeron tantos catálogos que se convirtieron en los segundos libros más leídos en el país después de la Biblia.[14]

Eso es inteligencia contextual.

Hace dos mil años Jesús dijo: «Vayan y hagan discípulos de todas las naciones».[15] Él nos dio una luz verde, pero no nos dijo *cómo* ir. En la mayor parte de los veinte siglos transcurridos se iba a pie, a caballo o en barco. Ahora vamos en avión, tren y automóvil. Incluso podemos «ir» a la velocidad de la luz, dar la vuelta al mundo seis veces por segundo con un evangelio digital.

El juego ha cambiado, pero las reglas no. *Hay maneras de hacer iglesia que todavía nadie ha pensado.* No debemos ser solo observadores de tendencias. Con la ayuda del Espíritu Santo, debemos ser los iniciadores de la novedad. Si quieres llegar a la gente que nadie está alcanzando, es posible que tengas que hacer algo que nadie más esté haciendo. Para ser claros, el evangelio no requiere trucos. Al mismo tiempo, la irrelevancia es irreverencia. La innovación es una forma de encarnación. ¡Y cualquier cosa menos que eso es pereza!

¿Qué tiene eso que ver con Eleazar?

Lo que veo en Eleazar es un hombre que entiende los tiempos. No solo vio una oportunidad, sino que la aprovechó. Él no se encogió de miedo. Dio un paso adelante e intervino. Y, lo más importante, él sabía en qué campo de batalla estaba dispuesto a morir.

Como soñador, tienes que elegir tus batallas sabiamente. Hay un montón de causas del reino por las que me preocupo profundamente, pero no puedo dedicar mi tiempo, talento y tesoro a todas ellas. No puedo estar al frente de la batalla en cada pelea. A veces animo a otros desde la barrera con mi soporte financiero, mi oración. Pero al igual que Eleazar, necesitas identificar el campo de batalla en el que estás dispuesto a morir. Luego debes pelear la buena batalla hasta que tu mano se quede pegada a la espada.

Momento Kodak

Durante casi cien años, la compañía Eastman Kodak dominó la industria del cine. No solo controlaba el 85 por ciento de las ventas de cámaras, sino que era clasificada como una de las cinco marcas más valiosas en Estados Unidos.[16]

En 1996 Kodak tenía 140.000 empleados y una valoración de 28 millones de dólares. Una década más tarde dejaron de tener ganancias. Y en 2012 Kodak se declaró en quiebra.[17]

La pregunta es: ¿qué pasó?

En 1975 un pequeño equipo de técnicos talentosos de Kodak construyó la primera cámara digital. Era del tamaño de una tostadora, pesaba 3.75 kilos y tenía una resolución de .01 megapixels.[18] Además necesitaba veintitrés segundos ¡para tomar una foto! Eso te hace apreciar la cámara de tu teléfono, ¿no es así? Kodak estaba a la vanguardia de la tecnología, pero no saltó la curva. En vez de abrazar la nueva tecnología, decidieron seguir haciendo las cosas en la forma en que siempre se había hecho. En otras palabras, perdieron el momento decisivo, mientras estaban en el cuarto oscuro. O incluso se podría decir que perdieron el *momento Kodak*.

En su brillante libro *The Anointing*, R. T. Kendall habla sobre el peligro de convertirse en lo que él llama el *hombre de ayer*. Se trata de personas que tuvieron una tremenda unción en sus vidas y que pueden vivir del impulso de esa unción por un tiempo. Algunos que la unción está todavía en ellos, pero es el impulso de la unción de ayer.[19]

Leí un breve comentario ingenioso en la página 133 de su libro que propina un golpazo. Eso influyó en mí en la forma en que la página 23 del libro *Fuego vivo, viento fresco* influyó en Steven Furtick. «A veces la mayor oposición a lo que Dios quiere hacer a continuación», dijo R. T. Kendall, «viene de los que estaban a la vanguardia de lo que Dios hizo en el pasado».[20]

Necesito la unción de Dios *hoy* más que *ayer*. ¡Y *mañana* la necesitaré aun más que *hoy*! Sin ella, estoy por debajo del promedio y, al final, terminaré convirtiéndome en un hombre de ayer. Con ella, ¡la ley de los promedios se va! No nos limitemos a dejar que el futuro suceda; hagámoslo realidad con la ayuda de Dios.

Lo que te trajo hasta aquí puede ser que no te lleve hasta donde necesitas ir. En momentos críticos tienes que saltar la curva. Tienes que reinventarte a ti mismo, reimaginar tu vida. Eso es lo que hacen los soñadores.

El año pasado hice mi primer sabático verdadero en veinte años, una pausa de tres meses para descansar, leer y volver a crear. Justo antes de mi último sermón antes del sabático, nuestro personal me sorprendió con un agradecimiento en vídeo que hizo que mis ojos se humedecieran. Después de verlo conmigo, mi hijo menor, Josiah, dijo: «Papá, es mejor que seas de inspiración».

¡Sin presión!

A decir verdad, abrazo la presión que eso me impone. De hecho, creo que es sano y sacro. La excelencia honra a Dios, por lo que necesitamos mejorar cada vez más en lo que estamos llamados a hacer. Y ocurre poco a poco, día a día. Ese estrés positivo me obliga a buscar una unción fresca cada día. Sin ella, ruedo por inercia. Con ella, gano impulso.

La inercia

Un último pensamiento de Henri Cartier-Bresson: «No hay nada en este mundo que no tenga un momento decisivo».[21] Eso es cierto para las empresas como Kodak. Y lo es con las personas, como Eleazar, como tú.

Permíteme contarte otro momento decisivo, ya que podría ayudarte a que identifiques el tuyo.

Una encuesta en 1999, hecha por la revista británica *Physics World*, calificó a Richard Feynman como uno de los diez físicos más importantes de todos los tiempos.[22] Ganador del Premio Nobel de Física 1965, Feynman popularizó su pasión por la física cuántica a través de conferencias, libros y sus famosos diagramas de Feynman.

Antes de que naciera, su padre declaró proféticamente: «Si se trata de un niño, va a ser un científico». Cuando Richard era bebé, su padre colocaba azulejos como fichas de dominó y el bebé Richard los empujaba. Esa fue su primera lección de física. Ya cuando niño, su padre lo colocaba en su regazo y le leía relatos de la *Enciclopedia Británica*.

El regalo más grande que el padre de Richard Feynman le legó fue la capacidad para notar cosas. Un día, Richard halaba un vagoncito cuando le intrigó la forma en que una pelota rodaba en el vagón. Cuando él halaba el vagón, la pelota rodaba hacia la parte posterior. Cuando se detenía, la pelota rodaba hacia el frente. Cuando preguntó por qué, su padre dijo: «Eso, nadie lo sabe».

Era el padre de Richard desafiándolo a averiguar por qué.

A continuación, explicó: «Las cosas que se mueven tienden a seguir en movimiento y las que están inmóviles tienden a permanecer inmóviles, a menos que se empujen con fuerza. Esta tendencia se llama inercia». Ese fue un momento decisivo para Richard Feynman.

Al reflexionar en esa memoria de la infancia, Feynman dijo: «Eso me ha motivado por el resto de mi vida».[23] En cierto sentido, toda la carrera de Feynman fue un intento por responder a esta pregunta génesis. Y es esa clase de enfoque tipo láser lo que es absolutamente necesario cuando se persigue un león de doscientos cincuenta kilos. Un paso en falso puede poner fin a un viaje de sueños. Eso no significa que operes en un espíritu de temor. ¡Lo que significa es que operas en un espíritu de enfoque!

Cada paso tiene que ser medido cuidadosamente en los momentos críticos. Al igual que un buen carpintero, necesitas *medir dos veces y cortar una vez*. Si mides una sola vez, ¡es probable que tengas que cortar dos veces! Por supuesto, si temes cometer un error, es probable que pierdas la oportunidad. Así que es un acto de equilibrio.

Todo el tiempo hay oportunidades a tu alrededor; oportunidades para mostrar bondad, oportunidades para mostrar valor. Y al igual que el fotógrafo que está listo para hacer clic y capturar el momento, tienes que estar listo para aprovechar la oportunidad.

Instinto visceral

Una de las hazañas más impresionantes en el deporte profesional es golpear una pelota de béisbol que es de 7,26 centímetros de diámetro y que viaja 18,44 metros en 43 segundos.[24] Se necesita una quinta parte de un segundo para que la retina reciba mensajes entrantes, ¡y para entonces la pelota está a medio camino hacia el plato![25] El margen de error entre golpear y verla alejarse es solo de cinco milisegundos.

Lo que es cierto con los jugadores de béisbol también lo es con los guerreros y sus espadas. ¡La visión periférica y el tiempo de reacción son críticos! Pero si haces tres strikes y te ponchas, es un fallo y estás muerto.

Incluso los mejores bateadores de béisbol realmente no ven el lanzamiento. Ellos tienen que balancear el bate mucho antes de saber cuándo o dónde estará la pelota. Ellos no están viéndola tanto como la ven unos momentos después. Solo están adivinando, basados en pistas visuales como cuándo y dónde el lanzamiento cruzará el plato.

Eso me recuerda la famosa frase del gran jugador de hockey Wayne Gretzky. ¿Su secreto del éxito? «Yo patino hacia donde el disco va a estar, no hacia donde ha estado».[26] Y lo que es cierto en el hockey también es cierto en el ajedrez.

En un estudio de 1940 acerca de los jugadores de ajedrez, el sicólogo holandés Adriaan de Groot trató de discernir lo que diferenciaba a los maestros de ajedrez de los grandes maestros. Una diferencia que descubrió fue su capacidad para anticipar las movidas. Los grandes maestros del ajedrez comprendieron mejor la situación del juego en *cinco segundos* que los jugadores del club en quince minutos.[27]

¿Qué tiene eso que ver con Eleazar?

¿Y qué tiene eso que ver contigo?

Con el tiempo, cultivamos un sexto sentido que nos permite operar por instinto. Sea que juegues al fútbol profesional o en el mercado de valores, la experiencia dirige a los instintos. Y esos instintos pueden darte el mayor de los éxitos o el más rotundo fracaso. A veces tienes que ignorar a tus instintos. Pero más tienes que obedecer a tus instintos viscerales. Y eso requiere unas muy buenas agallas.

Si Eleazar hubiera calculado las probabilidades, haciendo un análisis detallado de costos y beneficios, es probable que hubiese huido con el resto de los que se retiraron. Pero Eleazar tenía unas cuantas batallas a sus espaldas. Él no solo confiaba en su formación. Confiaba en sus instintos, ¡que eran viscerales!

Yo podría haber contado una docena de historias acerca de los momentos decisivos, pero elegí la de Richard Feynman porque gira en torno a la idea de la *inercia*. La inercia es la resistencia de un objeto físico a un cambio en su estado de movimiento. Y eso es especialmente cierto en cuanto a los entes físicos llamados seres humanos.

Cuando se trata de perseguir leones, la inercia es el enemigo número uno. Nuestra tendencia natural es pensar en la forma en que hemos pensado siempre y hacer las cosas de la manera que siempre las hemos hecho. Es difícil romper los viejos hábitos y es difícil construir los nuevos. Pero si quieres que Dios haga algo novedoso, no puedes seguir haciendo lo mismo de siempre.

¿Qué necesitas dejar de hacer hoy?

¿Qué necesitas empezar a hacer hoy?

Ya se trate de una lista de lo que hay que dejar de hacer o una de lo que hay que empezar a hacer, un sueño sin una lista de cosas por hacer se llama una lista de deseos. No te dejes abrumar por el tamaño del león. Concéntrate en el primer paso.

Si no lo haces, te convertirás en un *hombre de ayer*.

Pero si lo haces, te convertirás en el *hombre del mañana*, la *mujer del mañana*.

FROZEN

Por la fatiga, la mano se le quedó pegada a la espada.

2 Samuel 23:10

En la tarde del 18 de abril de 1946, Jackie Robinson hizo su debut como el primer jugador negro en la era moderna de las grandes ligas. Conectó un cuadrangular de tres carreras sobre la cerca del jardín izquierdo en la tercera entrada de su primer partido. Al cruzar el plato, el jugador al bate, George Shuba, extendió su mano en un gesto de felicitación. Un fotógrafo de la Associated Press captó el momento decisivo. Fue un pequeño apretón de manos, un gran salto para la equidad racial en el deporte profesional.[1]

George «Escopeta» Shuba pasó a jugar siete temporadas con los Dodgers de Brooklyn y estuvo en el equipo del campeonato 1955 de la Serie Mundial.

En su celebrado libro de béisbol, *The Boys of Summer*, Roger Kahn dijo que el *swing* de Shuba era «tan natural como una sonrisa».[2] Shuba se rió de la descripción de Kahn. Durante una entrevista con Kahn, Shuba se acercó a un gabinete de archivos y sacó una gráfica marcada con un montón de equis. Durante la temporada baja, Shuba balanceaba un bate pesado seiscientas veces al día. ¡Y eso era después de realizar su trabajo fuera de temporada durante todo el día! Cada noche hacía sesenta *swings* y marcaba una X en su gráfica. Después de diez equis, se permitía ir a dormir. Shuba practicó ese ritual diariamente, ¡por quince años!

«¿Llamas a eso natural?», le preguntó Shuba a Kahn. «Hacía swing con un bate de 1,25 kilos, 600 veces por noche, 4.200 veces por semana, 47.200 *swings* cada invierno».[3]

En mi humilde opinión, eso no es natural. Claro, algunas personas son más dotadas por naturaleza que otras. Pero a menos que esa ventaja se acople con una ética de trabajo complementario, solo va a resultar en potencial desperdiciado.

No se puede orar como si dependiera únicamente de Dios; también hay que trabajar como si dependiera de ti. Es tu ética de trabajo, además de tu ética de oración lo que te llevará centímetro a centímetro más cerca de tu sueño. Y esto ocurre con práctica, día a día.

Esa mentalidad es ejemplificada por el secreto no tan secreto del éxito del actor Will Smith:

No temo morir en una cinta de ejercicios para correr. Nadie va a trabajar con más ahínco que yo. Tú puedes ser más talentoso que yo. Puedes ser más inteligente que yo. Y puedes ser más guapo que yo. Pero si nos ponemos juntos sobre una cinta de correr te vas a bajar primero o yo voy a morir. [4]

Así es como *El príncipe de Bel-Air* se convirtió en uno de los actores más cotizados de Hollywood. No fue solamente por el talento. Fue por la cinta corredora.

¿Estás dispuesto a morir en la cinta corredora? Esa es la diferencia entre perseguir y atrapar al león de doscientos cincuenta kilos. No puedes correr más rápido que él, pero puedes trabajar más que él. No puedes ser más astuto que él, pero puedes durar más que él.

No importa qué sueño estés persiguiendo, no hay atajos. Tienes que hacer tu tarea. Para Escopeta Shuba fue hacer *swing* con un bate. Para Will Smith fueron sus ensayos generales. Para Eleazar fueron rondas de pelea.

No estoy seguro de cómo se queda pegada la mano de una persona a una espada, pero me encanta esa representación. Es el antiguo equivalente de morir en una cinta corredora. Nadie podía sobrevivir a Eleazar. Y eso sentó las bases para la siguiente frase de la Escritura: «Aquel día el Señor les dio una gran victoria».[5]

¡Ese día debe haber sido uno de los más grandes en la vida de Eleazar! Pero yo diría que el día que ganó la victoria no fue ese en que triunfó. Él obtuvo la victoria el día anterior y el día previo al anterior. De la misma manera que David venció a Goliat mientras luchaba con leones y osos cuando era pastor de ovejas, Eleazar derrotó a su enemigo mucho antes de que se reunieran en el campo de batalla.

Este podría ser el mejor año de tu vida, tu año de ensueño, pero tienes que *conquistar el éxito*. Así es como ganas la semana, ganas el mes, ganas el año. Nadie logra su sueño sin someterse a disciplinas diarias.

Uno a uno

En un perfil de Aaron Rodgers —dos veces «mejor jugador de la temporada» [MVP, por sus siglas en inglés] de la National Futbol League (NFL)— que apareció en la revista *Sports Illustrated*, Peter King reveló el secreto tras el éxito de Rodgers como el pasador más eficiente en la historia de la NFL. Una declaración lo dice todo: «Deseo ser entrenado desesperadamente».[6] Se podría argumentar que nadie necesita ser menos entrenado que Aaron Rodgers; sin embargo, ¡nadie quiere ser más entrenado que él! Esa es una receta para el éxito en cualquier empresa.

Los juegos no se ganan el día del partido.

Los juegos se ganan en la sala de pesas, la sala de filmar, los vestidores.

A menudo les recuerdo a los pastores jóvenes que Dios no solo quiere ungirlos en el púlpito. También quiere ungirlos en el estudio. Y si le hacen trampa a Dios en el estudio, no pueden esperar que Él los recompense en el púlpito. Eso es válido para cualquier ocupación. Si haces trampas en la escuela de medicina, de abogados o en la de negocios, no quiero que me operes, me representes en la corte, ni entres en sociedad conmigo en una empresa.

Antes de escribir mi primer libro, leí tres mil. Era mi manera de pagar el precio, pagar con sacrificio lo que requiere llegar al éxito. También convertí mis sermones en «devocionales», versiones escritas de mis sermones que envié por correo electrónico a los suscriptores por muchos años. Pero era menos para los suscriptores que lo que era para mí. Era mi manera de cultivar la disciplina de escribir.

No sé qué sueño estás persiguiendo, pero tienes que probarte a ti mismo haciendo un *swing*, un ensayo, una práctica o un libro paso a paso. Y, a menos que quieras ser una maravilla de un golpe, hay que hacerlo día tras día.

Pablo Casals es considerado por muchos como el más grande violonchelista que haya deslizado el arco. Tocó para la Reina Victoria cuando él tenía veintidós años. También tocó para el presidente Kennedy a sus ochenta y seis. Casals vivió hasta la edad de noventa y seis, y todavía practicaba tres horas al día. Cuando le preguntaron por qué, dijo: «Estoy empezando a notar una mejoría».[7]

Te pones en forma ejercitándote una vez tras otra.

Sales de deudas pagando una vez tras otra.

Te gradúas y obtienes tu título clase tras clase.

Consigues la beca de música ensayando una vez tras otra.

Logras que te promuevan en el trabajo proyecto tras proyecto.

Consigues el juego de pelota practicando una vez tras otra.

Cualquiera que sea el viaje ensoñador en el que estés, tienes que dar un paso a la vez. Y si sigues haciendo las cosas bien día a día, un día Dios se va presentar y se va a mostrar.

Año de avance

No hubo nada fácil, nada glamoroso, en mis primeros cinco años de pastorado. Al igual que algunas personas viven de cheque en cheque, nuestra iglesia estaba sobreviviendo de ofrenda en ofrenda. El crecimiento no fue sencillo. No teníamos un centenar de personas al final de nuestro primer año ni doscientas personas al final del segundo. Y, de acuerdo a muchos expertos en crecimiento de iglesia, eso significaba que nunca podríamos romper esas barreras de crecimiento. Por supuesto, no estoy seguro de que alguno de esos expertos haya plantado una iglesia.

Requirió mucho más de lo que queríamos y fue mucho más difícil de lo que pensábamos que sería, pero hemos demostrado que los expertos estaban equivocados. Y tú también puedes hacerlo. Nos tomó cinco años crecer a partir de un grupo de diecinueve personas en una congregación de doscientos cincuenta individuos. Pero, milagrosamente, hemos duplicado su tamaño en el sexto año. Fue nuestro gran año.

Veamos cómo sucedió.

En el verano de 2001, una periodista del *Washington Post* se puso en contacto conmigo porque había oído acerca de las características demográficas exclusivas de nuestra iglesia. Éramos un 80 por ciento de veinteañeros solteros en ese tiempo, que es una anomalía en el mundo eclesiástico. En la mayoría de las iglesias, los mileniales brillan por su ausencia.

Después de la entrevista, la periodista me dijo que la historia probablemente aparecería en la sección de religión ese fin de semana. Entré en Union Station ese domingo por la mañana y fui directo al quiosco donde venden periódicos y revistas. Hojeé todo el periódico como un niño que —en la mañana de Navidad— rasga el papel de regalo. Esa era nuestra gran oportunidad, nuestro gran momento. Encontré la sección de religión, pero no vi el artículo sobre nosotros. Incluso revisé dos veces. Llamarlo una gran decepción sería insuficiente. Doblé de nuevo el periódico para volverlo a poner en el quiosco de la prensa, ya que si no estábamos en él, ciertamente no iba a comprarlo. Después de todo, ¡el periódico del domingo cuesta $1.25! Fue entonces cuando vi el artículo en la primera plana de la edición dominical del *Washington Post*.

Solía bromear que debió haber sido un día de pocas noticias para que nosotros saliéramos en la primera página del *Washington Post*. Desde entonces me he retractado de esa declaración. No era un día de pocas noticias. Fue el favor de Dios, el tiempo de Dios. Era la forma de Dios de ponernos en el mapa. En las semanas siguientes, cientos de personas visitaron NCC, por causa de ese artículo. Y lo que más me gusta de eso es que no podía atribuirme una pizca de crédito por ello.

La obediencia prolongada

Vivimos en una cultura que celebra quince minutos de fama, pero Dios honra toda una vida de fidelidad. Cuanto más vivo, más creo en *la obediencia prolongada en la misma dirección*. Esa frase resume mi filosofía ministerial, mi filosofía de vida. Si sigues haciendo las cosas bien día tras día, mantén los ojos abiertos. De alguna forma, de alguna manera, algún día, Dios se va presentar y se va a mostrar.

Eso es precisamente lo que hizo el 12 de agosto de 2001. Después de cinco años de ser fieles en las sombras, Dios puso el reflector sobre NCC. El favor que encontramos fue precedido por cinco años de obediencia en una relativa oscuridad.

La obediencia gana interés compuesto. Con el tiempo se llama fidelidad. Y hay un efecto acumulativo. Las bendiciones de Dios vendrán sobre ti con el correr del tiempo.[8] La Palabra de Dios no vuelve vacía.[9] Él está alerta a su palabra para que se cumpla.[10] Y el que comenzó la buena obra, la irá perfeccionando.[11]

Tú no empiezas de nuevo todos los días; construyes sobre el día anterior.

John Wooden, el legendario entrenador de baloncesto que ganó diez campeonatos de la NCAA con los Bruins de UCLA, se regía por un credo simple: «Haz de cada día tu obra maestra».[12]

La forma en que persigues un sueño es haciendo que cada día sea tu obra maestra. En resumen, ¡conquistar el éxito!

Conquista la práctica. Conquista la clase. Conquista la reunión.

¿Vas a tener malos días? ¡Absolutamente! Pero hay que minimizar las malas rachas y aumentar al máximo las rachas ganadoras. Es necesario practicar rituales diarios que te acerquen centímetro a centímetro a tu sueño. Luego necesitas acumular todos esos éxitos juntos. El resultado neto es *obediencia prolongada en la misma dirección.*

Esa frase se originó con Friedrich Nietzsche, el filósofo alemán que anunció la muerte de Dios. No podía haber estado más equivocado en ese respecto, pero no pudo haber estado más acertado en este aspecto:

Lo esencial «en el cielo y en la tierra» es que debe haber una obediencia prolongada en la misma dirección; es de esa manera que resulta, y siempre ha resultado a largo plazo, algo que ha hecho que la vida valga la pena vivirla.[13]

Sobrevaluamos lo que podemos lograr en un año o dos, pero subestimamos lo que Dios puede lograr en una década o dos. Si estás desanimado, aleja el zoom. No se puede simplemente soñar en grande; tienes que pensar en grande. De hecho, necesitas algunos objetivos vitales que te exijan toda una vida para lograrlos. ¡Tal vez, incluso, algunos que no se puedan alcanzar!

Una de mis metas en la vida, la # 21, es escribir veinticinco libros. A un ritmo promedio de uno por año, me tomarán veinticinco años alcanzar esa sola meta. Esa meta me ayuda a mantener la concentración en el panorama general, pero también trato de celebrar cada libro como si fuera el primero y el último que voy a escribir.

Cenar fuera en el día en que el libro sale a la venta es una tradición significativa. Pero al día siguiente estoy de nuevo en eso. ¿Por qué? Porque estoy a mitad de camino a mi meta. Y no creo que haya escrito mi mejor libro todavía.

Símbolos de vida

Una de mis frases favoritas de canciones está en la segunda estrofa del himno de 1758 escrito por Robert Robinson, «Ven, tú, fuente de cada bendición». Cada vez que la canto, instintivamente levanto el puño cerrado en señal de adoración.

Aquí levanto mi Ebenezer.

Después de que los israelitas lograran una inesperada victoria contra los filisteos, el profeta Samuel construyó un altar y lo llamó Ebenezer, nombre que significa: «Hasta aquí nos ayudó Jehová».[14] Un altar nos recuerda que el Dios que lo hizo antes puede hacerlo de nuevo. No es solo una muestra de la fidelidad de Dios. Es una declaración de fe: el Dios que nos trajo hasta *aquí* nos llevará hasta *allá*, y el Dios que hizo *esto* hará *aquello*.

No sé si Benaía mantuvo la piel de león o la lanza que le arrancó de la mano al egipcio, pero no me sorprendería que lo hiciera. Y si lo hizo, estaba siguiendo el ejemplo de David. Después que este venció a Goliat, desnudó al gigante y colgó sus armas en su tienda.[15] No es insignificante que la Escritura señale el peso de la armadura de Goliat, casi 62 kilos.[16] La armadura pudo haber pesado tanto como David.

Así que, ¿por qué iba David a pasar por todo el trabajo de colgarla en su tienda? Porque la armadura también significaba un símbolo de vida. Era un recordatorio diario de un momento decisivo en la vida de David. Cada vez que la luz del sol se reflejaba en esas escamas de bronce y atrapaba el rabillo del ojo de David, renovaba la confianza de este en el Dios que es más grande que cualquier gigante que enfrentemos.

Después de la construcción de nuestro café en el Capitolio, decidimos darle el nombre Ebenezers. Temíamos que algunas personas lo asociarían con Ebenezer Scrooge, pero era un riesgo justificado. Había tantas señales en el proceso de compra, rezonificación y construcción de nuestro café que queríamos llamarlo lo que es. Ebenezers no es una cafetería. Ebenezers es un altar al Dios que nos ayudó a llegar a donde estamos. ¡Y sucede que servimos café en ese altar!

Hasta aquí todo Dios

Cuando Ebenezers se estaba construyendo, me invitaron a hablar en una reunión de la comunidad en el Capitolio. Estaba nervioso porque sabía que necesitábamos el apoyo de la comunidad para conseguir que nuestra instalación fuese reclasificada. También me preocupaba que la gente pudiera pensar en nosotros como un café *cristiano* en vez de una cafetería normal.

Después de explicar nuestra visión con Ebenezers, respondí las preguntas. Alguien me preguntó qué quería decir *Ebenezers*, le dije que básicamente significa «hasta aquí todo bien». Pero eso no es lo que significa. Y yo lo sabía. [En inglés hay una expresión popular que dice: So far so good, que en español es: Hasta aquí todo bien. Así que el autor hizo un juego de palabras sustituyendo «good» por God, que en español es Dios.] Sustituí *Dios* por *bien*, ya que Dios es el que milagrosamente nos lo dio.

¿En conclusión? Me acobardé.

Unas semanas antes habíamos celebrado la tradicional actividad de recolección de huevos de Pascua en Semana Santa para miles de niños y padres en nuestra comunidad, y una de las invitadas se quejó de que estábamos hablando demasiado de Jesús. Nosotros le explicamos que la congregación NCC había financiado totalmente la actividad, que obtuvimos permiso del Servicio del Parque Nacional y que, después de todo, era Pascua. Ah, además de la Declaración de Derechos Civiles, que incluye la libertad de expresión y la libertad de religión. Ni siquiera los dulces gratis, el zoológico interactivo y la búsqueda de huevos apaciguaron su oposición. Qué íbamos a hacer. Pues bien, esa mujer estaba en la reunión de la comunidad, por lo que adopté una mentalidad defensiva. Así que, en vez de ofender a la mujer diciéndole *hasta aquí todo Dios*, ofendí al Espíritu Santo.

Después me sentí redargüido por el Espíritu Santo y por la actitud de mi esposa. ¡Sus voces suenan muy similares! Agradezco a Dios por mi piadosa esposa porque dice la verdad con amor. Después de disculparme con Dios, prometí que nunca volvería a comportarme como un cobarde.

En las mangas de los uniformes en Ebenezers, está impresa una cita de la Escritura que parece un código SKU (Unidad de mantenimiento de almacén): ISAM712. Además de las siglas SFSG, que corresponden a: «So Far So God» [en español, Hasta Aquí Todo Dios]. Sacamos *bien* [good] de la ecuación y añadimos *Dios* [God].

En cada jornada ensoñadora hay momentos Ebenezer. Tienes que celebrar esos hitos construyendo altares. Así que debes rodearte de los símbolos de vida para que no te olvides de lo que Dios quiere que recuerdes. Es por eso que tengo una botella de licor añejado en mi oficina. La encontramos en la casa de *crack* que convertimos en el café Ebenezers. También tengo una copia enmarcada del artículo de la primera página del *Washington Post*.

No creo que nuestro mayor defecto sea no sentirnos lo suficiente mal por lo que hemos hecho mal. Creo que nuestro mayor defecto es no sentirnos lo suficientemente bien con lo que Dios ha hecho bien. Cuando no celebramos lo suficiente, ¡nos privamos de disfrutar la gloria de Dios!

Para algunos, Levítico es el libro menos atractivo de la Biblia, debido a todas las reglas y regulaciones, pero échale un vistazo más de cerca. Uno de los mandamientos era una celebración que duraba siete días.[17] Pregunta: ¿Cuándo fue la última vez que celebraste algo durante siete días? ¡Dios desafió a los israelitas a celebrar por más tiempo y a celebrar mejor! Eso es como si te dieran un mandamiento para comer pasteles. Y Dios no solo ordena celebraciones de una semana. ¡También ordenó una luna de miel de un año para los recién casados!

No envíes a la guerra a ningún hombre recién casado, ni le impongas ningún otro deber. Tendrá libre todo un año para atender su casa y hacer feliz a la mujer que tomó por esposa.[18]

¡Ay, mamá!
¡Eso es otro libro para otro día!

Necesitamos celebrar más. Necesitamos celebrar mejor. ¿Por qué? ¡Porque hasta aquí el Señor nos ha ayudado!

Déjalo ir

Terminar un capítulo titulado «Frozen» sin una historia sobre la película de Disney del mismo nombre, se siente como un pecado de omisión. Si tienes una hija en edad de primaria, puedes saltar al siguiente capítulo sin que yo te juzgue por eso. No quiero causar un trauma emocional innecesario porque ya has oído la canción «Let It Go» más de mil veces. La ironía es que la moraleja de la canción «*Let It Go*» [Déjalo ir] es que no lo dejes ir. Tienes que agarrar tus sueños hasta que te queden los nudillos blancos como a la reina Elsa y su habilidad para fabricar hielo.

Escrito por los esposos Kristen Anderson-López y Robert López, «*Let It Go*» ganó un Oscar a la Mejor Canción Original en 2014.[19] La poderosa balada fue un éxito instantáneo, vendiendo más de diez millones de copias en 2014. Pero lo que es fácil de olvidar es el hecho de que diecisiete canciones que escribieron no lograron figurar.[20] La mayoría de nosotros renunciamos después de dos o tres rechazos. Pero para lograr el más alto nivel de éxito en cualquier campo, necesitas un alto umbral de dolor cuando se trata de fracaso.

Para poder escribir una canción exitosa como «*Let It Go*», ¡tienes que escribir un montón de canciones! Tienes que hacer *swing* con el bate como George Shuba practicando béisbol. Tienes que subirte en la cinta compositora como Will Smith en la corredora y no bajarte hasta que pegues un sencillo.

Cuando la Filarmónica de Londres selecciona las cincuenta piezas más grandes de música clásica, la lista incluye seis piezas de Mozart, cinco de Beethoven y tres de Bach. Para generar esas obras maestras, Mozart compuso más de seiscientas piezas, Beethoven produjo seiscientos cincuenta y Bach escribió más de mil.[21]

Si se hubiera tratado de béisbol, Bach habría estado bateando .003! Un fracaso total, ¿verdad? ¡Incorrecto!

Eso puede no parecer una gran promedio de bateo, pero se necesita una gran cantidad de swings para lograr un hit. Y al igual que las otras historias de éxito que aparecen en este libro, se necesita una fuerte ética de trabajo. Nosotros embellecemos el éxito, pero siempre vuelve a lo básico. Tienes que practicar escalas, practicar habilidades, practicar técnicas una, otra y otra vez. Y va a requerir un montón de sacrificios, ¡que por lo general comienza con poner tu reloj despertador más temprano!

¿Cómo han logrado Robert y Kristen tanto éxito en la composición? Me encanta su respuesta: «En primer lugar, debemos tener una niñera».[22]

El éxito no es sexy. ¡Es sudoroso!

El éxito no es atractivo. ¡Es grumoso!

Al igual que Eleazar, tienes que agarrar tu espada y seguir luchando por tu sueño.

Cuando se trata de discernir la voluntad de Dios, me suscribo a una doble prueba en cuanto a la decisión.[23] Tienes que ser *liberado de* y *llamado a*. Y en mi experiencia, el llamado es más fácil de discernir que la liberación.

¿Recuerdas el sueño de Ben Arment de producir conferencias? La parte más difícil fue dejar ir la iglesia que había fundado. Pero Ben tuvo el valor de hacerlo porque sabía que Dios lo había liberado. Llegué a la misma conclusión durante nuestro intento de fundar iglesias en Chicago. Y si no hubiera enterrado ese sueño en Chicago, el mismo nunca habría resucitado en Washington, D.C.

Si Dios te ha liberado, entonces seguir haciendo lo que has estado haciendo no es fidelidad. Es desobediencia. Necesitas dejar ir eso. Y no mirar hacia atrás.

Si Dios no te ha liberado, ¡no lo dejes ir! Tienes que resistir. Y cuando te sientas como que no puedes aguantar más, recuerda a Eleazar, cuya mano se quedó literalmente pegada a la espada. ¡Eso debería ayudarte a resistir un poco más!

EL CAMPO DE LOS SUEÑOS

Un campo sembrado de lentejas.

2 SAMUEL 23:11

JOEL MALM HACÍA CAMINO en el hielo con el hacha hacia el Monte Elbrus, el pico más alto de Europa. Una ventisca de nieve imposibilitaba alcanzar la cumbre. También cubrió los marcadores de los senderos por la montaña. Joel nunca se había sentido más vivo, más alerta.

A mil quinientos metros, pudo haberlo atribuido a la falta de oxígeno, pero Joel sabía que era una visión de Dios. La emoción de la conquista de una montaña era más que una subida emocional. Profundizaba su dependencia de Dios de una manera que nada más lo podía hacer. Y ese era el regalo que quería darles a otros líderes como él. Es por eso que Joel inició Líderes de la Cumbre.[1]

¿Por qué ir a una conferencia y escuchar pasivamente a un líder cuando se puede escalar el Camino Inca o ir en balsa por el río Colorado con él? He tenido el privilegio de conducir tres viajes con Joel. Él lidera la aventura y yo dirijo los devocionales.

Nuestra aventura inaugural fue una caminata de cuatro días en el Camino Inca a Machu Picchu. Al año siguiente subimos *Half Dome* en el Parque Nacional Yosemite. El año pasado pasamos una semana épica de *rafting* por el río Colorado y senderismo por el Gran Cañón. Y este año perseguiré mi meta de vida # 109. Voy a ver el amanecer desde la cima de la montaña Cadillac en el Parque Nacional de Acadia. Y cuando lo haga, ¡voy a ser la primera persona en Estados Unidos que va a ver el amanecer de ese día!

Joel no solo dirige viajes de senderismo o rafting. Nuestras aventuras cuidadosamente orquestadas crean un campo para los sueños donde la gente puede obtener una visión de Dios, no muy distinta a la búsqueda de visión que practicaban los nativos americanos.

Dado que la mayoría de nosotros leemos la Escritura en los cómodos confines de nuestros hogares u oficinas con aire acondicionado, a menudo se pierde la subtrama geográfica. El camino de Jerusalén a Jericó es de 25,27 kilómetros con un cambio de 1.045 metros de altura. En otras palabras, el buen samaritano tenía que estar en buena forma. El Monte Sinaí tiene 2.282 metros de altura, que es una buena caminata cuando se llevan dos tabletas de piedra. Y el mar de Galilea tiene 13 kilómetros de ancho, que asusta bastante si estás en el medio de él, en plena tormenta.

Esos hechos pueden parecernos insignificantes, pero no si tú eres el que los camina, escala o navega. No es casualidad que Jesús oró en la playa, ayunó en el desierto y enseñó en la ladera de la montaña.

Yo vivo por una pequeña fórmula que Joel ha adoptado para los Líderes de la Cumbre: *cambio de ritmo + cambio de lugar = cambio de perspectiva*. En otras palabras, la geografía y la espiritualidad no son ajenas. El paisaje afecta la visión. Yo creo que por eso Dios le dijo a Abraham que saliera de su tienda y mirara hacia el cielo de noche.[2] Dentro de la tienda, un techo de dos metros y medio obstruía su visión. Fuera de la tienda, el cielo era el límite.

No mucho tiempo después de sobrevivir al Monte Elbrus, Joel recogió un ejemplar de *Con un león en medio de un foso cuando estaba nevando* y lo leyó en dos días. Luego, de manera atípica, se despertó muy temprano a la mañana siguiente. «Trato de ver las cuatro en punto solo una vez por día, ¡aunque la versión matutina no es mi preferida!», dijo Joel. «Cuando estoy despierto a esa hora, presto atención».

Joel oyó una voz inaudible pero inconfundible por la mañana: *Es tiempo de empezar a moverte con la visión. Comunícate con Mark Batterson.* En las primeras horas de la mañana, Joel escribió su visión para Líderes de la Cumbre. Luego hizo una conjetura razonable sobre cuál sería mi dirección de correo electrónico y pulsó «enviar». Yo estaba en una temporada de escritura, por lo que me había levantado temprano ese día. Vi el correo justo después de haberlo enviado Joel. Y a pesar de que no distinguía a Joel de Adán, le respondí el correo electrónico de inmediato: «¡Estoy interesado en esta idea! Vamos a hablar acerca de qué aspecto pudiera tener».

Una razón por la que estaba interesado en la idea era que Joel propuso recorrer el Camino Inca a Machu Picchu, y esa era mi meta de vida # 42. Acababa de establecer esa meta, por lo que tuve el presentimiento de que ese era mi boleto de oro.

Enviar ese correo electrónico fue un momento de ensueño para Joel. Y como suele ser el caso con los sueños ordenados por Dios, el de Joel hizo uno de mis sueños posibles. Debido a su obediencia a la visión que Dios le dio, he completado bastantes metas en la vida que estaban en mi lista. Y también lo han hecho muchos otros líderes que prefieren ir a la aventura que a una conferencia.

Canto de batalla

Era un día normal en todos los sentidos, pero uno que cambiaría la trayectoria de mi vida para siempre. Cuando se valoran los días de mi vida, este ocupa un lugar cercano al tope.

Nuestra familia estaba de vacaciones en el lago Ida en Alexandria, Minnesota, tal como lo habíamos hecho todos los veranos de mi vida. Yo estaba a una semana de mi segundo año en la Universidad de Chicago, pero mi espíritu estaba inquieto. En papel, mi vida era absolutamente perfecta. Tenía una beca completa en una de las mejores instituciones académicas del país y una posición de inicio en el equipo de baloncesto. Pero Dios estaba moviendo el nido, inquietando mi espíritu.

En retrospectiva, considero que ese fue mi verano de búsqueda. Pero en ese momento ni siquiera yo sabía lo que estaba buscando. Por primera vez en mi vida, la oración era más que un deber ineludible. En vez de pedirle a Dios que bendijera mi plan con Él, genuinamente busqué su plan conmigo: su buena, agradable y perfecta voluntad.

Me levanté muy temprano en la última mañana de vacaciones, salí para orar caminando por un sendero de tierra y tomé un atajo a través de un pastizal de reses lleno de bosta de vacas. Fue en medio de ese prado que oí la misma voz inaudible pero inconfundible de Dios que Joel oyó en el Monte Elbrus. Fue mi zarza ardiente, el lugar donde Dios salió de la nada y habló de una manera que nunca había oído antes.

Es difícil de describir, no quiero exagerar lo que pasó. Pero sabía que Dios me estaba llamando al ministerio por completo. No tenía idea de dónde ni cuándo ni cómo, pero sabía que estaba llamado a ser pastor. Aquel pastizal para las vacas en Alexandria, Minnesota, es el campo de mis sueños.

Se siente como si hubiera ocurrido hace toda una vida, pero recuerdo eso casi todos los días. Hace como una década hice otro peregrinaje a ese pastizal y tomé fotos. ¿Por qué? Porque hay días en que tengo que girar mi silla, mirar la foto de ese momento decisivo y acordarme de por qué hago lo que hago.

Tu sueño es más que eso, un sueño. Es un llamado. Claro, alguien te contrató y alguien te puede despedir. Pero ese alguien no te llamó. Fue Dios. Y si olvidas ese hecho, olvidas *por qué* haces lo que haces y *para quién* lo haces.

Las Escrituras no dan mucho contexto, pero Sama se encontró en un campo lleno de lentejas. No sé con certeza por qué las Escrituras ni siquiera matizan ese hecho. Las lentejas fueron uno de los primeros cultivos desarrollados en el Cercano Oriente. En otras palabras, se trataba de un campo de agricultores. Pero para Sama, calificado como el tercer valiente, ese era su campo de batalla.

No sabemos lo que pasaba por la mente de Sama, pero esta era su canción de batalla, su canción revitalizadora, su canción para demostrar que estaba bien. De ello es que tomó su posición, se hizo un nombre y ganó la batalla más grande de su vida.

Ese fue el campo de los sueños de Sama.

Regresa

Me encanta volver a los lugares donde Dios ha hecho algo significativo conmigo. Cada vez que tengo la oportunidad, visito el pastizal en Alexandria, Minnesota. Vuelvo al balcón de la capilla en Springfield, Missouri, donde aprendí a orar, o paso por el hogar de ancianos en Naperville, Illinois, donde prediqué algunos de mis primeros sermones. Y varias veces a la semana visito la escuela en la que prediqué mi primer sermón como pastor de NCC, porque ahora es el gimnasio donde hago ejercicio.

Hay algo con eso de volver a un lugar donde Dios ha demostrado ser fiel que edifica nuestra fe aun más. No es solo un paseo por el sendero de la nostalgia. Esos recuerdos nutren la fe y avivan la imaginación.

Me pregunto si alguna vez Sama regresó al campo de lentejas, el lugar donde asumió su posición. Me pregunto si alguna vez Abraham habrá regresado al Monte Moria, el lugar donde Dios proveyó un carnero en el matorral. ¿Habrá regresado Jacob al río Jaboc, donde luchó con Dios? ¿Habrá vuelto David alguna vez al valle de Elá, donde venció a Goliat? ¿Y qué decir de Elías? ¿Será una coincidencia que orara por lluvia en el lugar donde Dios envió fuego? Creo que no. Cuando regresas a un lugar donde Dios ya ha hecho un milagro, duplicas tu fe. Es por eso que subo a la azotea del café Ebenezers para orar. ¡Tengo más fe allá arriba!

Antes de ir al siguiente lugar donde Dios quiere llevarte, ¿hay algún lugar al que necesites volver? A veces el camino a seguir es hacia atrás. «En la misma medida en que puedas ver al pasado», dijo Winston Churchill, «podrás mirar al futuro».[3]

Después de que nuestro primer intento de plantar una iglesia fracasara, pensé que ese sueño estaba muchos metros bajo tierra. Desde entonces he descubierto que los sueños ordenados por Dios a menudo pasan por una muerte y una resurrección. Solo cuando el sueño está muerto y enterrado puede ser resucitado para la gloria de Dios.

Los sueños no nacen simplemente; a veces nacen de nuevo.

La mayoría de los sueños no mueren porque sean equivocados, sino porque el momento no es el ideal. No estamos preparados para ello o no está listo para nosotros. Pero lo que parece ser un período de espera es realmente un lapso de gracia. No pongas un punto donde Dios pone una coma. Cuando sea el momento adecuado, sacúdele el polvo al sueño y entrégaselo de nuevo a Dios.

Plantar iglesias no es el único sueño que tuve que intentar dos veces. También me pasó con el libro *Con un león en medio de un foso cuando estaba nevando*. No lo escribí una vez, sino dos. Se necesitaron dos intentos para conseguir un contrato en la casa de drogas que ahora es el café Ebenezers. El primer contrato no se concretó y me alegro de que no fuese así. Dios sabía que necesitábamos otro año de crecimiento económico y numérico en nuestro haber, antes de emprender ese proyecto. Sentí como que perdí el tiempo cuando sucedió, pero el tiempo de Dios es perfecto.

Por lo general, lo que percibimos como un *no* es realmente un *todavía no*.

Plan B

Mi padre espiritual, Dick Foth, inició sus estudios de medicina en la Universidad de California, Berkeley, en 1959. Durante su primer año sacó muy malas notas en química, por lo que decidió no seguir en esa carrera. Como le gusta decir a Foth: «Nadie quiere un cirujano que sacaba malas notas». En vez de eso, optó por el ministerio, pero ese era su plan B.

En 1966 Foth inició una iglesia en Urbana, Illinois, de la que fue pastor por más de una década. Luego se presentó otro plan B, cuando Bethany College, en Santa Cruz, California, le pidió que acudiera a una entrevista para su presidencia. Dick sirvió como presidente durante catorce años, aunque en realidad él era la segunda opción. Fue solo después de que el primer candidato declinara la oferta de trabajo que le ofrecieron el puesto a Dick, que para entonces confrontaba ciertas dudas. ¡Tal vez porque era la segunda opción de ellos!

Cuando el presidente de la junta directiva de la universidad le pidió a Dick que lo reconsiderara, él comenzó a orar. Estaba en la cama luchando con Dios ese día cuando oyó la voz tierna y apacible del Espíritu Santo. El Espíritu dijo algo como lo siguiente: *Sabes que puedes ser pastor, pero no estás seguro de que puedas ser presidente de una universidad. Temes arriesgar tu reputación. Tienes miedo a fracasar. ¿No te alegra que yo no?*

Cuando nos movemos en fe, no estamos arriesgando nuestra reputación. ¡Estamos arriesgando la reputación de Dios! Y Dios se puede comportar muy bien, gracias. Es posible que dudes de ti mismo por tu falta de preparación o tu falta de experiencia. Pero si Dios te ha llamado, en realidad no estás dudando de ti mismo. Estás dudando de Dios.

Dios no llama a los calificados.

Dios califica a los que llama.

Mi suegro, Bob Schmidgall, tenía al menos dos sueños que nunca realizó. Quería plantar una iglesia en el centro de la ciudad de Chicago, pero eso nunca ocurrió. También quería ser misionero. Al contrario, pastoreó con fidelidad la congregación Calvary Church en Naperville, Illinois, durante treinta y un años.

Hacia el final de su vida, mi suegro llegó a aceptar su sueño no realizado de ser misionero. Le dijo a mi suegra: «Dios me ha usado más por *no* ir al campo misionero». Y es cierto. Durante muchos años Calvary Church fue la iglesia líder en ofrenda misionera de las Asambleas de Dios. Pero no son solo los millones de dólares lo que hizo que se destacara. Era el mejor amigo de los misioneros. Y, lo más importante, su amor por las misiones se lo transmitió a su hijo Joel y a su sobrino Dave.

Joel y Dave lideran lo relativo a misiones en NCC. El año pasado hicimos veintiocho viajes misioneros y dimos más de dos millones de dólares a las misiones. Y estamos empezando. Queremos *crecer más* para que podamos *dar más*. La verdadera medida de una iglesia no es la capacidad de su santuario. La verdadera medida de la madurez espiritual es la capacidad de enviar, y soñamos con el día en que vayan y vengan equipos de misiones breves cincuenta y dos semanas al año. También soñamos con el día en que los 126 misioneros y ministerios que apoyamos se dupliquen, tripliquen y cuadripliquen. Soñamos con el día en que cada miembro de NCC esté en misión cuando sea, donde sea, en lo que sea.

Algunas veces Dios pondrá un sueño en tu corazón que es en realidad para que otra persona lo lleve a cabo. Otras veces da más alegría al ver a alguien más hacerlo. David soñaba con construir el templo, pero Dios no lo dejó. Dios le dio los planos a David, pero fue el hijo de David quien cumplió el sueño.

De manera similar me gustaría pensar que NCC es el cumplimiento del sueño de mi suegro. La iglesia se encuentra en Washington, D.C., en vez de Chicago, pero creo que todavía cuenta. Y sé que nuestra visión con las misiones es una pasión dentro de otra pasión, un sueño dentro de otro sueño.

Plantar una iglesia en Chicago era nuestro plan A. Incluso armé un plan de veinticinco años para una clase de seminario a fin de sacar la mejor nota, pero en realidad obtuve la peor. Y estoy tan agradecido de que fracasara porque así es como descubrimos un plan mucho mejor, el plan B, en Washington, D.C.

No te conformes con tu plan A.

Persigue el plan B de Dios.

Percusionistas imaginarios

«¡Oh, genial! ¡Balas de verdad!»

«Algo increíble, supongo».

«Si lo construyes, él vendrá».

Estos comentarios breves de una frase son algunos de mis favoritos en las películas. La primera de ellas, de la película *Tres amigos*, me hace reír. El segundo, de *Los increíbles*, me hace sonreír. Y la tercera, de *Campo de sueños*, me incita a arriesgarme.

En el clásico de 1989 *Campo de sueños*, Kevin Costner interpreta el papel de Ray Kinsella, un agricultor novato y amante del béisbol. Al caminar por un campo de maíz, Ray oye un débil susurro: «Si lo construyes, él vendrá». Ray apuesta la granja mediante la construcción de un estadio de béisbol en medio de la nada. Después de que Kinsella analiza al máximo las posibilidades y ahorra hasta el último centavo, los fantasmas beisboleros del pasado misteriosamente aparecen y juegan a la pelota.

Esa sola frase se ha convertido en una metáfora vital para mí.

Muchas personas llegaron a un callejón sin salida en sus sueños porque esperaban que Dios llegara primero. En mi experiencia las señales *siguen*.[4] Si esperas a que Dios divida el río Jordán, vas a estar esperando el resto de tu vida. Tienes que entrar en el río y mojarte los pies antes de que Dios divida el río.

Fe es dar el primer paso antes de que Dios revele el segundo.

Cuando NCC empezó, yo era el predicador y el líder de alabanza. Yo no dirigía la adoración porque estuviera dotado para ello. Lo hice porque no había nadie más que lo hiciera. Me encanta la adoración, pero no tengo voz. ¡Tampoco tengo el ritmo!

Nuestra oración predominante en nuestro primer año fue: *¡Envíanos un baterista! Salva almas también, ¡pero envíanos un baterista!* Oré así una vez y un centenar de veces. Un día después de hacer esa oración, sentí como si Dios me dijera: *¿Por qué no compras una batería? ¿Mi reacción? ¡Tan pronto como envíes al baterista!* Yo quería que Dios fuera primero. De esa manera no arriesgaría nada. Por supuesto, eso también elimina el elemento de la fe.

Eso fue en la época antes de Google, por lo que busqué una batería usada en los anuncios clasificados. En ese momento nuestros ingresos mensuales como iglesia eran unos 2.000 dólares, y estábamos pagando 1.600

para alquilar la escuela pública D.C., donde nos reuníamos, dejando 400 para nuestro salario y todos los demás gastos. Puedes adivinar cuánto costó la batería, ¿verdad? Cuatrocientos dólares.

Todavía recuerdo mi monólogo interior mientras conducía a Silver Spring, Maryland, para comprar la batería. *¡Esto es una locura! Voy a comprar una batería para un baterista imaginario que ni siquiera existe.* Pero fue un momento ensoñador: *si la compras, él vendrá.* El mismísimo siguiente domingo, un joven afeitado con su pelo corto entró en NCC por primera vez. Me di cuenta de que era militar, pero no estaba seguro de qué componente. Resulta que estaba instalado en el cuartel de marines, y pertenecía a la banda de percusión y cornetas. Tenemos una política sencilla en NCC: si tocas un instrumento para el presidente de los Estados Unidos, ¡no tienes ni siquiera que tener una audición para nuestra banda de adoración! Dios no nos había enviado simplemente un baterista; nos envió una estrella de rock. Y aun más importante que el ritmo que añadimos a nuestra adoración fue la fe que se multiplicó.

A veces tienes que asumir una posición dando un paso. Y cuando lo haces, ese pequeño paso puede convertirse en un gran salto.

La fe definida

Tengo unas cuantas definiciones de la fe que he acuñado y coleccionado a lo largo de los años. La fe es subir a una rama, cortarla y verla caer. Si la duda es poner tus circunstancias entre tú y Dios, la fe es poner a Dios entre tú y tus circunstancias. La fe es deshacerte de tus miedos hasta que todo lo que quede sea el temor a Dios. La fe es estar dispuesto a hacer el ridículo. Ya lo he dicho, pero vale la pena repetirlo: la fe es dar el primer paso antes que Dios revele el segundo.

Déjame darte una más.

Gratitud es darle gracias a Dios *después* que Él lo hace.

Fe es darle gracias a Dios *antes* de que lo haga.

A veces es necesario dejar de orar por algo y empezar a alabar a Dios como si ya hubiera sucedido. ¿No es eso lo que hicieron los israelitas cuando marcharon alrededor de Jericó? Dios no les dijo: «Voy a entregarla en tus manos», tiempo futuro. Les dijo: «La he entregado en tus manos», en presente perfecto. En otras palabras, ya se había llevado a cabo en el ámbito espiritual. Todo lo que tenían que hacer era circundar Jericó hasta que Dios cumpliera su promesa.

Dick Eastman es uno de mis héroes de oración. Él ha pasado más tiempo en oración que casi cualquier persona que yo conozca. Dick hizo un voto cuando tenía unos veintitantos años de pasar una hora con Dios todos los días. Ahora con más de setenta años, ¡Dick ha registrado al menos dieciséis mil horas en oración!

Durante una conversación reciente, me contó la historia de un misionero que estaba orando por un vehículo de doble tracción para su ministerio. Como una declaración de fe, el misionero lavaba ese vehículo imaginario con jabón y agua frente a su casa mientras los vecinos africanos observaban con mucha curiosidad. Eso puede parecer una tontería para algunos, pero la fe viene a menudo por ese camino. Y no es ninguna coincidencia que una iglesia en California comprara un vehículo de doble tracción para ese misionero no mucho tiempo después.

Inspirado por su ejemplo, Dick hizo algo similar cuando «Every home for Christ (EHFC)» [Cada hogar para Cristo], la organización que preside, estaba pidiéndole a Dios un edificio. Dick solía rodear la fundación imaginaria, abría las puertas imaginarias y entraba a su oficina ficticia. Ese fue el campo de los sueños de Dick. Y ese sueño se hizo realidad cuando EHFC construyó su sede, el Centro Jericó, en Colorado Springs, Colorado.

Una historia más por si acaso.

Joshua Symonette es exjugador de Washington Redskins y actual pastor de uno de los recintos de NCC. Su sueño cuando niño era jugar en la NFL, pero era una posibilidad muy remota. No hay muchos equipos de la NFL buscando jugadores potenciales en Tennessee Technological University; sobre todo porque Peyton Manning estaba jugando un poco más allá, en la Universidad de Tennessee, al mismo tiempo que Joshua.

Había pasado una década desde que Tennessee Tech tuvo un jugador en la NFL, pero eso solo alimentaba el fuego de Joshua. Antes de iniciar su segunda temporada, decidió usar un traje para cada juego. ¿Por qué? Porque se dio cuenta de que los jugadores de la NFL vestían de traje en sus juegos. Así que él siguió su ejemplo. Eso puede parecer insignificante para algunos, pero era una declaración de fe, un ensayo general de su sueño. Si tu sueño es jugar en la liga profesional, ¿por qué no vestir como uno de ellos?

Ahora viene la parte divertida, ¡o graciosa! Joshua se ponía el traje en su dormitorio, caminaba cinco minutos a través del recinto vacío e inmediatamente después se lo quitaba en el vestuario. No tenía ningún sentido para sus compañeros de juego ni para sus entrenadores. Pero repitió ese ritual, partido tras partido, año tras año. ¿Por qué? Porque era el campo de sus sueños.

«Si luzco ridículo», decía Joshua, «no importa».

Esa es la fe: estar dispuesto a hacer el ridículo.

Solo un equipo le dio una oportunidad a Joshua, pero eso era todo lo que necesitaba. ¡Para entonces no lucía ridículo! Y es apropiado que estuviera en la misma *lista* de zagueros defensivos con el jugador del Salón de la Fama Deion Sanders. ¿Por qué? Porque si hubiera un «Salón de la Fama» para los que están bien vestidos de traje en la hora estelar de televisión, habría que elegir entre muchos candidatos. Y entre ellos también estaría Joshua.

Si lo construyes

La Biblia está llena de momentos en el campo de los sueños.

Si Noé construía el arca, Dios enviaría a los animales de dos en dos.[5] Si Eliseo abría zanjas en el desierto, Dios las llenaría.[6] Si la viuda pedía prestadas vasijas vacías, Dios los llenaría con aceite.[7]

En 1997 NCC construyó un arca, abrió una zanja y pidió prestadas unas vasijas. Organizamos nuestra primera extensión a la comunidad con el Convoy de la Esperanza, que ya mencioné. Pero ese momento ensoñador creó un efecto dominó.

Una década más tarde organizamos otro Convoy de la Esperanza en el estadio Robert F. Kennedy, que bendijo al doble de personas. Y fue esa extensión lo que dio origen al sueño para nuestro Centro de Sueños en la capital de la nación.

Si quieres caminar sobre el agua, tienes que salir del bote.[8] Ese primer paso parecerá muy tonto. Pero así es como Dios convierte al mar de Galilea en un campo de sueños.

Si quieres experimentar lo sobrenatural, tienes que intentar algo que esté más allá de tu capacidad natural. Si quieres experimentar la provisión milagrosa de Dios, tienes que intentar algo que esté más allá de tus recursos. Puede que no sean muchos, pero Dios puede hacer que se multipliquen al igual que lo hizo en un campo de sueños lleno de cinco mil almas hambrientas hace dos mil años.

Uno de los primeros pasos al perseguir tus objetivos es hacerlo público. Puedes anunciarlo al mundo a través de los medios de comunicación social o puedes decírselo a un amigo de confianza. De un modo u otro, eso te hace responsable. Y descubrirás que cuando saques tu sueño a la luz, tal vez poniéndote un traje y fingiendo que juegas tu rol, comienzan a suceder sincronicidades sobrenaturales.

Si lo construyes, Él vendrá.

EN ESTE LUGAR

A la cueva de Adulán.

2 Samuel 23:13

El panorama de la ciudad de Nueva York es imponente, por decir lo menos. Pero lo que me fascina más es la ciudad bajo la metrópoli. Las nueve mil alcantarillas de la ciudad cubren el servicio de un laberinto de casi ciento cincuenta y ocho mil kilómetros de cables de servicios públicos. Un laberinto de diez mil kilómetros del sistema de alcantarillado por el que circulan 1.3 mil millones de galones de aguas residuales al día. Y hay 1.160 kilómetros de vías subterráneas de tren que, si se colocaran de un extremo a otro, se extenderían por todo el camino hasta Chicago.

Además del horizonte que dibujan sus rascacielos, está la ciudad por debajo de la ciudad, con su metro. Y debajo de la ciudad que yace bajo esta última está el esquisto de Manhattan, el lecho de roca sobre el cual gran parte de la ciudad de Nueva York es construida. Como cada ciudad moderna, el paisaje urbano sobre la superficie refleja la topografía subterránea en más maneras de lo que se ve a simple vista.

En 1865 un ingeniero civil llamado Egbert Viele publicó un mapa topográfico que todavía es utilizado por los ingenieros geotécnicos 150 años más tarde. Viele trazó la ubicación de los arroyos, pantanos y costas, superponiéndolos sobre la red de calles. Cuando el edificio de sesenta pisos del Chase Manhattan Plaza fue construido en 1957, el jefe de ingenieros no hizo referencia al mapa de Viele. Si lo hubiera hecho, se habría dado cuenta de que estaba construyendo justo sobre una corriente subterránea que creó arenas movedizas.[1]

Ahora viene mi punto.

Los edificios de ladrillo y hormigón de la ciudad de Nueva York, se levantan donde solían haber rocas, arroyos, prados y bosques. Si se pudiera revertir el lapso de tiempo de los últimos doscientos años, la jungla de concreto se convertiría de nuevo en Parque Central. Los animales del Zoológico del Parque Central todavía estarían allí, pero sin las jaulas.

Al igual que cada *persona* tiene una genealogía, también lo tiene cada *lugar*.

Hace cuatrocientos años, la ciudad de Nueva York era la Nueva Ámsterdam. Sus mil quinientos residentes hablaban dieciocho idiomas, porque era un puesto comercial para la Compañía Holandesa de las Indias Occidentales. Esa historia a diversos niveles hace que un lugar sea lo que es.

Lo que es cierto con la ciudad de Nueva York es cierto con Washington, D.C.

Se precisa un poco de imaginación para imaginárselo, pero la colina donde ahora se encuentra el Capitolio de los Estados Unidos era el epicentro del Imperio Algonquino. En vez de museos y farolas en las calles, imagínate tiendas indias y fogatas. A los pies de lo que hoy es el Capitolio, había una casa popular donde todas las tribus de habla algonquina se congregaban para reuniones importantes.[2]

No fue sino hasta la segunda mitad del siglo diecisiete que los inmigrantes blancos se establecieron en la zona. El 5 de junio de 1663, un granjero llamado Francis Pope adquirió una extensión de cuatrocientas acres de tierra que incluía la Colina Jenkins, donde los algonquinos celebraban su Consejo. Pope le puso por nombre Roma a esa extensión de tierra. Algunos pensaban que era un juego de palabras lúdico, debido a su apellido (que en inglés significa Papa), pero Pope creyó que eso era profético. Soñaba con que un día se construyera una espléndida casa parlamentaria en la colina ahora conocida como Capitolio.[3] Aquello estaba en medio de la nada hace doscientos años, pero Pope dio en el blanco. Sus prados ahora son el epicentro del mundo de la política.

Una vez vi un letrero que decía con sarcasmo: «En este sitio en 1897, no pasaba nada». ¡Eso es gracioso! Pero, en realidad, cada geografía tiene una genealogía. Por supuesto, algunos sitios tienen más historias que otros, como el Monte del Templo en Jerusalén.

Mil años antes del nacimiento de Cristo, fue la parcela (o era, según RVR60) de Arauna jebuseo. Y mil años antes de eso, fue el lugar en el Monte Moria donde Dios proveyó un carnero en el matorral para el padre Abraham.[4]

Esos acontecimientos están separados por miles de años, pero están unidos por la geografía y la teología. En el mismo lugar donde Dios proveyó un carnero para tomar el lugar de Isaac, Dios proveería el Cordero de Dios para tomar nuestro lugar. Un suceso presagió al otro miles de años antes.

Del mismo modo que ciertos lugares tienen una asombrosa significación histórica, otros tienen un significado personal increíble. El pastizal de las vacas en Alexandria, Minnesota, donde me sentí llamado al ministerio es mi zarza ardiente. Para cualquier persona ese es un prado común y corriente. Para mí, es tierra santa. Para mí, es como la grieta de la roca por donde Elías vio pasar a Dios y oyó el susurro de Dios.

Eso es lo que la cueva de Adulán fue para David. Era un lugar oscuro, un momento difícil. Pero ahí es donde se templó la confianza, donde se forjó la fe. Ahí es donde David descubrió lo que significaba darle a Dios sacrificio de alabanza.

La cueva de Adulán era un lugar angosto, un lugar donde Dios se encontró con David y donde David se encontró con Dios en una forma totalmente novedosa. Los tiempos difíciles van a hacer eso. La cueva de Adulán no era donde David *quería* estar, pero es donde David *necesitaba* estar por una temporada. Es ahí donde descubrimos que el sueño no se trata de nosotros en absoluto.

El sueño es de Dios.

El sueño es para Dios.

Zoom

En los viajes por carretera a menudo paso el tiempo escuchando *podcasts*. Uno de mis favoritos recientes es *Serial*, presentado por Sarah Koenig. La segunda temporada de *Serial* detalla la historia del soldado de primera clase Bowe Bergdahl, que desertó de su base militar en el este de Afganistán.

Es un misterio militar, que no voy a tratar de desentrañar. Lo menciono solo porque me encanta la metáfora organizacional que Sarah Koenig utiliza para enhebrar la trama. Ella lo compara con *Zoom*, un libro que solía leerles a sus hijos.

Zoom no tiene palabras, solo imágenes. En la primera página hay una figura puntiaguda de color rojo, pero no estás seguro de lo que es hasta la página siguiente cuando te das cuenta de que es la cresta de un gallo. Cada página se va alejando un poco más. El gallo está de pie sobre una cerca con dos niños que lo miran. Luego puedes ver una granja con sus animales, y entonces te das cuenta de que no son reales. En realidad, son los juguetes con los que un niño está jugando. Pero espera, la página siguiente revela que todo eso es una escena de un anuncio en una revista. La revista está en el regazo de una persona que está tomando una siesta en una silla que está en la cubierta, en la cubierta de un barco en un crucero. Cada vez que se pasa la página, la abertura se hace más y más amplia hasta que la imagen original —una figura puntiaguda de color rojo en la cresta de gallo— está tan lejos que se vuelve invisible para el ojo desnudo.

«Así es la historia de Bowe Bergdahl», dijo Sarah Koenig. «Este tipo idiosincrásico a la edad de veintitrés años toma la decisión radical de alejarse de Afganistán, y las consecuencias de esa decisión, se extienden y amplían más y más».[5]

Eso es cierto con todos, en cada decisión que tomamos. Cada decisión y cada indecisión tiene un efecto dominó que no podemos predecir. Toda causa tiene un efecto, y el efecto tiene una secuela acumulativa. También cuenta con un centenar de consecuencias no deseadas que desencadenan en miles de reacciones en cadena.

Con esto como telón de fondo, permíteme enfocar con mi zoom la cueva de Adulán.

Campo de prueba

Suena bastante bien, ¿no es cierto? *La cueva de Adulán*. Algo así como la obra de Wes Anderson, *El Gran Hotel Budapest*. Pero este no era un centro turístico de cinco estrellas; era un último recurso. La única razón por la que alguien iría alguna vez allí es porque no había ningún otro lugar a dónde ir. Este es el último lugar en la tierra en el que David quería estar, pero a veces es ahí cuando Dios te tiene exactamente donde te quiere tener.

Yo tenía un plan de veinticinco años para plantar iglesias en Chicago, pero esa plantación de iglesias nunca llegó a despegar. Me pareció que el sueño había *terminado*, pero Chicago no era el destino final; fue una parada temporal. Yo tenía la idea correcta en el lugar equivocado. El fracaso de plantar iglesias fue la manera en que Dios nos redirigió hacia Washington, D.C.

La parte más difícil de cualquier viaje de sueños es el compás de espera. Es los veinticinco años transcurridos entre la promesa de Dios a Abraham y el nacimiento de Isaac. Es los trece años entre el sueño de José y su interpretación del sueño del faraón. Es los cuarenta años entre el sueño de Moisés de liberar a Israel y el Éxodo.

Casi todos los sueños que he tenido han pasado por algún tipo de compás de espera que se puede sentir como una celda. Me sentí llamado a escribir cuando tenía veintidós años, pero mi primer libro no fue publicado hasta que cumplí los treinta y cinco años. Sentí esos trece años como una eternidad y me frustré. Pero hice uso de ese compás de espera leyendo miles de libros, mientras que mi sueño estaba sentado en el pavimento.

Transcurrieron cinco años de orar dando vueltas alrededor de una casa de crack antes de que al fin consiguiéramos un contrato para nuestro pedazo de la tierra prometida. Luego tomó cinco años más para reclasificar la ubicación en 201 F Street NE y construir el café Ebenezers. En la última década hemos servido a más de un millón de clientes y nos dieron más de un millón de dólares en ganancias netas para misiones. Incluso hemos sido elegidos como el café número uno en D.C., una o dos veces. Pero tuvo que pasar una década solo para llegar al punto de partida.

Si te atreves a soñar en grande, es mejor que pienses en mucho tiempo.

El día en que David fue ungido por el profeta Samuel fue distinto a los demás, uno de los días más memorables de su vida. Pero no se convirtió en rey al día siguiente. David fue ungido probablemente cuando todavía era un adolescente, pero no llegó a ser monarca hasta la edad de treinta años. Fue un silencio de quince años que tuvieron que sentirse como una eternidad. Pero incluso cuando David pensó que el plan no estaba funcionando, Dios estaba trabajando con su plan. La cueva de Adulán fue su campo de prueba.

¿Recuerdas cuando Saúl entró deambulando a una cueva donde David estaba escondido y David lo tenía acorralado? Él pudo haber matado a Saúl y decir que fue en defensa propia. Pero David no se atrevió a tocar al ungido de Jehová. La banda de valientes de David al principio se molestó, pero después que la rabia se disipó, apuesto que su respeto (por David) aumentó uno o dos puntos.

Ese momento fue un microcosmos. David perdió lo que parecía una oportunidad de oro por preservar su integridad. ¿Por qué? Porque una oportunidad no es tal si tienes que comprometer tu integridad. Son las decisiones cuando nadie está mirando lo que dictará tu destino. De hecho, ¡tu integridad *es* tu destino!

Matar a Goliat era un acto heroico, de valentía.

No matar a Saúl fue un acto legendario de integridad.

¿Sabes cómo obtienes un *testimonio*? Pasando una *prueba*. No hay prueba, no hay testimonio. Así que cuenta tus bendiciones cuando te encuentres en la cueva de Adulán. El compás de espera es una oportunidad para crecer, una oportunidad para confiar, una oportunidad para probar tu integridad.

¿Estás en un compás de espera? Saca el mayor provecho de ello. La vida se vive por estaciones y cada temporada presenta desafíos únicos, oportunidades insuperables.

Cuando le digo a la gente que leía más de doscientos libros al año en los primeros años de NCC, a algunos les cuesta creerlo. Entonces les recuerdo que pastoreaba una iglesia de veinticinco personas. ¡Tenía tiempo libre en mis manos! Estaba muy frustrado con nuestro crecimiento, o la falta de él. Pero saqué el mayor provecho de ese compás de espera. Ahora me gustaría tener el tiempo para leer así, pero no lo tengo.

Dondequiera que estés, ¡estás ahí!

Sé fecundo allí donde estás plantado.

Genio

En tiempos de los romanos, la palabra latina *genius* tenía una connotación diferente a la que tiene ahora. Hemos individualizado el concepto y hemos dado la etiqueta a los genios de la música, de la moda, los culinarios. En la antigüedad se refería a una deidad gobernante que seguía a la gente a dondequiera que fueran, como un ángel de la guarda. Y había una segunda dimensión. No solo cada *persona* tenía su propio genio particular, sino que también lo tenía cada *lugar*.

«Las ciudades, pueblos y mercados, todos poseían su propio espíritu gobernante, un *genius loci*, que los animaba continuamente», dijo Eric Weiner en *La geografía del genio*.[6] Piense en Disney, el lugar más feliz en la tierra; o Silicon Valley, el semillero de nuevas empresas; o Nashville, el imán para la música típica estadounidense.

Durante una de mis primeras clases en mi primer año en la Universidad de Chicago, mi profesor mencionó que estábamos a pocos metros de distancia de donde Enrico Fermi creó el primer reactor nuclear del mundo. Se me puso la piel de gallina, ¡y esperé que no fuera radiación! La Universidad de Chicago ha producido un sorprendente número de ochenta y nueve premios Nobel. Nunca me encontré con uno de ellos en el recinto universitario, pero podía sentir su presencia. Hubo un *genius loci* en la Universidad de Chicago, y lo mismo ocurre en cada escuela, cada empresa y cada organización.

Si nos fijamos en la Escritura a través de este filtro, esto ofrece una perspectiva interesante. Hay lugares conocidos por el pecado, como Sodoma y Gomorra. Hay otros que parecen estar malditos, como Corazín y Betsaida. Luego, hay otros donde Dios parece presentarse y mostrarse, como el Monte Carmelo o el Sinaí.

¿Qué tiene eso que ver con David?

El currículo de David como guerrero y rey era impresionante. Un montón de batallas ganadas, una gran cantidad de reinos conquistados. Pero su legado más perdurable puede ser como cantante y compositor. Su gama artística fue impresionante, desde el indie rock, country o R&B (género musical que combina elementos de hip hop, soul, pop y funk). Pero mi disco favorito puede ser David cantando blues. Vamos a etiquetarlo como *Sesiones en la cueva*.

Sesiones en la Cueva

Hay tres pistas grabadas en la cueva: Salmos 34, 57 y 142. Tienen un ambiente único, probablemente porque David las escribió durante una de las temporadas más difíciles de su vida. Eso es lo que los hace tan reales, tan crudos. Los salmos de la cueva son similares a las epístolas de la prisión que Pablo escribió. El contexto hace las letras mucho más potentes. Y así es como David logró atravesar esa temporada de su vida, dándole a Dios sacrificio de alabanza.

Leemos los salmos desde nuestro punto de vista individualizado, occidentalizado, pero apuesto a que la *banda* de valientes de David cantaba con los originales. Cuando David cantaba: «Glorifica al Señor conmigo; exaltemos a una su nombre»,[7] eran los hombres poderosos de David los que cantaban en armonía.

Un viejo adagio dice: «A la miseria le encanta la compañía». Se puede interpretar negativamente, pero creo que revela algo acerca de nuestra naturaleza humana. Podemos soportar casi cualquier cosa si no tenemos que soportarlo solos.

Al igual que Jonatán, necesitamos un escudero para subir el acantilado con nosotros.

Al igual que Moisés, necesitamos a Aarón y a Hur para que nos sostengan los brazos.

Al igual que David, necesitamos hombres fuertes para luchar con nosotros y por nosotros.

Cuando reflexionas en tu vida pasada como un todo, sin duda vas a celebrar los éxitos. Pero también te enorgullecerás de soportar días difíciles y de superar enormes desafíos. Soñamos con ganar la corona, como David. Pero vamos a ser definidos por la forma en que hemos superado la decepción, enfrentado nuestros miedos y aprendido de nuestros errores.

Hace algunos años aprendí una valiosa lección de un general de dos estrellas que tocaba guitarra de manera increíble en uno de nuestros grupos de alabanza en NCC. Él nos felicitaba por lo bien que estábamos en eso de compartir las victorias. Eso es una buena práctica en NCC. Al comienzo de cada reunión del personal celebramos lo que Dios está haciendo y esa positividad establece el tono para todo lo que hacemos.

«Ustedes nos permiten compartir en el milagro», dijo el general. «Pero no nos dejan compartir en la lucha». Eso fue un elemento de cambio en la manera en que dirijo, en la forma en que predico. Cuando permites que las personas compartan en la lucha, ellos toman parte y arriesgan algo en el juego. Así es como te conviertes en una banda de hermanos, una banda de hermanas. Eso es lo que pasó en la cueva de Adulán.

El Centro de Sueños

Tengo una fotografía de un siglo de antigüedad de cuatro hombres con sombreros de copa de pie en medio de la Avenida Pensilvania, al este del río

Anacostia. Lo que quizás es la más grande de las grandes avenidas de Pierre Charles L'Enfant no era más que un camino de tierra rodeado de pastizales de ganado. Solo hay dos edificios en la imagen. Una es una estación de bomberos construida en piedra, en 1892. La otra es el hogar de Arthur E. Randle, uno de los hombres en la fotografía, que se desempeñó como presidente de la Compañía de Bienes Raíces de Estados Unidos.

Durante el siglo pasado la ciudad creció alrededor del 2909 Pennsylvania Avenue SE. A menudo llamado «el cuadrante olvidado» de nuestra ciudad, la casa de Randle se levanta como un faro de esperanza en una de las zonas más afectadas por la pobreza y la criminalidad. Hace dos décadas se denominó la Casa Blanca del Sudeste debido a que su arquitectura se asemeja a la de la Casa Blanca, además de que se encuentra en la Avenida Pensilvania. Una casa en la colina para todas las personas, la Casa Blanca del Sudeste es un lugar donde los niños de la escuela Randle Highlands reciben orientación; un lugar donde los almuerzos de reconciliación salvan la distancia racial, un lugar donde la hospitalidad sucede en el nombre de Jesús.

Esa es la historia corta, pero permíteme compartir la lucha.

¿Recuerdas el Convoy de la Esperanza que sostuvimos en el estadio RFK? Fue un día excepcional para NCC porque pudimos llevar a cabo una actividad comunitaria que tocó a diez mil personas. Después de la actividad estábamos felicitándonos unos a otros por el buen trabajo. Fue entonces cuando sentimos como si el Espíritu Santo dijera: *Ahora quiero que hagan esto todos los días.*

¿Cada día? Nos tomó un año de planificación para lograr ese solo día. Además requirió la participación de ochenta y cinco iglesias y organizaciones no lucrativas. La idea de hacer algo así cada día parecía imposible, pero comenzamos a soñar con un centro de sueños.

Por cinco años buscamos una huella, un lugar donde pudiéramos tener una presencia en una de las zonas más desfavorecidas, de muy bajos recursos de nuestra ciudad. Todos los caminos que intentamos probaron ser un callejón sin salida. Lo que no sabíamos era que la respuesta estaba justo debajo de nuestras narices.

La Casa Blanca del Sudeste comenzó el mismo año que empezamos a pastorear NCC, 1996. Y con los años cultivamos una amistad, una asociación. Sabíamos que no era necesario un edificio para hacer una diferencia, así que empezamos a reclutar gente de NCC para servir como mentores en la Casa Blanca del Sudeste. Luego empezamos a organizar el almuerzo de reconciliación. Después compramos el edificio de apartamentos abandonado al lado de la Casa Blanca del Sudeste, que este año se transformó en nuestro Centro de Sueños D.C.

No voy a aburrirte con los detalles, pero ha tomado alrededor de una década para llegar al punto inicial. Pero cuando tu sueño tiene objetivos eternos, te da la paciencia para pensar mucho y a largo plazo. Queremos hacer cosas que se distingan de aquí a cien años, por lo que una década es una gota en el mar.

Por definición, un sueño del tamaño de Dios es más grande que tú. Tú no tienes el tiempo, el talento ni el tesoro para desarrollarlo. Sin la intervención divina el sueño está destinado al fracaso. Pero esto es lo que he encontrado: si sigues creciendo, lo que es imposible hoy se puede lograr en un año o dos o diez. Por supuesto, ¡es probable que implique algunas sesiones en la cueva a lo largo del camino!

En nuestro primer año como iglesia, nuestro ingreso total fue menor a 50.000 dólares. Adelantamos veinte años. Nuestra ofrenda en el último día del año pasado fue cinco veces más. En otras palabras, ¡Dios proveyó *cinco veces más* en *un día* de lo que proveyó en *un año* hace veinte años! Así es como trabajan la fe y la fidelidad.

Cuando Dios hace un milagro, crees hará milagros más grandes y mejores la próxima vez. Así es como administras los milagros, aumentas tu participación. Sigues dando grandes saltos por fe hasta que un día miras hacia atrás y apenas puedes creer cuán lejos has llegado con la ayuda de Dios. Así es como David debió haberse sentido cuando al fin se encontró en el trono de Israel. Pero apuesto a que no cambiaría las sesiones en la cueva por nada. Las lecciones aprendidas fueron demasiado valiosas.

Si estás en la cueva de Adulán, dale a Dios sacrificio de alabanza. Es una oportunidad para probar tu integridad. Deja que Dios escriba música en ti, a través de ti. Si permaneces paciente y persistente, Dios va a hacer lo necesario para ti. Evocarás el pasado y verás esa temporada con buenos recuerdos, porque forjó fe en ti.

Así que sigue persistiendo.

Lo mejor está por venir.

EL FOSO DE LOS LEONES

¡Sería como beberme la sangre de hombres, que se han jugado la vida!

2 Samuel 23:17

Con las manos atadas a la espalda, J. W. Tucker fue golpeado brutalmente con botellas rotas. Después de torturar a Tucker y sesenta de sus compatriotas cristianos, sus captores los arrojaron al río Bomokande infestado de cocodrilos para que se los comieran vivos. No fue ISIS ni Al-Qaeda los que se atribuyeron la responsabilidad. El ataque tuvo lugar el 24 de noviembre de 1964, a manos de los rebeldes congoleños.

Nuestro instinto natural es sentir lástima por Tucker, cuya vida terrenal fue aparentemente truncada. Pero la vida no puede ser truncada cuando dura por toda la eternidad. La empatía santa por su esposa e hijos, que sobrevivieron al ataque terrorista, es un mandato bíblico. Angeline perdió un marido. Johnny, Carol y Melvin perdieron un padre. Pero el cielo ganó un héroe, un héroe de una larga lista de titanes que rastrean su genealogía hasta el primer mártir cristiano, Esteban. Y si pudiéramos codiciar algo en el cielo, sería la recompensa del mártir.

En el gran esquema de la buena, agradable y perfecta voluntad de Dios, la ganancia eterna compensa infinitamente el dolor terrenal. Dios no nos promete que seremos felices para siempre. Nos promete mucho más que eso: ser felices *por siempre y para siempre.*

Fue esa perspectiva eterna la que inspiró a J. W. Tucker a arriesgar su vida terrenal por el evangelio. Tucker no temía a la muerte porque ya había muerto a sí mismo.

No era un riesgo sin calcular lo que llevó a J. W. Tucker al Congo en plena guerra civil. Él previó el costo con su amigo misionero Morris Plotts. Este trató de convencer a su amigo de que no fuera. «Si vas», le declaró proféticamente, «no vas a salir». A lo que Tucker respondió: «Dios no me dijo que tenía que salir. Solo me dijo que tenía que ir».[1] ¿Puedes escuchar a Benaía diciendo exactamente lo mismo? Perseguir un león de doscientos cincuenta kilos exige consagración completa. No es cuestión de *gane, pierda o empate*. Es la vida o la muerte, no hay plan de escape, hay plan alterno. Encomiamos a Benaía porque salió del foso del león con vida, lo cual es una hazaña increíble, pero no es la parte más sorprendente de la historia. No es *salir* lo que es valiente, es *entrar*.

No se trata de salir con un álbum; el asunto es entrar en el estudio de grabación y colocar las pistas. No es cosa de salir con un préstamo; se trata de entrar en el banco con un plan de negocios bárbaro. No se trata de salir con una venta; el asunto es entrar en la reunión con un discurso perfecto. No es salir con un acuerdo para un libro; se trata de entrar en la oficina del editor con el mejor manuscrito posible.

Éxito definido

Vivimos en una cultura que idolatra al éxito y sataniza al fracaso. Pero en el reino de Dios, el resultado no es el problema. El éxito no es ganar o perder; es obedecer. Es honrar a Dios ya sea que estés en rojo o en negro. Es alabar a Dios sea que ganes la elección o la pierdas. Es glorificar a Dios si te encuentras en la columna de los triunfos o en la de las derrotas.

Nunca he conocido a nadie que no quiera tener éxito, pero muy pocas personas han realmente definido el éxito por sí mismos. Así que, por defecto, aceptan la definición que la cultura tiene del éxito más que la que tiene Dios. En el Libro de Dios, éxito se deletrea *mayordomía*. Se trata de sacar el máximo provecho al tiempo, al talento y al tesoro que Dios te ha dado. Es hacer lo mejor que puedas con lo que tienes dónde te encuentres.

Aquí está mi definición de éxito: cuando los que te conocen mejor son los que más te respetan. El éxito empieza con aquellos que están más cerca de ti. Al final del día, quiero ser famoso en mi hogar.[2] Y, por cierto, es difícil serlo en casa si nunca estás en ella.

Si tienes éxito en lo incorrecto, has fracasado.

Si fallas en lo correcto, has logrado el éxito.

Hace algunos años estaba de vacaciones en el lago Anna, a ciento sesenta kilómetros al suroeste de Washington, D.C. Entré en un pequeño café y vi una pieza de arte de pared que decía: «Persigue al león». Resulta que la dueña fue inspirada a dejar su trabajo y dedicarse a su sueño de abrir una cafetería que llamó Not Just Mochas [No solo mocca] después de leer *Con un león en medio de un foso*. Pasaba por ahí cada vez que estaba en la zona, pero la tienda cerró menos de dos años después de su apertura. No solo extrañé el caramelo *macchiato* con una dosis de canela, también me sentí parcialmente responsable. Sin embargo, a mis ojos Linda no falló. Su sueño era entrar en un negocio y lo hizo. El ir a la quiebra no era parte del plan, pero no deja de ser una perseguidora de leones porque la tienda cerró.

Del mismo modo que el valor no es ausencia de miedo, el éxito no es ausencia de fracaso. El fracaso es un paso necesario en cada viaje ensoñador. He escrito libros que han sido decepciones, y he empezado empresas que se han ido a pique. Pero en cada caso, he tratado de aprender las lecciones que esos fracasos están tratando de enseñarme. Entonces he tenido el valor de intentar, intentar y volver a intentarlo.

Si no lo intentas, te perderás de eso. Entonces tendrás que vivir el resto de tu vida preguntándote: *¿Qué habría pasado si...?* No dejes que el miedo al fracaso te impida intentarlo.

Dada la ubicación de nuestra sede en Washington, D.C., pastoreo a una gran cantidad de profesionales de la política. Fuera de la influencia negativa de los círculos políticos hay un alto grado de escepticismo hacia los políticos, y gran parte de ello es merecida. Pero el servicio público bajo la forma de la política es una profesión noble, aun cuando todos los políticos no lo sean. El modo en que yo lo veo, postularse para candidato a un cargo político es perseguir un león de doscientos cincuenta kilos. He conocido a algunos políticos que se han postulado y han ganado, pero podría admirar aun más a aquellos que se han postulado y han perdido. Puede ser que no hayan ganado el voto popular, pero se lanzaron al ruedo.

Dios no siempre nos llama a ganar. A veces solo nos llama a intentarlo.

De cualquier manera, es la obediencia lo que glorifica a Dios.

Te gusta eso

Durante la temporada 2015 de la NFL, Kirk Cousins rompió casi cada récord en los registros de pases para touchdown de los Washington Redskins. También dirigió a los Redskins para la mejor época en su ilustre historia de ochenta y tres años. Los Redskins iban perdiendo con los Bucaneros de Tampa Bay por veinticuatro puntos en el tercer cuarto, cuando Kirk empató un récord de un solo juego con treinta y tres terminaciones. Sus 317 yardas, tres touchdowns y una calificación de 124,7 fueron suficientes para obtener el W en un último segundo pase de touchdown al ala cerrada Jordan Reed.

En el camino a los vestuarios, Kirk gritó: «¡Te gusta eso!»

Los aficionados de los Redskins han estado coreando eso que desde entonces.

Antes de su último año en Michigan State University, la madre de Kirk le dio un ejemplar de *Con un león en medio de un foso cuando estaba nevando*. Y Kirk estaba leyéndolo precisamente antes de uno de los partidos más importantes de la temporada. El campeonato de los Diez Grandes estaba en juego, y Kirk estaba tan ansioso como no lo había estado antes de un partido de fútbol.

Cuando llegamos a Penn State —hogar de los *Leones* de Nittany— estaba nevando. Y su estadio, con sus lados escarpados y su cancha construida profunda en la tierra, se siente como un foso. Así que pensé: *Qué oportuno... en un foso, con un león, en un día nevado.*[3]

Solo puedo imaginar la adrenalina que surgió a través de las venas de Benaía cuando se enfrentó a un egipcio gigante y fue mano a mano con los dos moabitas que eran como leones. Pero eran hombres, lo que significa que Benaía podía adivinar y suponer cómo iban a golpear y contragolpear. Pero, ¿un león? ¡Mucho más impredecible! Y la imprevisibilidad produce altos niveles de ansiedad. Benaía estaba probablemente tan nervioso como no lo había estado nunca, pero canalizó su adrenalina.

Eso es lo que Kirk hizo, a pesar de los 108.000 fanáticos de los Leones hostigándolo *a él.*

Justo antes de correr fuera del túnel, el entrenador Marcos Dantonio lanzó una pregunta a su equipo: «¿Alguien sabe lo que dice el Salmo 91?» Su mariscal de campo sabía la respuesta: «Aplastarás al león». Con eso, el equipo oró y luego jugó su camino a una victoria de veintiocho a veintidós y una parte del título de los Diez Grandes.

Si sigues el fútbol profesional, sabes que la trayectoria de Kirk ha sido cualquier cosa menos un ángulo de cuarenta y cinco grados al éxito. Él no fue seleccionado en la primera ronda. Estuvo en la banca en su primera temporada. Kirk ha tenido su parte de altibajos. Pero cuando otros se dan por vencidos, los cazadores de leones persisten. Cuando sufren un retroceso, saben que Dios ya ha preparado su regreso.

Después de los partidos, Kirk y su esposa Julie, se ha sabido que se aparecen en el café Ebenezers. Kirk es la misma persona después de una pérdida que tras una victoria. Él sabe que el éxito es algo más que ganar o perder un partido de fútbol.

Es la forma de manejar la adversidad.

Es el modo de controlar la decepción.

Es el medio de lidiar con los errores.

Es la manera de tratar una ofensa.

Esas cosas te harán amargo o mejor. Y la respuesta depende de ti. Incluso si no es tu culpa, tú puede controlar tu capacidad de respuesta.

No dejes que eso te robe el gozo.

¡Deja que avive tu fuego!

El objetivo no es ganar. El objetivo es la gloria de Dios. Y eso no depende de la puntuación final. ¡Esa *es* la puntuación final!

Lo increíble está en camino

Uno de mis rituales anuales es dar con una palabra y un verso para el año. Este año, la palabra es *consagración*. Y el versículo es Josué 3:5 (LBLA): «Consagraos, porque mañana el Señor hará maravillas entre vosotros».

Cuando hablo con líderes, a veces pregunto: «¿Quién quiere hacer algo increíble para Dios?» ¡Todas las manos se levantan cada vez! Entonces me disculpo por la pregunta capciosa. Todos queremos hacer algo increíble para Dios, pero ese no es nuestro trabajo. ¡Ese es trabajo de Dios! Nuestro trabajo es consagrarnos. Y si hacemos bien nuestra labor —si nos entregamos de un todo y lo hacemos con lo mejor que tenemos, día tras día— Dios se va a presentar y se va a manifestar.

Conságrate hoy, ¡que lo increíble viene en camino!

Eso suena muy bien, ¿verdad? Pero una de las cosas más difíciles de confiar a Dios es el resultado. Eso es cierto si estás llevando una campaña, gestionando una empresa o corriendo una carrera. Lo que más preocupa a Dios *no* son los números de las encuestas, las ganancias trimestrales ni el tiempo del ganador.

Vivimos en una cultura en la que muchas personas basan la autoestima en el patrimonio neto, pero en el reino de Dios esas dos cosas no están relacionadas estadísticamente. Nuestra recompensa se correlaciona de modo directo con los motivos de nuestro corazón. Si haces lo correcto por la razón equivocada, eso no cuenta. Así que no se trata de tu récord de votación, récord de negocios o récord de ganadas y pérdidas. Se trata de hacer las cosas correctas por las razones correctas.

La clave para perseguir tu sueño se está haciendo por razones intrínsecas. En otras palabras, no puede ser acerca de la fama o la fortuna. La voluntad de Dios no es la riqueza, la salud ni la prosperidad. Ni siquiera es ganar. La voluntad de Dios es la gloria de Él.

El capítulo once de Hebreos es uno de los capítulos más sorprendentes de la Biblia. Es una celebración sin precedentes de la fe. Pero también es una definición de éxito. Y la definición es algo sorprendente:

Me faltaría tiempo para hablar de Gedeón, Barac, Sansón, Jefté, David, Samuel y los profetas, los cuales por la fe conquistaron reinos, hicieron justicia y alcanzaron lo prometido; cerraron bocas de leones, apagaron la furia de las llamas y escaparon del filo de la espada; sacaron fuerzas de flaqueza; se mostraron valientes en la guerra y pusieron en fuga a ejércitos extranjeros.[4]

Hasta aquí todo bien, ¿no? «Bien está lo que bien acaba», para citar a Shakespeare. Pero por desgracia, el capítulo no termina allí. Aquí está el resto de la historia:

Hubo mujeres que por la resurrección recobraron a sus muertos. Otros, en cambio, fueron muertos a golpes, pues para alcanzar una mejor resurrección no aceptaron que los pusieran en libertad. Otros sufrieron la prueba de burlas y azotes, e incluso de cadenas y cárceles.[5]

Aquí está mi pregunta: ¿Estaban solo la mitad de esos héroes en la voluntad de Dios? ¿Los que conquistaron reinos, apagaron las llamas, y cerraron las bocas de los leones? ¿O la otra mitad también estaba en la voluntad de Dios, incluso los que fueron cortados en dos?

La voluntad de Dios no es un plan de seguro.

La voluntad de Dios es un plan peligroso.

La voluntad de Dios podría hacer que te maten.

Pero si Dios recibe la gloria, misión cumplida. Y la recompensa eterna que recibimos será infinitamente mayor que el sacrificio temporal que hagamos.

El foso del león

Dos días después de la muerte de J. W. Tucker, unos paracaidistas belgas rescataron al resto de la familia. Un turbohélice de la Fuerza Aérea C130 los llevó por aire de nuevo a Estados Unidos. El corazón de Angeline estaba demasiado triste como para hablar, pero le dio sacrificio de alabanza a Dios. Ella pronunció esta oración a seis mil metros de altura:

Oh, Padre, te damos gracias por tu bondad, tu amor y tus muchas bendiciones. Te amamos y te alabamos por tu cuidado. Y a través de esta innumerable cantidad de días difíciles has visto por nosotros y nos mantienes. Y ahora nos has librado verdaderamente del foso del león. Te alabamos y te damos gracias por ello. Te pedimos que tomes la vida de J. W., que está descansando, y que lo uses aun en la muerte para tu honra y tu gloria.[6]

Por treinta años pareció que el sacrificio de J. W. Tucker había sido en vano. Pero Dios contestó la oración de la viuda de una manera única.

El río Bomokande fluye a lo largo del medio de un pueblo no alcanzado cuya tribu se llama Mangbetu. Durante una época de disturbios civiles, el rey mangbetu hizo un llamamiento a su gobierno en busca de ayuda. Ellos enviaron a un hombre conocido como el Brigadier, un policía que J. W. Tucker había guiado al Señor dos meses antes de su muerte. Sus esfuerzos para difundir el evangelio con los mangbetu fracasaron hasta que descubrió una antigua tradición tribal: *Si la sangre de cualquier hombre fluye en el río Bomokande, debes escuchar su mensaje.* El Brigadier reunió a los ancianos del pueblo y les dijo de un hombre cuya sangre fluyó en el río.

Hace algún tiempo, un hombre fue asesinado y su cuerpo fue arrojado al río Bomokande. Los cocodrilos de este río se lo comieron. Su sangre fluyó en el río de ustedes. Pero antes de morir, me dejó un mensaje. Este mensaje se refiere al Hijo de Dios, el Señor Jesucristo, que vino a este mundo para salvar a personas que eran pecadoras. Él murió por los pecados del mundo; murió por mis pecados. He recibido este mensaje, el cual cambió mi vida.[7]

Varios miembros de la tribu cayeron de rodillas, entregando sus vidas al señorío de Jesucristo. Desde ese día miles de mangbetu han llegado a la fe en Cristo, y hay docenas de iglesias en esa región debido al hombre cuya sangre fluyó en el río Bomokande.

No es en vano.

¡Nunca lo es!

Cada oración será contestada, todo sacrificio será honrado, cada buena acción será recompensada y cada semilla de fe dará fruto.

EL CLUB DE LUCHA

Un valiente guerrero de Cabseel.
2 SAMUEL 23:20, NTV

DISPARÉ UN FUSIL TOMMY en la sede del FBI. No a la sede, en la sede. Los agentes especiales Zac Jurado y Matt Heimstra no solo les dieron a nuestros pastores un tour privado, sino que también me permitieron disparar un subfusil original 1918 John T. Thompson en el campo de tiro del FBI. Me advirtieron que el Tommy (apodo del fusil) da un buen zapatazo cuando está totalmente en automático. Digamos que dejé mi huella en el FBI ese día. Para el momento que vacié el tambor, el techo del campo de tiro tenía docenas de agujeros de bala y el polvo de cemento cubría el campo.

Zac Jurado estaba enseñando historia en la escuela secundaria el 11 de septiembre de 2001. Después que el primer avión chocó contra las Torres Gemelas, Zac encendió la televisión en su salón de clases. Cuando el segundo avión se estrelló, uno de sus estudiantes comenzó a llorar y dijo: «Señor Jurado, mi hermana trabaja en esos edificios». Ese fue un momento génesis para Zac, el instante en que decidió en su corazón dedicar su vida a luchar contra el terrorismo y perseguir su sueño de trabajar para la Oficina Federal de Investigaciones.

Al igual que Joseb, Zac tenía muy pocas probabilidades.

De hecho, sus probabilidades eran mucho menos de ochocientos a una.

Solo el 3 por ciento de los solicitantes que toman la prueba de la primera fase son invitados a tomar la prueba de la fase II, y solo el 1,5 por ciento de los que pasan la fase II logran llegar a la verificación de antecedentes del FBI y graduarse de la Academia del FBI. Pero esas probabilidades no impidieron que Zac diera un paso de fe y renunciara a su trabajo de enseñanza.

«La noche antes del último día de clases», dijo Zac, «cuando estaba escribiendo mi carta de renuncia, recibí una llamada diciendo que me aceptaron para la prueba de fase II».

Cuando Zac llegó a la Academia del FBI en Quantico, Virginia, se sentía como si estuviera fuera de su liga. «Había ex miembros de las fuerzas especiales militares, científicos, abogados, policías y yo, simplemente un maestro», dijo Zac. «Entonces me acordé de que el Señor es el que me había traído, así que debía pertenecer a aquí».

En el segundo día en la academia, se les muestran a los alumnos las fotos de cada agente especial del FBI que ha perdido la vida en el cumplimiento del deber. Es un examen de tipo sicológico, y algunos no logran pasar más allá del día dos. Durante las veintiún semanas, ellos toman pruebas de aptitud, pruebas legales, pruebas de armas de fuego y pruebas de tácticas de defensa.

La prueba final se llama «El toro en el ruedo». Es una pelea violenta, sin restricciones. Con un peso de 185 libras (83.91 kg), Zac fue puesto en el grupo de gran peso, que van desde 180 (81.86 kg) a 220 libras (99.79 kg). Además, había dos boxeadores ganadores de Guantes de Oro en su grupo, pero él se mantuvo firme.

«La mayoría de la gente nunca ha estado en una pelea en su vida», dijo Zac. «Este solo ejercicio te da confianza el resto de tu carrera ya que si alguna vez te encuentras en una pelea, va a ser una lucha por tu vida».

El toro en el ruedo

«Un valiente guerrero».

Al leerlo le pasamos por encima, pero es todo lo que necesito saber sobre Benaía. Que era un valiente guerrero. En vez de un toro en el ruedo, Benaía sobrevivió a un león en un hoyo.

Benaía habría impresionado a los integrantes del evento conocido como NFL Scouting Combine, que es una actividad que dura una semana y se realiza cada año en Indianápolis. A la misma asisten los jugadores universitarios que van a hacerse pruebas físicas y mentales delante de los managers de los equipos colegiales, de los entrenadores y de los *scouts* [que buscan jugadores potenciales en las universidades]. Benaía estaba en buenas condiciones y bien entrenado. Pero este descriptor revela más sobre el carácter moral de Benaía que sobre su destreza física.

Según la tradición rabínica, cuando la reina de Sabá fue a visitar a Salomón, este envió a Benaía a su encuentro. Benaía fue descrito como «la cierva en la madrugada saltando a la luz del sol».[1] Un cumplido antiguo, supongo. La reina de Sabá en realidad descendió de su carro, confundiéndolo con el rey Salomón. Cuando la reina descubrió su error, citó un proverbio apropiado: «Aún no has visto al león, ven y observa su guarida».[2]

Benaía puede no haber sido «el rey león», pero era perseguidor de leones.

Los guerreros no se alejan cuando las cosas se ponen difíciles; luchan hasta el final por sus convicciones. Los guerreros no se rinden cuando todo el mundo está contra ellos; luchan contra lo establecido. Y los guerreros no retroceden cuando las probabilidades están en contra de ellos; contraatacan por lo que creen.

Hay un momento en cada viaje ensoñador cuando tienes que luchar por lo que crees. Podría ser un matrimonio que está contra las cuerdas, un niño que está en rebelión o un sueño que está en terapia intensiva.

¿Estás dispuesto a luchar por ello?

Solo hay una manera de salir de un hoyo con un león en un día de nieve: tienes que luchar para salir. Tienes que luchar más fuerte, por más tiempo y con más inteligencia que tu enemigo de doscientos cincuenta kilos.

De acuerdo al relato de la cinta, Benaía tenía todas las de perder. En el mundo de la lucha premiada, el alcance lo es todo. El gigante egipcio al que Benaía se enfrentó era de dos metros veinticinco centímetros de alto.[3] Así que, ¡las probabilidades que tenía Benaía para derrotar a ese gigante eran casi iguales a las que tuvo David para derrotar a Goliat! Pero el viejo dicho es cierto: la fiereza no es necesariamente una cuestión de tamaño físico, sino más bien de actitud.

Yo tengo una actitud tranquila ante casi todo, pero no te metas con mi familia o mi sueño. Si te metes con cualquiera de ellos, te metes conmigo. Aparece mi instinto de protección y te voy a derribar.

¿Estás dispuesto a luchar por tu sueño?

¿Luchar hasta que tu mano se quede pegada a la espada?

¿Luchar incluso si es ochocientos contra uno?

Seis rondas

Yo estaba hablando en una conferencia de liderazgo en Dallas, Texas, el 24 de marzo de 2015. Dos minutos antes de salir al escenario, sonó mi teléfono. Por lo general, yo no respondería, pero reconocí el número. Así es como descubrí que mi padre tenía cáncer. No hace falta decir que fue una de las conferencias más difíciles que he dado nunca. Mientras hablaba, estaba procesando las preguntas que empezaron a través de mi cerebro.

¿De qué tipo es?

¿En qué etapa se encuentra?

¿Cuáles son las posibilidades de vencerlo?

Algunas personas se dan la vuelta y se hacen el muerto cuando son arrinconadas por malas noticias, pero mi padre no está diseñado de esa manera. Incluso cuando descubrimos que tenía cáncer en dos lugares, salió de la esquina peleando con una actitud optimista. No tengo un solo recuerdo de mi padre quejándose de nada, ¡y el cáncer no iba a hacer que cambiara su enfoque de la vida! Mi papá luchó contra el cáncer de la forma en que ha luchado con cada desafío: con gracia y fe. Y luchamos por él en la oración.

El enemigo trata de robarte tu alegría, matar tus sueños y destruir tu vida. Jesús vino para que tengas vida y la tengas en abundancia. En pocas palabras, nacimos en un campo de batalla entre el bien y el mal, y tenemos que tomar partido. No soy una de esas personas que ven un demonio detrás de cada arbusto. Pero también sé que nuestra lucha no es contra carne ni sangre. Estamos en una lucha de perros con el diablo, y no tenemos que enfrentarla sentados.

Ninguna arma forjada contra nosotros prosperará.[4]

Si resistimos al diablo, él huirá de nosotros.[5]

Y si Dios es por nosotros, ¿quién contra nosotros?[6]

La Biblia dice que el diablo ronda como león rugiente. La palabra clave es *como*. Él es un impostor y su gruñido es peor que su mordida. Niégate a creer sus mentiras o a encogerte ante su intimidación. Cuando él te recuerda tu pasado, ¡recuérdale su futuro!

Contraataca con palabras de fe.

Contraataca con cantos de alabanza.

Un trauma complejo

Bonnie Martin es una consejera profesional licenciada con experiencia en traumas complejos. Su trabajo es ayudar a las víctimas de la violencia, la explotación y el tráfico humano a salir de la pesadilla en la que se encuentran. Bonnie también es exprofesora de inglés y la que editó el primer borrador de *Con un león en medio de un foso cuando estaba nevando*, ¡hace diez años!

Uno de los momentos decisivos de su vida ocurrió durante una temporada muy difícil. En la cima de su carrera ministerial, su matrimonio estaba fallando. La desesperación se acercaba a ella como una niebla densa. Bonnie fue en un viaje misionero a Sudáfrica con su padre solo para escapar de su dolorosa situación por un tiempo. En el último día allí, fueron a un safari y llegaron como a unos sesenta centímetros de un león. Separada de él por una cerca de tela metálica, Bonnie dijo en broma: «¡Hey gatito, gatito!» Fue entonces cuando el león se lanzó sobre la cerca, ¡y dejó escapar un rugido que todavía la estremece, una década más tarde!

«Mis nervios se encendieron», dijo Bonnie. «Lo sentí como la muerte por electrocución».

Bonnie aprendió de su guía que el rugido de un león está destinado a comunicar dominio, a hacer valer su autoridad en un territorio. Y la única cosa que va a silenciar el rugido del león es el rugido de otro león más poderoso.

Fue entonces cuando Bonnie oyó la voz suave y apacible del Espíritu Santo:

Bonnie, Satanás anda como león rugiente buscando a quién devorar. Pero, ¿ves esa cerca? La cerca es la sangre de Jesús, la sangre del Cordero. Satanás puede rugirte, pero no te puede tocar. Él es el que está en una jaula. Tú eres la que está libre. Pero has estado viviendo como si tú fueras la que está en la jaula y él el que está libre.

¡Vamos!

¡Mayor es el que está en vosotros que el que está en el mundo![7]

Las circunstancias de Bonnie no cambiaron ese día, pero su perspectiva sí.

La oscuridad, en realidad, se hizo más oscura. El foso se hizo más profundo. Pero en palabras de Corrie ten Boom: «No hay un foso que sea más profundo que el amor de Dios».[8] El primer matrimonio de Bonnie terminó, pero un nuevo capítulo comenzó en su vida.

En lugar de verse a sí misma como víctima, Bonnie se vio como lo que es, más que vencedora. Ella aprovechó su dolor para obtener la licencia como consejera profesional, y está ayudando a mujeres en todo el mundo a encontrar su camino y luchar para salir de cualquier pozo en el que se encuentren.

Cuando el León de la tribu de Judá rugió al salir de la tumba al tercer día, no solo venció a la muerte. Afirmó su autoridad sobre su antiguo enemigo, silenciando el pecado de una vez por todas. Satanás es un enemigo derrotado.

Está bien que hables con Dios acerca de tus problemas, pero en algún momento necesitas hablarles a tus problemas acerca de Dios.

Predícales de la bondad de Dios. Profetízales las promesas de Dios. ¡Proclama la victoria que se ganó hace dos mil años!

Jesús reprendió al viento y a las olas. Reprendió demonios. Incluso reprendió la fiebre. Así que creo que es correcto reprender al cáncer. No puedo prometer la sanidad, pero puedo orar por ella. Y sé que nuestra sanidad, nuestra liberación fue pagada en su totalidad en la cruz del Calvario.

Mi papá tuvo seis rondas con quimioterapia, y salió con un certificado de buena salud. Con seguridad que tiene algunas cicatrices de la batalla, pero peleó una buena pelea. Amo a mi papá aun más después de su lucha contra el cáncer porque sé que no estaba luchando solo por sí mismo. Él estaba luchando por mi madre, luchando por mi hermano y por mí, luchando por sus seis nietos.

Cualquiera sea el desafío que enfrentes, no te sientes.

Busca pelea con la injusticia.

Busca pelea con la pobreza.

Busca pelea con el racismo.

Si estás dispuesto a luchar por eso, tienes la oportunidad de luchar. Y Dios luchará por ti.

Valor

Durante nuestro recorrido por la sede del FBI, nos detuvimos frente a una placa con los nombres de todos los agentes del FBI que han recibido la medalla al valor. Se otorga a aquellos que han demostrado heroísmo excepcional en el cumplimiento del deber. En la placa hay una cita del poeta ganador del Premio Pulitzer Carl Sandburg.

Valor es un don. Los que lo tienen nunca saben con seguridad si lo tienen hasta que la prueba viene. Y los que lo tienen en una prueba nunca saben a ciencia cierta si van a tenerlo cuando llegue la próxima prueba.

Valor es menos acción y más reacción.

Si juzgas a una persona por sus acciones, estás juzgando un libro por su cubierta. Las reacciones revelan mucho más que las acciones. Cómo reaccionas en circunstancias difíciles es la prueba de fuego del carácter. Y nunca sabes cómo vas a reaccionar hasta que tú eres el que se topa con un león.

Valor es correr hacia el problema cuando todo el mundo está huyendo.

Valor es ir más allá de la llamada del deber.

Valor es ponerse en la línea de fuego por otra persona.

Ponerse en peligro es contrario a la intuición para la persona promedio, pero es una segunda naturaleza para un perseguidor de leones. Como guardia personal del rey David, esa era la descripción del trabajo de Benaía. Había sido entrenado en cómo hacer que su cuerpo fuera el más grande objetivo posible, pararse delante del rey, y tomar una lanza si era necesario.

El inconformista transformado

Poco después de haber sido instalado como el vigésimo pastor de la Iglesia Bautista de la Avenida Dexter en Montgomery, Alabama, el Dr. Martin Luther King hijo, pronunció un sermón en noviembre de 1954 titulado «El inconformista transformado».

«El cristiano está llamado no a ser como un termómetro que se ajuste a la temperatura de su sociedad», dijo King, «sino que debe ser como un termostato que sirve para transformar la temperatura de su sociedad».[9]

King reconoció que ser diferente solo por serlo no es el objetivo. El objetivo es hacer una diferencia. Y que requiere valor no solo asumir una posición, sino asumirla solo.

«He visto a muchas personas blancas que sinceramente se oponen a la segregación y [a la discriminación]», dijo King. «Pero nunca tomaron una [verdadera] posición contra eso por temor a tomarla solos».[10]

¿Estás dispuesto no solo a tomar una posición, sino a tomarla solo?

El 1 de diciembre de 1955, una inconformista transformada subió al autobús de la avenida Cleveland a solo cinco cuadras del púlpito donde King pronunció ese sermón. Cuando la sección blanca se llenó con pasajeros, el conductor del autobús ordenó a Rosa Parks que cediera su asiento en la sección de color. Rosa se negó cortésmente. Ella tomó una posición moral permaneciendo sentada.

«La gente siempre dice que yo no di mi asiento porque estaba cansada, pero eso no es cierto», dijo Rosa.[11] No fue cansancio físico lo que mantuvo a Rosa sentada; fue cansancio moral. «De lo único que estaba cansada, era de ceder».[12]

La posición que Rosa Park tomó contra la segregación racial inició un efecto dominó. Eso condujo a una batalla judicial que llevó a un boicot en toda la ciudad, que llevó al Tribunal Supremo a sentenciar como inconstitucional la segregación.

Hasta que el dolor de permanecer igual se hace más agudo que el dolor del cambio, no sucede nada. Simplemente mantenemos el status quo. Y nos convencemos a nosotros mismos que no correr riesgos es seguro. Pero el mayor riesgo es no correr ningún riesgo en absoluto.

No sería prudente

«No voy a hacerlo. No sería prudente».

Es una frase clásica hecha famosa por la imitación que hacía Dana Carvey del Presidente George H. W. Bush en *Saturday Night Live*. Oigo la voz de Dana Carvey cuando leo acerca de las hazañas de Benaía.

¿Perseguir un león? «No voy a hacerlo. No sería prudente».

¿Enfrentar dos poderosos moabitas? «No voy a hacerlo. No sería prudente».

¿Luchar contra un gigante egipcio? «No voy a hacerlo. No sería prudente».

Ninguna de esas acciones parece prudente, pero eso es lo que los hace valientes. Estoy a favor de hacer tareas. Creo que la diligencia debida honra a Dios, pero la obediencia retrasada disfrazada de prudencia es desobediencia. Y no te va a llevar a donde Dios quiere que vayas.

Por más de cuarenta años, el Dr. Glen Reid sirvió como misionero en el Medio Oriente. Todos los que lo conocieron tenían mucho respeto por él. Así que todos se sorprendieron por su valiente confesión a la edad de ochenta y dos años: «He fracasado a lo largo de mi vida porque he dejado que el miedo y la prudencia sean mis dioses, mientras evitaba confiar en Dios».

El Dr. Reid habló acerca de un momento en el campo misionero cuando Dios le llevó a dar a conocer el evangelio a una tribu de caníbales. El Dr. Reid decidió no perseguir a ese león. Su excusa era la prudencia, lo que identifica como uno de sus grandes remordimientos. Más tarde en la vida reconoció a la prudencia por lo que realmente era, su dios.

¡Deja de inclinarte ante el dios de la prudencia!

La fe no es lógica o ilógica; es teológica.

La fe no es prudente o imprudente; es valiente.

Noé parecía un tonto construyendo un arca en el desierto. Sarah parecía una tonta comprando ropa de maternidad a los noventa años de edad. David parecía un tonto atacando a Goliat con una honda. Benaía parecía un tonto persiguiendo a un león. Los magos parecían unos tontos siguiendo una estrella. Pedro parecía un tonto saliéndose de la barca en medio del mar de Galilea. Y Jesús parecía un tonto colgando semidesnudo en la cruz.

Pero eso es fe. La fe es estar dispuesto a parecer tonto. Los resultados hablan por sí mismos.

Noé sobrevivió al gran diluvio. Sara dio a luz a Isaac. David venció a Goliat. Benaía mató a un león en un foso un día de nieve. Los magos encontraron al Mesías. Pedro caminó sobre el agua. Y Jesús se levantó de entre los muertos.

¿Sabes por qué algunos de nosotros nunca hemos matado a un gigante, perseguido a un león ni caminado sobre el agua? Tenemos miedo a parecer tontos.

Pero, ¡es el miedo a parecer tontos es lo que es tonto!

No va a pasar

Antes de casarse hace veinte años, Jeffrey Keafle y su prometida, Sherri, expusieron sus objetivos para la familia, las finanzas y el futuro. Con respecto al futuro, Jeffrey soñó en grande. Le dijo a Sherri que quería administrar dos campos de golf: el Bellerive Country Club en St. Louis, Missouri, ciudad natal de Sherri, y el Congressional Country Club en Bethesda, Maryland.

Con diecisiete mil campos de golf en los Estados Unidos, especificar dos por su nombre, ¡equivale a un 1 en 289 millones de probabilidades de éxito! No ayudaba las probabilidades el que ambos son campos de golf de primera categoría. Jeffrey no estaba persiguiendo a un león de doscientos cincuenta kilos; ¡estaba persiguiendo dos!

Doce años más tarde, Jeffrey logró uno de esos trabajos ideales como presidente ejecutivo de Bellerive. ¡Y fue entonces cuando decidió soñar aun más grande! ¿Y si pudieran albergar un importante campeonato, no cualquier campeonato, sino uno centenario? Los principales campeonatos de golf han emigrado a campos altamente poblados en la costa oriental y la occidental. Y con los requisitos de montaje de un evento complejo y transmisión por los medios, los torneos suelen elegir instalaciones en varios campos de golf. Bellerive no encajaba bien en el perfil, pero eso no impidió que Jeffrey formara un equipo de ensueño y escribiera una propuesta de ochenta páginas que describía una visión para el futuro del campeonato de golf.

El comité del campeonato le dijo a Jeffrey que era una presentación impresionante, pero Bellerive no estaba recibiendo comentarios importantes. En otras palabras, *no va a suceder*.

Jeffrey volvió a St. Louis desanimado, pero esperando por él había una copia de *Con un león en medio de un foso cuando estaba nevando*, un regalo de Navidad de su profesional de golf. La pregunta en la contraportada le llamó la atención de inmediato:

> ¿Y si la vida que realmente quieres, y el futuro que Dios quiere para ti, se esconde en este momento en tu mayor problema, en tu peor fracaso, en tu mayor temor?

Jeffrey decidió no aceptar un no por respuesta. A pesar de gastar cientos de horas en la propuesta original, amplió el equipo que trabajaba en el proyecto y pasó más tiempo revisando su propuesta, haciéndola aun más audaz. El comité estuvo lo suficientemente intrigado con la propuesta actualizada que le pidieron que le «pusiera más tela».

Dos versiones más tarde, el sueño de un campeonato de golf que beneficiara la comunidad local se convirtió en la génesis de la PGA REACH (Recreación, Educación, Sensibilización, Comunidad y Salud, por sus siglas en inglés). ¡Bellerive superó todos los pronósticos! Será la sede del Campeonato Centenario de la PGA en 2018. Aun más importante, sus miembros y la Sección de Entrada de la PGA están ahora influyendo positivamente en las vidas de jóvenes desfavorecidos en el interior de la ciudad de San Luis.

Me encontré con Jeffrey después de haber perseguido a su segundo león hasta Bethesda, Maryland, aceptando el puesto de consejero delegado en el Congressional Country Club. Mientras hablábamos y tomábamos café, vi en él lo que veo en todos los perseguidores de leones. Las probabilidades imposibles no quebrantan su espíritu. Las probabilidades imposibles hacen de acero su determinación y alimentan su fuego. Los perseguidores de leones tienen una tenaz cualidad santificada tal que se niegan a renunciar cuando pueden luchar por los sueños que Dios les da.

Juega a la ofensiva

Permíteme introducir a un miembro más al club de lucha.

Gary Cook ha sido presidente de universidad durante veintiocho años. Esa es una larga permanencia, pero fue casi interrumpida cuando Gary fue diagnosticado con leucemia aguda a la edad de cincuenta y siete años. Algunas personas empiezan a vivir a la defensiva en ese momento, pero no Gary. ¡Gary le pidió a Dios otros diez mil días! ¿Por qué? Porque Dios le había dado un sueño de 100 millones de dólares.

Cuando tú has sido presidente de una universidad por veintiocho años, es difícil renunciar a ella. Pero Dios le había dado a Gary un nuevo sueño: recaudar 100 millones de dólares en becas para futuros estudiantes. Mientras luchaba con su decisión, leyó mi libro *Tras el rastro del ave salvaje*.

El día antes de la reunión de la junta donde tenía previsto declarar su sueño, su decisión, Gary estaba vacilante. Fue entonces cuando llegó a la página 66:

Si no estás dispuesto a dejar caer tu vara al suelo, te vas a perder el milagro que está al alcance de tu mano. Tienes que estar dispuesto a dejar de lado una vieja identidad con el fin de asumir una nueva…

¿Dónde encuentras tu identidad? ¿Cuál es la fuente de tu seguridad? ¿Es un título? ¿Un cheque de pago? ¿Una relación? ¿Un grado? ¿Un nombre? No hay nada malo con ninguna de esas cosas, siempre y cuando las puedas dejar caer al suelo.[13]

¡Fue una visión página 66!

Cuando Gary leyó esas palabras, se decidió. Colocó la presidencia de veintiocho años en el altar, creyendo que lo mejor aún estaba por venir. Ahora está dedicando el resto de su vida al sueño que Dios le ha dado de 100 millones de dólares.

Una acotación divertida.

Gary también leyó *Con un león en medio de un foso cuando estaba nevando* después de su combate con la leucemia y lo leyó literalmente. Calculó que los hombres valientes eran poderosos, por lo que comenzó a hacer ejercicios una hora todos los días. Empezó a dormir suficiente, a comer y a beber el agua que necesitaba para obligar a su cuerpo a estar de nuevo en forma. Me atrevería a decir que Gary está en mejor forma a los sesenta y cinco años que la mayoría de la gente con la mitad de su edad.

«Muchas personas andan a la defensiva a los sesenta y cinco años», dijo Gary. «Yo decidí jugar a la ofensiva».

¡Eso es lo que hacen los cazadores de leones! Juegan a la ofensiva con sus vidas.

CORRE HACIA EL RUGIDO

Persiguió a un león.

2 Samuel 23:20, NTV

Es considerado como uno de los días más inolvidables de mi vida. Hay días, y luego hay los que redefinen todos los días de allí en adelante. El 27 de mayo de 2005 es uno de esos días.

Yo era parte de un equipo misionero de NCC que pasó una semana en Etiopía cuidando a los pobres y atendiendo a niños de la calle. Incluso construimos una cabaña de barro para una anciana abuela etíope. Después de haber cumplido nuestra misión, nuestros amigos nos llevaron en un viaje inolvidable al Parque Nacional Awash en el interior de Etiopía.

Unas pocas horas fuera de Addis Abeba, nuestra caravana se detuvo para un almuerzo tipo picnic. Vimos algunas vacas pastando cerca y, puesto que las vacas en otros países son mucho más fascinantes que las estadounidenses, sacamos algunas fotografías. Fue entonces cuando unos pastores armados que llevaban AK-47 corrieron hacia nosotros, gritando en amárico. Caímos en cuenta que, si fotografías a sus vacas, ellos querrán algo de dinero. ¡Sus vacas son vacas generadoras de *dinero*!

¿Alguna vez has tenido una experiencia absolutamente aterradora en el momento, pero que a la fracción de segundo siguiente, cuando todo terminara, era *totalmente impresionante*? ¡Esa fue una de ellas! Y todavía no era mediodía.

Pocas horas después que nos mantuvieron a punta de cañón, salimos de la carretera y condujimos a un lugar que podría haber pasado por el jardín del Edén. Oculto en el denso follaje había un manantial natural calentado por un volcán. Según nuestros guías estaba a 46 grados centígrados y se lo creo. No teníamos en el agua cinco minutos cuando uno de los chicos de nuestro equipo se desmayó. Por dicha captamos todo aquello en cámara para que pudiéramos volver a reproducir el episodio del desmayo —quiero decir, la operación de rescate— una y otra vez.

Al fin llegamos al Parque Nacional Awash, nos montamos en los Land Rovers, e hicimos una excursión para ver los animales salvajes mientras el sol de África se ocultaba. Soy un fan de los zoológicos, pero no hay nada como ver animales salvajes en su hábitat natural, ¡especialmente cuando ni siquiera conoces los nombres de la mitad de los animales que estás viendo!

Esa noche levantamos nuestro campamento en un sitio que fue habitado por no menos de ochenta babuinos. ¿Alguna vez has visto el trasero de un babuino? ¡No me digas que Dios no tiene sentido del humor! Uno de los grandes momentos del día fue ver a alguien en nuestro equipo a quien le cayó el excremento de un babuino encaramado en un árbol. ¡Ni siquiera es broma! Esa persona ya me perdonó por reírme en voz alta.

Al final de ese día inolvidable, nos sentamos en torno a una fogata a cantar coros de alabanza. Fue uno de esos momentos en los que uno no puede dejar de adorar. Sin embargo, uno de nuestros guardias armados hizo un gesto para que nos calláramos. Fue entonces cuando oímos un rugido de león, ¡esperábamos que fuera a distancia! En una palabra, era increíble. Y por *increíble* quiero decir estimulante y aterrador. Es muy diferente oír el rugido de un león en su medio natural que oírlo al comienzo de una película de MGM.

Imagínate el frío que recorrió la columna vertebral de Benaía cuando ese león rugió. ¡El rugido de un león puede ser escuchado a ocho kilómetros de distancia! ¿Qué se siente oírlo y sentirlo apenas a sesenta centímetros de distancia? La reacción natural es correr en la dirección opuesta o encogerse en posición fetal. Pero Benaía no actuaba con espíritu de timidez. En vez de dejar que el miedo dictara su decisión, tomó una de las decisiones más valientes y contrarias a la intuición en toda la Escritura.

Fue un día que redefinió cada uno de sus días a partir de entonces.

Cuando has perseguido a un león en un hoyo en un día de nieve, no hay mucho que te asuste después de eso. Y eso va para el resto de los valientes de David.

Para Joseb Basébet fue el día en que levantó su lanza contra ochocientos hombres. Para Eleazar fue el día en que su mano se quedó pegada a su espada. Para Sama fue el día en que tomó su posición en el campo de sus sueños.

Opta por la aventura

Cuando me metí en mi tienda de campaña al final de ese día tan memorable, traté de saborear cada momento, registrándolo en mi diario. Fue entonces cuando oí la voz suave y apacible del Espíritu Santo: *No acumules posesiones; acumula experiencias.* Ese mantra ha redefinido la manera en que vivo ahora. Ha dado forma a todos los días desde ese día hasta hoy. Cuando se me permita elegir, ¡opto por la aventura!

Es más que una narración; se trata de una metanarrativa.

Es más que una historia; se trata de un argumento.

¿Estás viviendo de una manera que valga la pena contar historias acerca de ella? La triste realidad es que la mayoría de las personas pasan la vida acumulando cosas equivocadas. En vez de acumular experiencias, atesoran posesiones. Y cuando ese es tu objetivo, terminas poseído por tus posesiones. Tú no eres dueño de ellas; ellas te poseen a ti.

Hay un mundo de diferencia entre *ganarse la vida* y *hacer una vida.* La vida no se mide en dólares; se mide en momentos a los que no les puedes poner precio. Es tan fácil convertirse en un animal de costumbres, ¿verdad? Vamos a través de la rutina día tras día. Y antes de darnos cuenta, solo estamos cumpliendo por cumplir. No te conformes con la rutina. Si a eso vamos, no te asientes en absoluto, ¡nunca!

Uno de mis «filósofos» favoritos es Jack Handey de Saturday Night Live. Y uno de mis «pensamientos profundos» favoritos de Handey es este: «Cuando mueras, si tienes la opción de elegir entre ir al cielo normal o el cielo dulce, elige el cielo dulce. Puede ser que sea un truco, pero si no lo es, mmm, ¡qué bueno!»[1]

Sé que está en algún lugar en el espectro entre tonto y sacrílego, pero prefiero el cielo dulce. Prefiero apuntar alto y errar que apuntar bajo y golpearlo. No te conformes con lo bueno. Busca a Dios. Y cuando lo hagas, no te sorprenda cuando Dios haga muchísimo más que todo lo que puedes pedir o imaginar.

El día que dejes de soñar es el día en que comienzas a morir.

El día que empieces a soñar es el día en que realmente comienzas a vivir.

Maniquí de prueba

De una forma u otra, todos sufrimos de algo que se llama sesgo retrospectivo. Después de que ocurre un acontecimiento, hay la tendencia a ver ese suceso como si hubiera sido predecible, incluso probable. Es difícil para nosotros imaginar cualquier resultado que no sea el que se dio. Y en ninguna parte es esto más cierto que con las historias bien ensayadas de la Biblia que hemos escuchado cientos de veces. En lugar de conmoción y pavor, suponemos el resultado. Así que tomamos los milagros como algo normal.

Sabemos que Benaía persiguió, atrapó y mató al león. Pero si tú no supieras el resultado final, ¿a quién le habrías apostado? Esta historia podría haber terminado de manera muy diferente, muy mal. Pero aunque lo hubiera hecho, ¡qué manera de salir de este mundo! ¿Estoy en lo cierto? No tengo ganas de morir, pero hay peores maneras de hacerlo. Como durante el sueño. ¡Quiero salir de aquí persiguiendo un león de doscientos cincuenta kilos!

Permíteme presentar una exoneración de responsabilidad aquí: No estoy abogando por lo *tonto*.

He aquí una buena regla de oro: Si vas a salir de un barco en medio del mar de Galilea, es mejor que te asegures de que Jesús te dijo: «Ven». Pero si Jesús dice: «Ven», será mejor que no te quedes en el barco. El desafío, por supuesto, es discernir cuándo hacer qué. De cualquier manera, la clave es discernir la voz de Dios. Si Él dice: «Quédate», entonces quédate. Si dice: «Ven», entonces ve.

¿Cómo se puede discernir la voz de Dios? Se inicia con la Palabra de Dios. Si deseas obtener una palabra *de* Dios, entra *en* la Palabra de Dios. Así es como se aprende a discernir la voz de Dios. Después de todo, es el Espíritu de Dios el que inspiró la Palabra de Dios. Y cuando el Espíritu de Dios estimula la Palabra de Dios, es como escuchar la voz de Dios en sonido de punta Dolby.

Hay un tiempo y un lugar para errar por el lado de la precaución. Pero si siempre yerras por ese lado, eso probablemente dice más acerca de tu personalidad que de la prudencia. También hay un momento para lanzar la precaución al viento. Pero en mi experiencia el momento de lanzar la precaución al viento es *después* de haber ejercido cierta cautela.

El 4 de febrero de 1912, un sastre francés llamado Franz Reichelt subió las escaleras hasta la plataforma de observación de la Torre Eiffel. Él había diseñado un traje de paracaídas que había probado en maniquíes de salto desde el piso quinto de su edificio de apartamentos. A pesar del hecho de que muchas de esas lanzadas de maniquíes no tuvieron éxito, Reichelt obtuvo el permiso de la Prefectura de la Policía de París para saltar. Era todo un espectáculo, atrayendo a miles de espectadores a pesar de las temperaturas bajo cero. Los amigos preocupados trataron de convencer a Reichelt de experimentar primero con maniquíes, pero él estaba absolutamente convencido de que su traje de salto funcionaría. Admiro su coraje, pero era tonto no utilizar maniquíes de prueba primero. La trágica caída de Reichelt dejó una hendidura de 15 centímetros en el suelo congelado.[2]

Antes de dar un paso de fe, cerciórate de los hechos. La estupidez no honra a Dios. La debida diligencia sí. Haz tu tarea. Como le dijo Pablo a su suplente, Timoteo: «Procura con diligencia presentarte a Dios aprobado».[3] Esta exhortación se refiere al estudio de las Escrituras, pero creo que es cierta con cualquier materia.

La fe no ignora los hechos, pero tampoco ignora a Dios. Se enfrenta a los hechos brutales con una fe inquebrantable.[4] Calcula cuidadosamente el costo y luego agrega al Dios omnipotente en la ecuación final.

Sin miedo

Mi abuela Alene Johnson era una mujer de baja estatura. Si no recuerdo mal, la pasé de altura cuando estaba en quinto grado. Ella medía un metro cincuenta en puntillas y era bastante frágil. Hacia el final de sus ochenta y cuatro años de vida, le pedíamos a mi bonachona abuela que nos mostrara sus músculos. Ella intentaba flexionar, pero en vez de que sus bíceps se abultaran, un montón de piel flácida colgaba debajo de su brazo. Entonces, nosotros se la agitábamos. Sé que parece cruel, pero mi abuela —amante de la diversión— se reía.

Mi abuela era de baja estatura, pero era una gigante espiritual. La historia que voy a contar es leyenda en nuestra familia, pero es verdad comprobada. Cuando mi abuela tenía unos sesenta años atendía su propio negocio de floristería. Era dueña de una camioneta de gran tamaño en la que entregaba las flores, pero un día se la robaron. La policía no estaba haciendo grandes progresos en su investigación, por lo que mi abuela decidió jugar a investigadora privada. Tenía el presentimiento de que unos chicos se la habían robado, así que patrullaba la zona alrededor de la escuela de secundaria Columbia Heights a las afueras de Minneapolis. En efecto, se encontró con su camioneta estacionada fuera de la escuela. No estoy recomendando esto en absoluto, pero en vez de llamar a la policía, mi abuela se metió en la furgoneta y se ocultó en la parte posterior. Cuando sonó la campana de la escuela, un par de adolescentes entraron, y mi abuela los aterrorizó. «Hola, chicos», les dijo. «¡Me robaron mi furgoneta!» Entonces mi abuela de un metro cincuenta, ¡los llevó marchando a la oficina del director!

¡Vamos, abuela!

Ahora, veamos el resto de la historia.

Mi abuela creció con una madre que estuvo paralizada por el miedo. Su padre trabajaba para el ferrocarril de Sioux City y el Pacífico, por lo que estaba fuera de la ciudad muy a menudo. Y cuando no estaba, su madre ponía a todos los niños a dormir en su habitación porque se moría de miedo. ¡Lo último que hacía en la noche era empujar la cómoda delante de la puerta de la habitación! Cuando mi abuela creció, decidió que no iba a vivir de esa manera, que ella nunca tendría miedo a nada.

Puedes tomar la misma decisión.

La mitad de la fe es aprender lo que no sabemos.

La otra mitad es deshacernos de los miedos irracionales y de las falsas suposiciones.

Los sicólogos nos dicen que hemos nacido con dos temores: el temor de caer y el miedo a los ruidos fuertes. Cada uno de los otros miedos es aprendido, lo que significa que todos los demás pueden ser desaprendidos. La fe es el proceso de desaprender esos temores. «El perfecto amor echa fuera el temor».[5]

Lo contrario al amor no es el odio.

Lo opuesto al amor es el temor.

El verdadero amor conduce a la ausencia de temor.

La única diferencia entre cobardes y perseguidores de leones es el amor.

Es el amor de Dios lo que nos libera del espíritu de temor. Cuando sabes que Dios te ama no importa qué, no tienes miedo al fracaso, porque sabes que Dios estará allí para recogerte si te caes.

La cura para el miedo al fracaso no es el éxito. La cura para el miedo al fracaso es el fracaso en dosis tan suficientemente pequeñas que nos hacemos inmunes.

Dios está en el negocio de ayudarnos a superar nuestros miedos, pero a menudo lo hace trayéndonos cara a cara con nuestros peores temores. Él nos lleva de nuevo y gentilmente al lugar donde fracasamos, y entonces no solo nos ayuda a recoger los pedazos rotos sino que también los pone juntos.

Llámame loco

Cuando el rugido de un león es captado por la corteza auditiva, el cerebro envía un mensaje inmediato al cuerpo: *huye tan rápido y tan lejos como sea posible*. Esa es la reacción normal, pero los perseguidores de leones no son normales. Ellos no huyen lejos de lo que temen; corren hacia el rugido. No buscan la seguridad; buscan situaciones que les asusten. Los cazadores de leones temen más perder oportunidades que cometer errores.

Él persiguió a un león.

Le pasamos por encima cuando lo leemos. Así que vuelve a leerlo.

¡Eso es el epítome de la locura!

Una de mis frases favoritas es «¡Llámame loco!» No solo considero que es un elogio supremo, sino que creo que es una clave para discernir la voluntad de Dios. En mi experiencia, siempre hay un elemento de locura en los planes y propósitos de Dios. Una vez más, no estoy abogando por lo tonto ni lo loco, al igual que los chicos que se quitan sus camisas en temperaturas bajo cero en los partidos de fútbol, porque han tomado de más.

Pero estoy abogando por una decisión que de vez en cuando vuele a la cara de los hechos, que escupa en la cara al status quo.

Los valientes de David estaban más que un poco locos; ¡estaban bien locos! Pero simplemente estaban reflejando lo que veían en David. El ejemplo épico fue su desafío a Goliat a una pelea, pero ese no fue el único caso en el que David parecía tener el loco encendido.

Cuando estuvo en la custodia del rey Aquis de Gat, el mismo Gat de donde vino Goliat, David tuvo «mucho miedo». Había matado al hijo favorito de Gat, Goliat. Así que esperaba el mismo tratamiento.

Por lo tanto, cuando estaban por apresarlo, fingió perder la razón y, en público, comenzó a portarse como un loco, haciendo garabatos en las puertas y dejando que la saliva le corriera por la barba.[6]

¿Dejando que la saliva le corriera por la barba? Me imagino a un loco Jack Nicholson en *Atrapados sin salida,* ¡o cualquiera de sus papeles sicopáticos si vamos al caso! David hizo la actuación de su vida y le salvó la vida. ¿La clave? ¡Se volvió loco! No estoy recomendando esto en ocasiones especiales como bodas, a menos que seas, en realidad, el tío loco. Pero hay momentos en la vida en que tienes que salirte de tu personalidad y encender tu loco.

Nuestro traslado a Washington, D.C., fue un poco loco. No teníamos ningún lugar para vivir ni salario garantizado cuando llegamos aquí. Intentar plantar una iglesia en la capital de la nación dos años después de fracasar en Chicago era una locura. Y convertir una casa de drogas en un café era más loco aún.

Nathan Belete es un economista del Banco Mundial educado en una de las universidades de la Liga Ivy de Estados Unidos, que sirvió en nuestro equipo inicial de liderazgo de NCC. Cuando tuvimos la idea descabellada de convertir esa casa de crack en un café, Nathan llamó a eso locura. Y tenía toda la razón. No estoy seguro de que la idea habría pasado la inspección en el Banco Mundial, pero Nathan no dejó que la locura se interpusiera en el camino de lo que él creía que era una idea de Dios. Si Dios estaba en eso, él estaba a favor. Y esa idea loca resultó ser una locura increíble.

Puedes huir de lo que temes, pero vas a estar huyendo el resto de tu vida. En algún momento vas a tener que enfrentarte a tu miedo. Y cuando lo hagas, descubrirás que el miedo en sí es un cobarde cuando se enfrenta al valor.

Fuera. Listos. Preparados.

Una de mis posesiones más preciadas es una púa de león. La púa de león está hecha de hueso de vaca afilado en los dos extremos y tiene un agujero en el centro para introducir la mano. Es el arma elegida en la tribu Maasai cuando se ataca a un león. Cuando la fiera ruge, el guerrero empuja la púa en su boca. Cuando el león cierra sus mandíbulas, la púa perfora las mandíbulas superior e inferior, lo que hace imposible que el león pueda morder. No sé qué sueño estás persiguiendo, qué temor estás enfrentando. Pero siempre hay un momento de la verdad cuando tienes que atreverte a empujar la púa en la boca del león.

En NCC tenemos un mantra: «Fuera. Listos. Preparados». Invertimos el viejo axioma de «Preparados, listo, fuera», porque si esperas hasta que estés listo, ¡tendrás que esperar hasta el día de tu muerte!

Yo no estaba listo para casarme. No estábamos listos para tener hijos. No estaba listo para plantar una iglesia. No estábamos listos para pasar a tener múltiples sitios. Y no estaba listo para escribir mi primer o segundo o decimotercer libro.

Nunca estarás listo.

El problema no es estar listo; es estar dispuesto.

Tenemos un sistema de libre funcionamiento de pequeños grupos de NCC, lo que significa que no les decimos a nuestros líderes qué hacer. Dejamos que nuestros líderes obtengan una visión de Dios y vayan por ella. Eso no quiere decir que nunca les demos luz roja a una idea, pero hemos creado una cultura de luz verde. ¿Por qué? Porque hace dos mil años Jesús dijo: «Vayan».

Jesús también dijo: «Edificaré mi iglesia; y las puertas del infierno no prevalecerán contra ella».[7] Las puertas son medidas defensivas. En otras palabras, estamos llamados a jugar a la ofensiva. La fidelidad no está cuidando el fuerte hasta que Jesús regrese. La fidelidad está tomando de nuevo el territorio enemigo haciendo que resplandezca la luz en lugares oscuros.

Al final de nuestras vidas, nuestros pesares más grandes no serán los errores que hemos cometido. Serán las oportunidades que dejamos sobre la mesa. El Dr. Neal Roese los llama remordimientos por inacción. Y la elección del momento oportuno es un factor clave. Un estudio realizado por los sicólogos sociales Tom Gilovich y Vicki Medvec encontró que a corto plazo, tendemos a lamentar las acciones más que las inacciones 53 por ciento a 47 por ciento. Así que es casi 50 por ciento para ambos. Pero a largo plazo, los remordimientos por inacción superan en número a los remordimientos por acción 84 por ciento a 16 por ciento.[8]

Nuestro mayor remordimiento al final de nuestras vidas serán los leones que no perseguimos.

¡Corre hacia el rugido!

UN DÍA DE NIEVE

En un día de mucha nieve
2 SAMUEL 23:20, NTV

EL 9 DE JULIO de 1776, el general George Washington estaba en su sede en la isla de Manhattan. La tinta en la Declaración de Independencia tenía menos de una semana cuando Washington reunió a sus tropas para que se la leyeran a ellos. Veintisiete quejas fueron resumidas en una frase revolucionaria: «Un príncipe cuyo carácter está marcado por todos los actos que definen a un tirano, no es apto para ser el gobernador de un pueblo libre». Esa frase encendió un fusible.[1]

Unos años antes, en 1770, una estatua de cinco metros del rey Jorge III sentado en su gran caballo había sido erigida en los callejones sin salida de Broadway, en Bowling Green. Y ahí es donde el ejército energizado de Washington marchó justo después que la Declaración fue leída. Ellos lanzaron cuerdas alrededor de la estatua de dos toneladas de plomo y tiraron de ella hacia abajo. Luego colocaron las piezas rotas en vagones, las llevaron hasta el muelle, y las colocaron en una goleta que navegaba por el río del Este a una fundición en Litchfield, Connecticut, donde el rey Jorge III fue fundido y convertido en 42.088 balas de mosquete.[2]

Los valientes de David sentían por el rey Saúl lo mismo que el ejército de Washington por el rey Jorge III. Saúl era un tirano que había perdido la conciencia en algún momento a lo largo del camino. En mi opinión la perdió en el instante en que se erigió un monumento a sí mismo en el Monte Carmelo.[3] Cuando detienes la construcción de altares a Dios y empiezas a construir monumentos para ti mismo, ese es el principio del fin.

Derrumbar la estatua del rey Jorge III fue un momento épico en la revolución americana. Era la manera en que las tropas de Washington declaraban su independencia. Era la forma en que comprometían sus vidas, fortunas y sagrado honor a la causa de la libertad.

Es difícil no ver el simbolismo, pero también me encanta la practicidad. Los rebeldes no solo la tumbaron, sino que la fundieron. Convirtieron esa estatua de dos toneladas de plomo en 42.088 balas de mosquete para disparar a los Casaca Rojas del rey Jorge III. Y me encanta el hecho de que alguien se tomó el trabajo de contarlos.

Es una bella imagen de la forma en que Dios obra en nuestras vidas. Dios quiere redimir cada ataque que el enemigo ha librado contra nosotros. De hecho, lo que pretende el enemigo para el mal, Dios lo va a usar para el bien.

No desperdicies el sufrimiento.

No desperdicies el fracaso.

No desperdicies la decepción.

No desperdicies el cáncer.

No desperdicies el divorcio.

¡Dios quiere reciclar esas cosas para sus propósitos!

Teoría de la compensación

Alrededor del giro al siglo veinte, Alfred Adler propuso la teoría contraria a la intuición de la compensación. Adler creía que las desventajas percibidas a menudo demuestran ser ventajas bien disimuladas porque nos obligan a desarrollar actitudes y habilidades que de otro modo no habrían sido descubiertas. Es solo a medida que compensamos dichos inconvenientes que descubrimos nuestros dones más grandes.[4]

El setenta por ciento de los estudiantes de arte que Adler estudió tenían anomalías ópticas. Él observó que algunos de los más grandes compositores de la historia, Mozart y Beethoven entre ellos, tenían trazos degenerativos en sus oídos. Y citó una multiplicidad de otros ejemplos, a partir de una amplia variedad de vocaciones, de los que hicieron uso de sus debilidades para descubrir nuevas fortalezas. Adler llegó a la conclusión de que algunas desventajas percibidas, como los defectos de nacimiento, las enfermedades físicas y la pobreza, pueden ser trampolines hacia el éxito. Y que el éxito no se logra *a pesar de* esas desventajas percibidas. Se logra *gracias a* ellas.

Estudios posteriores han añadido credibilidad a la teoría de Adler. En un estudio de propietarios de pequeñas empresas, por ejemplo, el 35 por ciento eran autoidentificados como disléxicos.[5] Aunque ninguno de nosotros desearía que nuestros niños sufrieran de dislexia debido al reto académico que viene con ella, esa desventaja obligó a ese grupo de empresarios a cultivar diferentes conjuntos de habilidades. Algunos de ellos llegaron a ser más competentes en la comunicación oral ya que la lectura les era muy difícil. Otros aprendieron a depender de las habilidades sociales bien desarrolladas para compensar los desafíos que enfrentaban en el aula. Y todos cultivaron una ética de trabajo que podría haber permanecido en estado latente si la lectura hubiera sido fácil para ellos.

Saúl dormía en el palacio mientras que la banda de hermanos de David acampaba en una cueva. El ejército de Saúl estaba bien equipado. Los valientes de David no, como lo demuestra el hecho de que Benaía tuvo que arrebatar una lanza de la mano del egipcio gigante. Y mientras al ejército de Saúl se le proporcionaba alimentos, los hombres de David tenían que cazar y matar todo lo que comían.

Esas desventajas desarrollaron habilidades en los valientes hombres de David que no sabían que tenían. Tuvieron que trabajar más duro, hacerse más fuertes y más inteligentes.

El destino no se revela en días soleados. Por lo general, es revelado en días de nieve. El destino no se revela mientras observamos videos de gatitos lindos. Es revelado cuando cruzamos caminos con un león de doscientos cincuenta kilos. El destino no es revelado solamente en tus dones y capacidades naturales. También lo es en las habilidades compensatorias que tienes que trabajar más duro para desarrollarlas.

Sentí el llamado a predicar cuando tenía diecinueve años, pero hablar en público no es un don natural para mí. Cuando estaba en la universidad bíblica, tenía amigos que podían predicar un mensaje de treinta minutos a partir de un bosquejo en una tarjeta de tres por cinco. Yo no. Hablar de manera extemporánea no me salía de forma natural. Tenía que estudiar más. Luego tenía que escribir y reescribir cada palabra, cada vez.

Pensé que mi incapacidad para hablar extemporáneamente era una desventaja para la predicación, pero resultó ser una ventaja para la escritura. Esos manuscritos de sermones, después de algunas adaptaciones y modificaciones, se convertirían en manuscritos de libros. Y sin esa desventaja percibida, dudo que yo hubiera cultivado mis dones para la escritura. Escribir, para mí, es una habilidad compensatoria.

Tú tienes dones y habilidades de los que ni siquiera estás consciente, pero a menudo están enterrados debajo de las debilidades percibidas. En esas desventajas, los sueños están jugando al gato y al ratón.

Sin excusas

Era el peor enemigo posible.

Era el peor lugar posible.

Eran las peores condiciones posibles.

Un día de nieve no es el mejor día para perseguir un león de pie firme con botines con garras. Como si el león necesitara una ventaja más, ¿verdad? Pero lo que nosotros percibimos como circunstancias negativas son a veces las mejores oportunidades. Considerando el hecho de que los leones pueden correr cincuenta y ocho kilómetros por hora, estoy bastante seguro de que Benaía no pudo mantener el paso. Pero la nieve recién caída ayudó a rastrear las huellas de las patas hacia el hoyo. Benaía encontró una manera de convertir esa desventaja en una ventaja.

Cuando se trata de circunstancias difíciles, tienes dos opciones. Puedes quejarte de ellas o puedes aprovecharlas al máximo. Sea que esas circunstancias son autoinfligidas o el resultado de las acciones de otra persona, los perseguidores de leones sacarán el máximo provecho de ellas.

A veces las circunstancias que estamos tratando de cambiar son las mismas que Dios está usando para cambiarnos. Le pedimos a Él que las cambie, pero Dios dice: «¡No, yo estoy usando esas circunstancias para cambiarte!» En vez de gastar toda tu energía tratando de salir de ellas, saca algo de ellas. En otras palabras, aprende la lección que Dios está tratando de enseñarte.

«La gente siempre está culpando a sus circunstancias por lo que ellos son», dijo George Bernard Shaw. «No creo en las circunstancias. Las personas que triunfan en este mundo son las que se levantan y buscan las circunstancias que quieren y, si no las encuentran, las hacen».[6]

Perseguir un sueño a menudo comienza con identificar y confesar tus excusas. Estos son algunos de los sospechosos de siempre: «Soy demasiado joven»; «Soy demasiado viejo»; «No tengo suficiente educación, suficiente experiencia o suficiente dinero»; o «No estoy listo todavía».

Algunas excusas son más matizadas, como usar tu personalidad como muleta.

Cuando Sarah Careins estaba en la secundaria, soñaba con ser misionera, pero tenía un gran problema con la timidez. «Entonces me di cuenta de que la timidez no era mi personalidad», dijo. «Mi timidez era en realidad temor». Una vez que Sarah lo llamó por lo que era, la atadura de la timidez se rompió en su vida. Sarah se enfrentó a ese temor, confesó la excusa y ahora sirve como misionera en África del Sur.

¿Qué excusa necesitas confesar?

El arte de empezar

No se puede terminar lo que no se empieza.

En febrero de 2001, Thann Bennett sintió el llamado a escribir un libro. «Con cierta regularidad», dijo Thann, «un nuevo impulso pinchaba mi conciencia, y volvía a considerar tocar con la punta la línea de salida». Pero tenía una salida en falso cada vez.

Thann se convirtió en un experto en excusas: *No tengo esa clase de tiempo. El libro está fuera del alcance de mi profesión. Estos son los únicos años que mi esposa y yo tenemos sin hijos.*

«Estaba viviendo en obediencia retardada», admite Thann.

Todo eso cambió el 19 de abril de 2015, cuando Thann escuchó un sermón que prediqué titulado: «El arte de empezar». Thann tomó la decisión ese día de darle a Dios una hora al día todos los días, hasta que el libro que soñaba con escribir fuera una realidad.

Le tomó quince años llegar a la línea de salida. Tardó nueve semanas para llegar a la línea final, un manuscrito de cincuenta mil palabras.

¿Qué necesitas para empezar?

En primer lugar, pon una fecha de inicio. Y te recomiendo mucho ¡hoy! Segundo, dale a Dios una hora al día todos los días. Puede ser que signifique levantarte una hora más temprano o quedarte hasta una hora más tarde, pero así es como los sueños se hacen realidad. En tercer lugar, fíjate un plazo. Los plazos son líneas de vida. Sin ellos no se hace nada.

Yo usé mi trigésimo quinto cumpleaños como una fecha límite para mi primer libro, un libro autopublicado titulado *Identificación: El verdadero tú*. Me fijé cuarenta días para escribirlo y lo logré.

¿Cómo lo terminé? Comenzándolo.

Cuando hablo en conferencias de escritura, les hago una pregunta crítica a los posibles autores: ¿Tienes un llamado a escribir? Si la respuesta es no, no pierdas tu tiempo. Si la respuesta es sí, entonces cualquier cosa menos es desobediencia. No te preocupes por conseguir un agente o hallar un editor. Escribe para una audiencia de Una persona.

Escribe como un acto de obediencia.

William Hutchison Murray dijo: «Hay una verdad elemental cuya ignorancia de la misma, mata innumerables ideas y planes espléndidos: que el momento en que uno se compromete definitivamente, la Providencia también se pone en movimiento… Cualquier cosa que puedas hacer o soñar, ponte a hacerla. La audacia tiene genio, poder y magia».[7]

¿Qué necesitas para empezar?

Tal vez sea una dieta. Tal vez es un programa de postgrado. Tal vez sea una iglesia o un negocio. Sea lo que sea, no puedes terminar lo que no empiezas.

¡Comienza ahora!

La certeza del ochenta por ciento

Una de las excusas que he confesado innumerables veces es el perfeccionismo. Cuando se combina con la demora, es un asesino de sueños. Por eso, cuando me encuentro con un compañero perfeccionista, a menudo prescribo el mismo pasaje de la Escritura que curó mi condición hace una década. Yo prescribo Eclesiastés 11:4 una vez al día durante siete días y se debe tomar con meditación.

Quien vigila al viento, no siembra;
    quien contempla las nubes, no cosecha.

Si estás esperando condiciones perfectas para perseguir tu sueño, tendrás que esperar hasta el regreso de Cristo. No importa si se prevé un día soleado o un día de nieve. En algún momento necesitas lanzar la precaución al aire. Hazlo después de haber hecho la diligencia que debes hacer, pero hazlo.

En 1998 tuve una visión en la esquina de las calles Quinta y F Noreste. Andaba caminando por la calle, como lo había hecho un millar de veces antes, cuando tuve una visión de NCC reuniéndose en salas de cine en paradas del metro en toda el área metropolitana. Ahora tenemos ocho recintos, pero en aquel tiempo *múltiples sitios* no era ni siquiera un término.

Apenas teníamos un recinto, por lo que pensar en dos parecía abrumador. Adelantados cinco años, supe que era el momento de apretar el gatillo. Yo estaba arrastrando los pies hasta que me encontré con un cambio de paradigma en la página 93 del libro de Andy Stanley, *El líder de la próxima generación*.

> En términos generales, es probable que nunca vas a estar más de aproximadamente 80 por ciento seguro. Esperar por una mayor certeza puede hacer que pierdas una oportunidad. Dependiendo de tu personalidad, ninguna cantidad de información puede moverte más allá de un determinado grado de certeza.[8]

A continuación, el propio Andy dijo: «Rara vez voy más allá de un 80 por ciento».

Eso ha sido una regla de oro para mí desde entonces, excepto cuando se trata de matrimonio. ¡En ese caso apunto a tener un poco más del 80 por ciento de certeza!

Unos años más tarde, estaba en una reunión de iglesias con *múltiples sitios* escuchando hablar a un exejecutivo de Pepsi. Una frase solidificó la regla del 80 por ciento: «Prefiero tener un plan de 80 por ciento ejecutado al 100 por ciento que uno de 100 por ciento ejecutado al 80 por ciento».

No dejes que el 80 por ciento de certeza te detenga. Las probabilidades de Benaía eran mucho menos que eso. Una vez que se encienda la luz verde de Dios, es tiempo de salir. Entonces tienes que encontrar maneras para avanzar en tu sueño todos los días.

Tiempo de salir

Una meta es un sueño con una fecha límite.

No importa qué sueño te haya dado Dios, tienes que dividirlo en pasos manejables. Debes convertirlo en una lista de tareas por hacer, o nunca pasará de ser más que una lista de deseos. Date una cantidad de tiempo y una fecha límite. Eso es lo que hice cuando escribí mi primer libro autopublicado hace una década. Me prometí a mí mismo que no iba a cumplir treinta y cinco años sin un libro que mostrar. Me di cuarenta días para escribirlo. Y de alguna manera lo logré.

Esto puede sonar como un truco mental Jedi, pero permíteme darte una última idea que ha ayudado a inclinar la balanza a mi favor. Debido a mi perfeccionismo, puedo pasar una hora buscando en el diccionario de sinónimos la palabra perfecta o la mitad de un día perfeccionando un párrafo. El problema con ese enfoque es que requiere unos diez años escribir un libro. Así que he llegado a un acuerdo con mis editores, que una vez que un capítulo llega a la marca del 80 por ciento, le doy a la tecla de Enviar. De lo contrario voy a trabajar y rehacerlo hasta el infinito.

Puede parecer como que estuviera bajando el estándar por conformarme con el 80 por ciento, pero realmente no es así. Cuando eres perfeccionista, la parte más difícil es anudar el cordón umbilical en el primer borrador. La regla del 80 por ciento alivia la presión que me impongo a mí mismo, así que en realidad termino mi primer borrador mucho más rápido. Ese ahorro de tiempo me da dos intentos más en un manuscrito: ediciones de línea y ediciones finales. Matemáticamente, el enfoque del 80 por ciento, multiplicado por tres, me pone apenas por debajo del 100 por ciento.

Déjame explicar.

El primer borrador me lleva al 80 por ciento de certeza, 80 por ciento de satisfacción. El segundo borrador permite que corrija el 20 por ciento que no estoy tan seguro. Tomando el mismo enfoque 80 por ciento con ese 20 por ciento logro una mejora del 16 por ciento. Así que ahora estoy a un 96 por ciento de la perfección. ¡Y a la tercera va la vencida! Tomo el mismo enfoque del 80 por ciento con el final del 4 por ciento, y eso me llega a 99,2 por ciento. ¡Entonces lo culmino y lo llamo manuscrito final!

No importa cuál sueño tengas, este enfoque del 80 por ciento puede ser que te ayude a superar la dilación y el perfeccionismo.

Henry James escribió una historia titulada «La Madona del futuro». Es una narración ficticia de una artista que se dedicó toda su vida a una sola pintura. Cuando la artista murió, se descubrió que el lienzo estaba en blanco. Ella nunca terminó porque nunca comenzó, y nunca empezó a causa del perfeccionismo.

Esa historia ficticia es de no ficción para demasiadas personas.

El historiador del siglo diecinueve Lord Acton prestó la frase de James para describir el trabajo de su propia vida sobre la historia de la libertad. Ha sido descrito como el más grande libro jamás escrito. «Siempre desalentado por la imperfección del material», dijo Daniel Boorstin, «él siempre retrasó su obra unificadora por la promesa de nuevos hechos y nuevas ideas».[9]

¿Cuál es tu *Madona del futuro*?

En el Israel del siglo primero había un dicho: «Todavía faltan cuatro meses para la cosecha».[10] Jesús lo reprendió: «¡Abran los ojos y miren los campos sembrados! Ya la cosecha está madura».[11]

No dejes para mañana lo que Dios te ha llamado a hacer hoy.

Obediencia demorada es desobediencia.

¡Aprovecha el día![12]

El costo de oportunidad

¿Recuerdas a Blockbuster? A veces extraño esas peregrinaciones para escoger una película. Por supuesto, no echo de menos llegar a casa y darme cuenta que en el estuche había un DVD. En su auge en el 2004, Blockbuster tenía sesenta mil empleados, nueve mil tiendas en todo el mundo y los ingresos anuales de 5.9 mil millones de dólares.[13]

En el momento solo el 4 por ciento de los hogares en Estados Unidos tenía una conexión de banda ancha. Un hecho clave. Pero ese número se disparó a 68 por ciento en el 2010. En otras palabras, el juego cambió, y el nombre del juego era la transmisión (streaming) de vídeo.

Blockbuster, en última instancia, se declaró en quiebra; pero no tenía que terminar de esa manera. Si no hubiese rechazado la oportunidad de comprar una empresa de correo-DVD llamada Netflix por 50 millones de dólares en el año 2000. Eso podría parecer una etiqueta de precio muy alto, pero representaba tres días de ventas de Blockbuster. El valor de Netflix se ubica actualmente en 32.9 mil millones de dólares, superando el valor de la CBS.[14]

Blockbuster perdió una oportunidad y tienen un montón de acompañantes. Yahoo rechazó la posibilidad de adquirir Google y Friendster rechazó la oportunidad de comprar a Facebook.

En el idioma de los negocios, eso se llama: *costo de oportunidad*.

Es la pérdida de la ganancia potencial cuando una oportunidad no se ve ni se aprovecha. Pero no es solo una pérdida de posibilidades; el daño colateral puede ser devastador. Contar el costo es un principio bíblico, pero no significa solo el *costo real*. Esa es la parte fácil. La parte difícil es calcular el *costo de oportunidad*.

En 2008 cuatro estudiantes se dispusieron a revolucionar la industria de las lentes ofreciendo marcos de moda a una fracción del precio, *online*. A Adam Grant se le ofreció la oportunidad de invertir en Warby Parker, pero la rechazó. ¿Por qué? Si era una buena idea, ¡ya se hubiera hecho! Además, ¿quién va a comprar lentes de prescripción online? Los fundadores esperaban vender un par o dos de gafas al día al principio, pero tuvieron que poner veinte mil pedidos en lista de espera en su primer mes. En el período de cinco años, Warby Parker tendría un valor de más de un mil millones de dólares.[15]

Adam Grant dijo: «Fue la peor decisión financiera que he tomado en mi vida».[16]

No le costó un centavo en *costo real*.

Le costó millones de dólares en *costo de oportunidad*.

La clave para el éxito en los negocios y el éxito en la vida es el ojo para la oportunidad. Y, a pesar del viejo aforismo, la oportunidad rara vez llama a la puerta. Tienes que llamarla a ella. Y es probable que tengas que llamar más de una o dos veces.

En términos generales, solo vemos lo que estamos buscando. Si estás buscando excusas, siempre vas a encontrar una. Pero lo mismo es cierto con las oportunidades. Si las buscas, las encontrarás a tu alrededor todo el tiempo, ¡incluso en un día de nieve!

UN SUEÑO DE TRES KILOS

Le arrebató la lanza.

2 SAMUEL 23:21

SANTIAGO MONCADA RECUERDA ARRASTRÁNDOSE como en el ejército a través de su casa con balas volando a través de la ventana cuando era niño. También recuerda los tanques transitando por la calle, los helicópteros sobrevolando la zona y las bombas explotando a su alrededor. El padre de Santi trabajaba como chef para los guerrilleros que suministraban la cocaína al cártel colombiano. De hecho, una vez hizo una fiesta para Pablo Escobar, el «Rey de la cocaína». En el apogeo de su carrera criminal, Escobar tenía un valor estimado de 100 mil millones de dólares, como resultado de suministrar el 80 por ciento de la cocaína que entraba a Estados Unidos.

Santi escapó de la delincuencia y la violencia con su madre, y emigró a Estados Unidos. Sin embargo, dejó parte de su corazón en su Colombia natal. En diciembre de 2012, Santi hizo una peregrinación de vuelta a su ciudad natal de Miranda, ubicado en el valle del Cauca en las estribaciones de la cordillera de los Andes. Durante el desayuno con un pastor local, le presentaron a dos agricultores que habían arriesgado sus vidas y sus medios de sustento para impedir el crecimiento de las plantas de coca que, en última instancia, se convierten en cocaína. Soñaban con convertirse en productores de café, pero no sabían cómo exportar el sueño que Dios les había dado. Durante tres años ellos habían orado para que Dios les mostrara cómo cumplir su sueño. Fue entonces cuando apareció Santi y el sueño de ellos se convirtió en el de él.

Santi volvió a Estados Unidos con dos kilos de granos de café y un sueño llamado Redeeming Grounds [Campos redimidos]. El año pasado ayudaron a agricultores colombianos en una zona de conflicto a hacer la transición de veintidós hectáreas de coca al cultivo del café. Al hacerlo, ellos sacaron de producción 1.740 kilos de pasta base, con un valor de más de 85 millones de dólares. Lo que comenzó como un sueño de tres kilos se ha convertido en un león de doscientos cincuenta kilos, mientras miles de kilogramos de café son exportados por los cultivadores de coca convertidos. Redeeming Grounds está viviendo a la altura de su nombre. No es muy diferente del sueño que Dios nos dio para el café Ebenezers en el Capitolio. Hace una década, convertimos una casa de crack en un café. Nuestro sueño era café con una causa, dando cada centavo de las ganancias a causas del reino. Lo que no sabíamos era que nuestro sueño sería ayudar a cumplir el sueño de los productores de café en Colombia a través de Santiago Moncada. Redeeming Grounds no es solo uno de nuestros tostadores; son el intermediario entre nuestro sueño y el de los valientes productores de café en Colombia. Las caras de esos agricultores a los que Santi conoció primero durante un desayuno ahora adornan cada bolsa de café Redeeming Grounds vendido en café Ebenezers.[1]

Ya sea que estés consciente de ello o no, tu sueño está supeditado a otra persona que tiene el valor de perseguir su sueño. ¡Y el sueño de otra persona está supeditado a que tú busques el tuyo! Aquellos agricultores colombianos necesitaban a Santi y Santi los necesitaba a ellos.

Vivimos en una cultura de individualismo que celebra a los llaneros solitarios, pero incluso el Llanero Solitario tenía a Toro. Sin sus valientes hombres, David habría vivido sus días como fugitivo político. Y al igual que David los necesitaba a ellos, ellos necesitaban a un soñador como David a quien apoyar. Nuestros sueños están más interconectados entre sí que lo que cualquiera de nosotros pudiera imaginar, y la mejor manera de cumplir tu sueño es ayudar a otros a cumplir los suyos.

Sueños que producen celos

A veces una imagen vale más que mil palabras.

A veces vale 27.000 dólares.

Santi me envió recientemente un *selfie* de quince segundos donde él está sosteniendo un kilo de cocaína en su mano con una fogata detrás de él. No sé si tenía miedo, ¡pero yo me asusté por él! Ese kilo de cocaína tiene un valor en el mercado de 27.000 dólares una vez que se cruza la frontera y se mete en las manos equivocadas. La expresión del rostro de Santi cuando lo tiró al fuego tuvo que ser la misma que tenía Benaía en su cara cuando arrebató la lanza de las manos de aquel gigante egipcio.

La palabra clave es *arrebató*. Benaía hizo un poco de jiujitsu, usó el arma del egipcio contra él. Santi ha perfeccionado la misma maniobra.

Cada vez que adoro trato de introducir una línea a la letra de la canción. Eso evita que mi adoración se convierta en palabrería. A menudo escribo las letras en mi diario, así puedo meditar en ellas y entrar en oración con ellas. Luego coloco la canción en repetición para dejarla entrar en mi espíritu. Una de mis favoritas recientes es «Sovereign over us» por Aaron Keyes. Parte de la razón por la que me encanta es que me gusta Aaron. Y sus letras son una gran paráfrasis de Génesis 50:20: *lo que el enemigo quiso para mal, Dios usa para nuestro bien y para su gloria.*

¿Recuerdas la historia de José? Sus despiadados hermanos fingieron su muerte y lo vendieron a los traficantes de personas. Luego las cosas fueron de mal en peor y José terminó en un calabozo egipcio. Trece años más tarde, en el más asombroso ascenso al poder político, José se convirtió en la mano derecha del faraón. Fue entonces cuando llegaron sus hermanos pidiendo comida. Pero en lugar de vengarse de ellos, José les dijo: «Es verdad que ustedes pensaron hacerme mal, pero Dios transformó ese mal en bien para lograr lo que hoy estamos viendo: salvar la vida de mucha gente».[2]

Permíteme usar ingeniería inversa.

¿Recuerdas por qué sus hermanos lo vendieron como esclavo en primer lugar? La respuesta corta es Génesis 37:8: «Y lo odiaron aún más por los sueños que él les contaba». Ellos llamaban a José, burlonamente, «ese soñador».[3]

Tus sueños inspirarán a mucha gente, sin duda. Pero también convocará a la oposición. ¿Por qué? Porque estás quebrantando lo establecido. Tus sueños causarán una amplia variedad de reacciones, incluyendo los celos y la ira. Algunas personas pueden incluso querer matarte a causa de ellos. Santi puede dar fe de ello.

Cada vez que Santi ayuda a convertir un campo de coca en una plantación de café, les arrebata la lanza de las manos a los narcotraficantes. Al igual que Benaía, está arriesgando su vida. Pero cuando experimentas ese tipo de oposición, ¡ves eso como una afirmación! El enemigo no se metería contigo si no te estuvieras metiendo con él. La oposición del enemigo es a menudo una buena señal, un signo vital. Estás al borde de un gran avance. Todo soñador tiene que tratar con personas negativas y he tenido más de lo que me corresponde. Así que permíteme decirte cómo he tratado con la crítica. En primer lugar, no dejes que una flecha de crítica perfore tu corazón a menos que primero pase a través del filtro de la Escritura.[4] Segundo, tienes que ponerte de acuerdo con el hecho de que puedes complacer a todo el mundo parte del tiempo y a algunas personas todo el tiempo, pero no puedes complacer a todo el mundo todo el tiempo. Vas a ofender a alguien, por lo que tienes que decidir a quién. ¿Mi consejo? ¡Ofende a los fariseos! Jesús lo hizo con intencionalidad y regularidad. Tu sueño va a causar algunas molestias, pero no juegues al cobarde. Opera en un espíritu de humildad audaz sabiendo que Dios va delante de ti. Y recuerda esto: un elogio de un tonto es realmente un insulto, pero en realidad es un halago. Asegúrate de considerar la fuente.

Medido en dólares

Lanzar un kilo de cocaína en una fogata me recuerda a las fogatas en Hechos 19:19 (RVA). ¡Tampoco estaban tostando malvaviscos!

Asimismo muchos de los que habían practicado vanas artes, trajeron los libros, y los quemaron delante de todos; y echada la cuenta del precio de ellos, hallaron ser cincuenta mil denarios.

Un denario era una moneda de plata que valía un día de salario. Basado en el ingreso promedio en Washington D.C., se quemaron 12.328.767 dólares en libros en dólares actuales. Esa es una declaración de fe, una declaración financiera. Nosotros no solemos medir los sueños en dólares, pero en mi opinión se requirieron 27.000 dólares de fe para que Santi lanzara ese kilo de coca en el fuego.

A veces la fe se puede medir en dólares.

Llega un momento en cada viaje de sueños cuando tienes que poner tu dinero donde está tu sueño. Puede ser que sea una cita de 50 dólares, una cuota de $100, un billete de avión $500, o un contrato de arrendamiento de $2.000. Piensa en ello como un pago inicial de tu sueño. En diferentes puntos de mi jornada ensoñadora, he dado pasos de fe de $50, de $85, de $400, de $5.000 y unos cuantos mucho más grandes. Cuando compramos la casa de crack en el Capitolio, se requería una fe de $325.000, además de los honorarios legales para lograr que se reclasificara como una propiedad comercial. Luego se necesitó una fe de 2.7 millones de dólares para construirlo.

Ya sea un sueño con fines de lucro o sin fines de lucro, se necesitan dólares para financiarlo. Si tienes el dinero en efectivo por adelantado, cuenta tus bendiciones. Si no lo tienes, puede que tengas que ser creativo con la financiación por multitudes. Pero no te sientas como si estuvieras en desventaja si no tienes un ángel como inversionista. Cuanto más dinero se tiene que levantar, más fe vas a desarrollar a principios de tu jornada ensoñadora.

Nuestro presupuesto en NCC es ahora de ocho dígitos, pero recuerdo cuando nuestro ingreso bruto era de 2.000 dólares al mes. No fuimos incluso económicamente independientes sino hasta el tercer año. Fue estresante en el momento, pero esos años de escasez nos mantuvieron anclados y agradecidos. Y somos mejores administradores de los millones que Dios nos ha confiado ahora simplemente porque tuvimos que pellizcar centavos antes. De hecho, todavía los pellizcamos.

Marcadores de sueños

En cada viaje de sueños hay un punto de no retorno. Es una decisión que no se puede deshacer, como perseguir a un león en un hoyo o lanzar un kilo de cocaína en el fuego. A veces es una regla que rompes, un riesgo que asumes o un sacrificio que haces. Y una vez que la rompes, lo tomas o lo haces, no hay vuelta atrás. Yo los llamo marcadores de sueños. Y la Escritura está llena de ellos.

En el Antiguo Testamento es Abraham colocando a Isaac sobre el altar. Es Moisés diciéndole al faraón: «Deja ir a mi pueblo». Es Rahab albergando espías judíos. Es David quitándose la armadura de Saúl. Es Ester entrando en la corte del rey sin haber sido invitada.

En el Nuevo Testamento son los magos siguiendo la estrella. Es Andrés dejando caer las redes de pescar. Es Zaqueo subido al árbol sicómoro. Es Pedro saliendo del bote. Es Jesús, entregándose a sí mismo a Dios en el jardín de Getsemaní y luego entregándose a la mafia religiosa.

En la trama de nuestras vidas, los marcadores de sueños definen las decisiones. No son solo una parte de la narrativa; se convierten en las meta-narrativas. Por lo que sabemos, Benaía persiguió un solo león. Por supuesto, ¡eso es uno más que nadie que yo conozca! Pero fue algo más que una excepción. Se convirtió en una historia, como lo demuestra el adjetivo usado para describir a los dos moabitas a los que les dio muerte: leones.[5]

Un momento definió su vida en un hoyo con un león en un día de nieve. Una decisión definió su enfoque de la vida: perseguir al león.

Hace algunos años pasé unos días con un coach personal armando un plan de vida. En uno de los ejercicios, identifiqué treinta y nueve puntos de inflexión. Cada uno de ellos cambiaron la trayectoria de mi vida, pero algunos calificaban como marcadores de sueño. Uno de esos marcadores fue cuando abandoné una beca completa en la Universidad de Chicago para transferirme al Central Bible College (CBC).

Cuando entré en la oficina de admisiones de la Universidad de Chicago para notificarles mi deseo de transferirme, sabía que era una decisión que no se podía deshacer. No solo abandoné una beca completa de esa institución, sino que también tuve que pagar de mi bolsillo para mis estudios en CBC. Sobre el papel eso era una pérdida neta de $92.500 en un período de dos años y medio. Yo no pensé en ello en esos términos en aquel momento, pero la decisión de transferirme requirió una fe de $92.500. Por supuesto, la ganancia neta es imposible de cuantificar.

Cada sueño tiene un precio. También hay un impuesto al sueño, ¡y no te olvides de todos los costos ocultos! Pero un sueño del tamaño de Dios vale la pena cada centavo, cada segundo, cada pizca de energía.

¿Cuánto vale tu sueño?

Paga el precio

Uno de los momentos decisivos en nuestro viaje de sueños como igle-sia, fue la decisión de empezar a dar para misiones *antes* de que fuéramos económicamente independientes. Fue una declaración financiera de fe basada en una convicción fundamental: Dios nos bendecirá en proporción a lo que damos para misiones. En la última década, NCC ha contribuido con 8.957.527 dólares para misiones. El año pasado llegamos a un nuevo hito: $2.005.000. Pero comenzó con una fe de 50 dólares.

Hace veinte años, cuando sentí por primera vez la impresión de que debía empezar a dar para misiones, estaba reticente. ¿Cómo se puede dar lo que no se tiene? Sentí que Dios necesitaba tocar a otra persona para que nos diera a nosotros, pero fue al revés. Además, ¿qué diferencia podrían hacer 50 dólares? Bueno, ¡rápidamente nos dimos cuenta de que hay una diferencia de 200 por ciento en la economía divina! Nuestro dar se triplicó el siguiente mes y nunca hemos mirado atrás.

Nada nos prepara para la provisión de Dios como el dar sacrificialmente. Si quieres que Dios te bendiga más allá de tu capacidad, trata de dar más allá de tus medios. Ahora, no es una recompensa material lo que estamos buscando. Esa es la recompensa menor. Estamos buscando una recompensa eterna en el cielo. Pero de una u otra manera, esta promesa es cierta: «Den, y se les dará: se les echará en el regazo una medida llena, apretada, sacudida y desbordante. Porque con la medida que midan a otros, se les medirá a ustedes».[6]

No puedes romper la ley de las medidas. Te hará tener éxito o fracasar. Cuanto más grande sea tu sueño, mayor será la inversión de tiempo, talento y dinero que se necesita para lograrlo. Los sueños del tamaño de Dios requieren más riesgo, más sacrificio y más fe.

Uno de los marcadores de sueños en nuestra jornada ensoñadora de construir un café fue una subasta en la que ofrecí 85 dólares por una guía de zonificación de cinco centímetros de grueso, publicada por la Sociedad de Restauración del Capitolio. Nosotros no teníamos las instalaciones ubicadas en 201 F Street NE todavía. Pero si por algún milagro pudiéramos comprarla, sabía que íbamos a necesitar que fuera reclasificada. Esa guía, llena de normas y reglamentos, tenía que ser el elemento menos atractivo en la subasta. Y si no conseguíamos un contrato en esa propiedad, iba a ser una pérdida de dinero, un desperdicio de papel. Pero el sueño valía la pena una oferta de 85 dólares.

¿Cuánto vale tu sueño?

¿Vale 50 dólares? ¿Qué hay con $85?

¿Qué precio estás dispuesto a pagar?

La ley de las medidas es más que un principio financiero. Se aplica a todas las facetas de la vida. Mientras más amable eres con los demás, los demás lo serán contigo.

En otras palabras, lo que se siembra se cosecha. Pero muy a menudo el dinero es el elemento definidor. Cuando Dios da una visión, provee. Pero en mi experiencia, a menudo tienes que dar primero un paso de fe con tu dinero.

Así que una vez más: ¿Cuánto vale tu sueño?

Calcula el costo.

Paga el precio.

¡Repite si es necesario!

DESTINO DOBLE

Tan famoso como los tres más grandes.

2 SAMUEL 23:22, TLA

EN AGOSTO DE 1989 Dios me despertó en medio de la noche, me llevó al primer capítulo de Jeremías y me reveló mi vocación con un versículo de la Escritura. Nada como eso había ocurrido nunca antes, ni ha ocurrido desde entonces. Fue una sola vez. Por si sirve de algo, sucedió una semana después de mi caminata de oración por el pastizal donde sentí el llamado al ministerio. Dios sabía que yo podía necesitar dos señales, como ocurrió con Gedeón.

Me arrodillé al pie de mi cama, abrí mi Biblia y comencé a leer.

Antes de formarte en el vientre, ya te había elegido;
    antes de que nacieras, ya te había apartado;
    te había nombrado profeta para las naciones.[1]

Ningún pasaje de la Escritura es más personal para mí que este. Es mi base para el ministerio. Me pertenece y yo a él. No es solo el llamado de Jeremías; siento como si fuera mi llamado. Pero hay una trampa. Una advertencia de ese llamado que no tenía sentido para mí: «te había nombrado profeta para las naciones».

Sinceramente, no me sentí llamado a las naciones; me sentí llamado a la capital de nuestra nación. No sentí llamado a ser misionero; me sentí llamado a ser pastor. Este versículo de la Escritura, esta parte de mi guion, no tendría sentido por más de dos décadas. Fue entonces cuando me llegó un email de un amigo pastor llamado Bryan Jarrett. Y el velo que cubría mis ojos fue levantado.

Estoy en una conferencia de liderazgo en la nación de Malasia y hoy visité la librería más grande de Kuala Lumpur en la actualidad. Me emocionó muchísimo ver una copia de tu libro *Soulprint* en un lugar muy visible. ¡Me detuve a alabar a Dios por la influencia que Él te ha dado para las naciones!

Nunca antes había conectado los puntos entre mi vocación de escribir y el deseo de Dios de usarme para hablar a las naciones. Ni siquiera me había pasado por la mente que mis libros se tradujeran en decenas de idiomas. Yo no hablo siquiera una pizca de coreano, ruso, africano o kinyarwanda. Hablo inglés y solo lo suficiente de español para pedir chili con queso. ¡Muy triste para haber tenido cuatro años de estudio! Pero a través del trabajo de los traductores, mis libros han sido utilizados para transmitir la gracia, la verdad y el amor de Dios en todo el mundo.

De la manera que mis escritos han cumplido ese llamado sin que yo lo supiera, también lo ha hecho el pastorear una iglesia en Washington, D.C. Veinte años en el ministerio y el sol nunca se pone en nuestra familia misionera en todo el mundo. Y nuestro podcast llega a 144 países, algunos de los cuales están cerrados al cristianismo.

Sin embargo, realmente no había pensado en NCC como profeta a las naciones hasta que Dick Foth me llamó en una reciente tarde dominical. Dick acababa de hablar en uno de nuestros recintos y quería decirme a quiénes había conocido: a una familia que había emigrado de China, a una mujer de Mongolia que se ganó una visa de residente y se trasladó a Estados Unidos, y a la esposa alemana de un estadounidense que acababa de ser nombrado cónsul general en Hamburgo, Alemania. Lo creas o no, eso es bastante normal en NCC. De hecho, yo había conocido a un miembro del parlamento de Finlandia ese mismo día en otro de nuestros recintos. Pero nunca había conectado los puntos hasta que Dick dijo enfáticamente: «Mark, ¡permanece donde estás! ¡Puedes alcanzar a las naciones!»

Fue entonces cuando me di cuenta, una vez más, de que Dios ha estado cumpliendo su llamado sin yo siquiera saberlo. Dios ha colocado a NCC estratégicamente en un lugar como este. No solo estamos alcanzando a los miembros de las Fuerzas Armadas, a los emisarios del Departamento de Estado y a muchos empresarios internacionales, sino que los estamos enviando a los cuatro rincones del mundo como embajadores de Cristo.

Cuando David tomó clases de arpa siendo niño, nunca se imaginó que algún día esas lecciones lo iban a posicionar como miembro de la corte del rey Saúl. Mientras practicaba arrojando piedras con la honda cuando cuidaba ovejas, nunca le pasó por la mente que ese conjunto de habilidades lo catapultaría a la fama nacional. Incluso cuando David andaba escondiéndose en cuevas como fugitivo, Dios estaba profundizando su capacidad emocional para escribir salmos que tocarían fibras sensibles miles de años más tarde.

El hecho de que algo no sea parte de tu plan de vida, no significa que no es parte del plan de Dios. Dios está trabajando con su plan bueno, agradable y perfecto para tu vida de mil maneras que ni siquiera te imaginas. Todo en tu pasado es una preparación para algo en el futuro. ¡Dios no desperdicia nada! Incluso cuando tienes un revés, Dios ya ha preparado tu recompensa. El Dios que hace que todas las cosas ayuden a bien, aprovechará cada experiencia, cada habilidad, cada error y cada pizca de conocimiento que hayas adquirido.

Predestinado

Cada vez que la Escritura es persistente con una verdad diciendo lo mismo de dos maneras diferentes, merece una segunda mirada. Es la manera divina con la que Dios se asegura doblemente de que no dejes de captar la idea. Por ejemplo: «Para Dios todo es posible».[2] Y solo para asegurarse de que estamos recogiendo lo que Él está lanzando, la Escritura dice: «Ninguna cosa será imposible para Dios» (RVA).[3]

El mismo concepto se repite dos veces en Jeremías 1:5: «Antes de formarte en el vientre» y «antes de que nacieras». Tu destino es anterior a ti. Incluso antes de que fueras concebido, Dios tenía un guion para tu vida.

La ironía del destino es que rara vez se percibe en el momento. A veces no es revelado sino hasta después de la muerte. David imperó sobre un reino de millones, pero sus salmos han inspirado a miles de millones. Ese es el legado más largo de David, lo supiera él en el momento o no. Y supongo que no lo sabía. Tu mayor influencia podría ser póstuma. ¡Es una forma más de Dios reírse de último y recibir la gloria!

Cuando nos acercamos y miramos a través de un lente potente, creo que es justo decir que los padres fundadores de Estados Unidos han tenido más influencia en muerte que en vida. Y eso también es cierto con los padres espirituales. Tu mayor legado pudieran ser los hijos o la iglesia o las fundaciones benéficas que te sobreviven. Que conste, esta es una razón por la que escribo. Los libros son cápsulas del tiempo. Escribo porque quiero que mis tataranietos sepan para qué viví y por qué cosa estaba yo dispuesto a morir. Y si otros quieren leer mis libros mientras estoy vivo, tanto mejor. Pero escribo para la tercera y la cuarta generación.

«Antes de formarte en el vientre». Esta frase debe llenarte de un sentimiento de destino. Es tu derecho de nacimiento espiritual. Dios ha ordenado tus días, ordenado tus pasos y ha preparado buenas obras de antemano. Y lo hizo aun antes de que fueras concebido.

Una de las razones por las que me gusta tanto esta frase de seis palabras es que me recuerda a mi primer hijo, Parker. Hace dos décadas estaba predicando en una iglesia en D.C., antes de NCC. Después de haber terminado la predicación, el pastor oró por Lora y por mí. En algún momento esa oración se convirtió en profética. El pastor Sullivan McGraw se volteó hacia Lora y oró: «Señor, bendice al pequeño que está dentro». ¡Aquello fue una noticia nueva para nosotros! Pero, efectivamente, el médico lo confirmó la siguiente semana. ¡Somos la única pareja que he oído que se enteraron de que iban a ser padres durante una oración en la iglesia!

Póstumo

Durante la última década he servido como fiduciario en el Fideicomiso Benéfico Des Plaines. No es una fundación grande, pero ha dado millones de dólares a causas del reino durante los últimos veinticinco años.

En 1985, un hombre de negocios al borde de la quiebra entró en una reunión de oración. Jim Linen estaba desesperado, tanto que hizo un trato con Dios. Él puso su negocio, la Compañía Publicadora Des Plaines, en el altar. Él sabía que requeriría un milagro evitar la quiebra, así que Jim hizo una promesa. Si Dios bendecía su negocio, él crearía un fondo fiduciario que financiaría causas del reino.

El 2 de julio de 1989, Jim murió trágicamente mientras trotaba en Londres. Su vida en la tierra llegó a su fin, pero su legado acababa de comenzar. En la reunión anual del Fideicomiso Benéfico, a menudo leemos el borrador original del documento de fideicomiso que Jim redactó:

Este fideicomiso se crea en cumplimiento de una promesa que James A. Linen IV hizo al Señor cuando la Compañía Publicadora Des Plaines era, por todos los estándares de negocios conocidos, una entidad en quiebra ya que, en verdad, lo era. Siguiendo el compromiso del señor Linen, el éxito de Des Plaines en la cara de las condiciones económicas nacionales y locales solo puede ser visto como un milagro de Dios.

El destino es anterior al nacimiento.

El destino es posterior a la muerte.

La fundación ha dado subvenciones a mil causas del reino en todo el mundo, y cada uno es una de ellas es un exponencial del legado de Jim Linen. Se podría argumentar que la influencia de Jim es mayor en muerte que lo que fue en vida. Y cuando seguimos los pasos de Cristo, lo mismo sucede con nosotros.

Tan famoso como

Si tu objetivo es la fama, buena suerte. Incluso si lo consigues, te darás cuenta de que es tan frustrante como la fortuna. No necesitas un cheque más grande. Necesitas un mayor *por qué*. Nuestro fin principal es glorificar a Dios y, si tu objetivo es hacer famoso el nombre de Jesús, la buena fortuna te seguirá todos los días de tu vida, ¡y de ahí a la eternidad!

Tan famoso como los tres más grandes.[4]

Esa pequeña frase de tres palabras, «tan famoso como», se repite varias veces en 2 Samuel 23. Se refiere a Benaía, pero la fama no era su objetivo. De hecho, su destino era ayudar a David a cumplir su sueño. No se trataba de Benaía. Se trataba de David.

En su espíritu Julie Neal sentía como si estuviera al borde de algo grande. En efecto, Dios le dijo: ¡*Prepárate*! Ella no estaba segura de cómo ni por qué. Fue entonces cuando visitó a su hermano y a su cuñada, que habían adoptado a un bebé de África. De camino a casa, la hija de ocho años de edad de Julie dijo: «Tenemos que adoptar un bebé». Julie salió rápidamente con todo tipo de excusas, pero se había quedado sin ellas para el momento en que entraron al garaje de su casa. Ahí supo en su espíritu que eso era exactamente para lo que Dios la había estado preparando.

Un año más tarde la familia Neal adoptó a Caden, de Etiopía. Dos años más tarde adoptaron a Cruz. A continuación, en 2010 Julie visitó el pueblo en Etiopía, donde Cruz había nacido. Es el lugar donde su hijo tomó su primer aliento y su madre biológica dio su último suspiro. Cuando Julie les preguntó a los abuelos de Cruz cómo murió su madre, dijeron que fue porque no tenían ningún sitio donde llevarla a recibir tratamiento médico. Ese es el día que un sueño se concibió en el espíritu de Julie. Su primer paso fue recaudar 200.000 dólares para construir un pozo en memoria de la madre de Cruz. En realidad, Cruz dedicó ese pozo, un regalo póstumo en memoria de su madre. Construyeron una escuela un año más tarde. Y Julie no dejará de soñar hasta que se construya un centro médico.

«Si Dios hubiera puesto todo el sueño delante de mí en el comienzo de este camino, habría huido de ello», dijo Julie.

En su gracia, Dios no siempre descarga todo el sueño de una sola vez. Nos abrumaría. Pero no te equivoques, sus planes y propósitos están más allá de lo que puedes pedir. Y Él quiere usarte de una manera que no puedes ni imaginar.

Tu trabajo no es llevar a cabo el sueño.

Tu trabajo es dejar de poner excusas y empezar a obedecer.

«Dios nos da un pequeño pedazo del plan a la vez», dijo Julie. «Y si nos mantenemos centrados en Él, todo cae en su lugar, a veces lenta y dolorosamente. Pero todo cae en su lugar».

Una nota divertida al pie. La organización a la que sirve Julie, I Pour Life [Vierto Vida], es una de las causas del reino que Des Plaines ha financiado.[5] Des Plaines es una pequeña pieza del rompecabezas, pero Pour Life sigue siendo parte del legado de Jim Linen, un sueño dentro de otro sueño.

Doble destino

Tú tienes un destino, pero no solo uno. Tienes dos: uno es universal y el otro es único. Piensa en ello como tu doble destino.

Así como compartimos una gracia común, todos compartimos un destino común. Estamos predestinados a ser conformados a la imagen de Cristo.[6] En otras palabras, nuestro destino universal es pensar, actuar, amar y ser como el prototipo, Jesús. Si persigues ese destino común, eso dará lugar a una vida poco común. Vas a ir a lugares a los que no puedes llegar. Harás cosas superiores tus capacidades. Y podrás conocer personas con las que no tendrías ninguna razón para estar con ellas en la misma habitación. Pero el objetivo no es que vayas, hagas o conozcas. El objetivo final es llegar a ser como Cristo.

Todos compartimos ese destino en común, pero el otro destino es único. Nunca ha habido ni habrá nadie como tú. Por supuesto, eso no es un testimonio para ti. Es un testimonio del Dios que te creó. Y eso significa que nadie puede adorar a Dios como tú o por ti. Si la singularidad es un regalo de Dios para ti, entonces la individualización es tu regalo de nuevo a Dios. Todos necesitamos héroes que nos inspiren, pero tú no estás llamado a ser más como ellos. Estás llamado a ser tú, la mejor versión posible de ti.

Como la felicidad, el destino no es algo que descubres buscándolo. Es un subproducto. No lo encuentras buscándolo. Lo encuentras buscando a Dios. Entonces, tu destino te encuentra.

Mantén ese pensamiento.

Mel Gibson leonizó a Sir William Wallace en la película épica *Corazón valiente*. Es difícil discernir la realidad de la ficción cuando se trata de los caballeros medievales, pero uno de sus biógrafos señaló que Wallace en realidad mató a un león durante un viaje a Francia.[7] Sin embargo, una cosa es cierta: Wallace nunca iba a ninguna parte sin su salterio. Como fugitivo y como guerrero, Wallace se identificaba con los salmos de David de una manera única. Y al igual que David tenía a Benaía siempre a su lado, Wallace nunca fue a ninguna parte sin su amigo de la infancia y capellán personal, John Blair.[8]

Estoy leyendo entre líneas, pero Benaía era más que un guardaespaldas. No se limitaba a proteger la espalda de David; también tenía el oído de David. Benaía era al rey David lo que John Blair fue a Sir William Wallace.

Benaía era el confidente más cercano de David, un espíritu afín. Era más hermano que algunos de los hermanos de David. Tal vez por eso el hijo de David, Salomón, confiaba en él como un tío.

Tengo un amigo, Joshua DuBois, que persiguió a un león en la Casa Blanca. Joshua se desempeñó como jefe de la oficina de «Organizaciones Basadas en la Fe y Asociaciones Vecinales». «Fui a la escuela de política, no al seminario», señalaba. Pero Joshua entendía que aunque uno rinda cuentas al Presidente, todavía responde a una autoridad superior. Durante siete años Joshua fue un sacerdote de POTUS (Iniciativa contra la trata de blancas), expresando una palabra de aliento de las Escrituras diariamente.[9] Su destino singular era servir al Presidente de los Estados Unidos; por supuesto, su más alto llamado era servir a Dios.

No importa lo que hagas, eres sacerdote en primer lugar. Por supuesto que tienes un trabajo que hacer, pero también tienes una misión que cumplir. Si eres un seguidor de Cristo, eres parte del sacerdocio real. Eso significa que eres un sacerdote-empresario, sacerdote-atleta, sacerdote-artista, sacerdote-político, sacerdote-entrenador.

Tu cartera es tu púlpito.

Tu empresa es tu congregación.

Y eso va para tu equipo, tu clase o tu organización.

El destino no es un pastel en el cielo. El destino es ser fiel exactamente allí donde te encuentras. La mejor manera de conseguir tu trabajo ideal es hacer un buen trabajo en un mal trabajo y hacerlo con una gran actitud.

Sé como Cristo.

Sé tú mismo.

Ese es tu doble destino.

REACCIÓN EN CADENA

David lo puso al mando de su guardia personal.

2 Samuel 23:23

En 1983 Lorne Whitehead publicó un artículo en la revista *American Journal of Physics* sobre la reacción en cadena tipo dominó.[1] Puedes imaginarte eso, ¿verdad? Golpeas una ficha de dominó, y se pone en marcha una reacción en cadena que puede derribar cientos de fichas de dominó en cuestión de segundos. Pero el significado peculiar de la investigación de Whitehead fue descubrir que una ficha de dominó es capaz de derribar a otra ficha de dominó que es una vez y media su tamaño. Así que una ficha de dominó de cinco centímetros puede derribar a otra ficha de dominó de siete centímetros y medio. Una ficha de dominó de siete centímetros y medio puede derribar a otra ficha de diez centímetros tres cuartos. Y una ficha de dominó de diez centímetros tres cuartos puede derribar... Bueno, ya captas la idea.

Para el momento en que llegas a la ficha de dominó número dieciocho, podrías tumbar la torre inclinada de Pisa. Por supuesto, está inclinada, de manera que no sería justo. La vigésimo tercera ficha podría tumbar la Torre Eiffel. Y para cuando llegues a la vigésimo octava ficha de dominó, podrías derribar al Empire State Building.

En el campo de las matemáticas, hay dos tipos de progresión: lineales y exponenciales. La progresión lineal es dos más dos es igual a cuatro. La progresión exponencial es el doble compuesto. Cuatro veces cuatro igual dieciséis. Si das treinta pasos lineales, estás a veintisiete metros de distancia de donde empezaste. Pero si das treinta pasos exponenciales, habrás dado la vuelta al mundo ¡veintiséis veces![2]

La fe no es lineal.

La fe es exponencial.

Cada decisión que tomamos, cada riesgo que asumimos, tiene una reacción en cadena. Y esas reacciones en cadena activan mil reacciones en cadena de las que ni siquiera estamos conscientes. El efecto acumulativo no será revelado hasta llegar al otro lado de lo temporal-espacial. Se necesita muy poco esfuerzo para tumbar una pequeña ficha de dominó, solo 0.024 joules de energía inicial. Puedes hacerlo con tu dedo meñique. Para el momento en que llegues a la ficha de dominó número trece, la energía potencial gravitacional es dos mil millones de veces mayor que la energía que requirió tumbar la primera ficha de dominó.[3] ¿Qué quiero decir con esto? Algunos de nosotros queremos comenzar con la torre inclinada de Pisa o la Torre Eiffel o el Empire State Building. Buena suerte con eso.

Benaía no comenzó persiguiendo leones de doscientos cincuenta kilos; es probable que comenzara persiguiendo a un lindo gatito llamado Killer. Él no comenzó con los dos leones de Moab; se inició en la categoría de treinta y cinco kilos de peso en la escuela secundaria.

¡No desprecies el día de los pequeños comienzos!

Tu ficha de dominó de cinco centímetros puede parecer insignificante, pero extrapolado a través del espacio y el tiempo, puede hacer que se destaque al máximo en todo el mundo. Si haces cosas pequeñas como si fueran grandes, Dios hará grandes cosas como si fueran pequeñas.

Todos a bordo

El 17 de mayo de 1902, Christian Schmidgall abordó un barco en Amberes, Bélgica, y zarpó rumbo a América. De acuerdo con el manifiesto del barco, tenía dieciséis años, llevaba diez dólares a su nombre y no hablaba ni pizca de inglés.

Después de atracar en la isla de Ellis, Christian subió a un tren con destino al centro de Illinois, donde hizo todo tipo de trabajos para sobrevivir. Después de alquilar una granja durante muchos años, ahorró suficiente dinero para comprar treinta y dos hectáreas de tierras de cultivo en Minier, Illinois. Esa granja se encuentra todavía en poder de nuestra familia. Christian sembró avena y heno; su tataranieto produce frijoles y maíz. Pero las semillas plantadas por Christian están produciendo cosechas hasta la tercera y cuarta generaciones.

El efecto dominó de esa sola decisión es alucinante. Si Christian Schmidgall se hubiera quedado en el pequeño pueblo de Walkensweiler, Alemania, dudo que yo hubiera conocido y me hubiera casado con su bisnieta. Pero debido a que persiguió su sueño, me encontré con la chica de mis sueños.

No estoy convencido de que Christian Schmidgall estuviera pensando en la tercera generación cuando emigró a América. No era más que un adolescente, después de todo. Además, tenemos la tendencia a pensar en nuestras decisiones en términos del tiempo presente. Pensamos en aquí, en este momento. Pero Dios es el Dios de tres generaciones, el Dios de Abraham, Dios de Isaac, Dios de Jacob.

Cuarenta años después de emigrar, Christian Schmidgall puso su fe en Jesucristo. Dios se convirtió en el Dios de Christian y al tiempo se convirtió en el Dios de Edgar, el Dios de Bob, y el Dios de su bisnieta y mi esposa, Lora.

Cada decisión que tomamos tiene un efecto dominó que trasciende nuestra capacidad de predecir o controlar. No podemos predecir cuándo, dónde ni cómo, pero nuestras semillas de fe segarán una cosecha de algún modo, de alguna manera, algún día. Y muchas veces es cuando y donde menos lo esperamos.

Benaía no sabía que estaba actualizando y mejorando su perfil de LinkedIn cuando derribó a dos de los guerreros más poderosos de Moab. No sabía que perseguir un león en un hoyo en un día de nieve era un suceso trascendental, tipo redes sociales o networking, lo que le valió la entrada al círculo íntimo de David. Esa no era su motivación, pero era el motivo oculto de Dios. Ya sea que lo sepas o no, Dios está construyendo tu currículo.

¿Puedes imaginarte a David hojeando su currículo?

Especialidad fuerzas policiales, Universidad de Jerusalén.

Pasantías, Guardia de palacio.

Conductor, Carros Blindados Brinks.

David bosteza.

Mató a un león en un foso un día de nieve.

¡Ganador, ganador, a comer bien! ¿Cuándo puedes empezar? Apuesto a que David ni siquiera comprobó las referencias.

Así que David contrató a Benaía, pero no solo estaba empleando a un guardaespaldas. Sin saberlo, David estaba preparando al comandante en jefe de su hijo.

Lejos

Pensamos que lo que Dios hace por nosotros es por nosotros solos, pero nunca es solo para eso. Siempre es por la tercera y la cuarta generación. Pensamos que es aquí, en este momento, pero Dios está pensando en naciones y en generaciones.

Matt Geppert es un perseguidor de leones, hijo de otro perseguidor de felinos feroces. Matt recientemente asumió el liderazgo del Centro de Oración del Sudeste de Asia (SEAPC, por sus siglas en inglés), que sus padres fundaron en 1991. Hace ocho años hicimos una inversión financiera en SEAPC, pero no había pensado mucho en ello hasta que Matt me envió por correo electrónico un informe actualizado.

El trabajo que NCC apoyó hace ocho años, cuando te escribí por primera vez sobre el Tíbet y Camboya, se ha disparado. Hoy en día, somos la primera organización internacional que es certificada por el gobierno de China para formar entrenadores en autismo, alcanzando a 15 millones de hogares con un enfoque espiritual certificado por el gobierno a una enfermedad sin respuesta. Esta primavera hemos ampliado de 8 a 488 escuelas públicas, de 8.000 a 126.000 estudiantes que están aprendiendo un plan de estudios basado en Cristo, en la provincia de Banteay Meanchey.

Tú no tienes ni idea siquiera de dónde está Banteay Meanchey, ¿verdad? Yo tampoco. Pero plantamos una semilla hace ocho años que está dando sus frutos en una provincia remota al otro lado del mundo.

Porque la promesa es para ustedes y para sus hijos y para todos los que están lejos.[4]

Lo que es verdad con la promesa en Hechos 2:39 lo es con todas las promesas en la Escritura. No hay ninguna ley de prescripción, ni cronológica ni geográfica. La promesa es para ti, pero no es *solo* para ti. Es para la segunda generación, «para sus hijos». Es para las naciones y las generaciones, «todos los que están lejos».

En términos cronológicos, estamos a dos mil años del Día de Pentecostés. Pero no hay una fecha de caducidad en las promesas de Dios. Geográficamente, Washington, D.C., es 9.518 kilómetros distantes del lugar donde el apóstol Pedro proclamó esta promesa. Eso está lejos, pero no más allá del alcance de la providencia de Dios.

La influencia de la segunda generación

Hace treinta años mi suegro ofició la boda de Kent y Karen Ingle. El padre de Karen, Glenn Kraiss, era miembro de la junta de larga data en Calvary Church, la iglesia donde mi suegro fungía como pastor. Tres décadas más tarde, tengo el gozo y el privilegio de servir en la junta de Southeastern University (SEU), la Universidad donde Kent se desempeña como presidente. Mi hija, Summer, estudia en la SEU. Las semillas que el abuelo de Summer sembró hace treinta años todavía están dando sus frutos. Él no va a estar allí el día de su graduación, pero no se equivoquen al respecto. Su influencia abrió la puerta.

Dondequiera que voy escucho historias sobre cómo influenció mi suegro la vida de muchas personas. Durante el tour con mi último libro, estaba hablando en la congregación Allison Park Church, en Pittsburgh. El joven pastor que me recogió es un compañero graduado de la Central Bible College. Poco después de iniciar nuestra conversación, descubrimos que éramos de los pueblos vecinos Naperville y Aurora. Le pregunté si alguna vez escuchó acerca de mi suegro, Bob Schmidgall. Él me dijo: «¡Mi último año en CBC, fue financiada por una beca Bob Schmidgall!»

Si él no hubiera estado conduciendo, yo le habría dado un abrazo fuerte. Casi dos décadas después de la muerte de mi suegro, sus semillas de fe siguen multiplicándose. Un pastor en Pittsburgh es una de sus innumerables líneas descendentes.

Incluso cuando te sientes como que no estás haciendo algo relevante, Dios podría estar usándote de maneras que no te das cuenta. Y no es el impacto inmediato lo que más importa; es el impacto exponencial, hasta la tercera y la cuarta generación.

La herencia es lo que le dejas *a* alguien.

El legado es lo que dejas *en* alguien.

Adelante, deja una herencia pero, más importante aun, deja un legado. El legado es la influencia que tu sueño tiene sobre los demás, incluso después de tu muerte. Para algunos es de corta duración. Para otros, como mi suegro, la influencia acrecienta el interés. De hecho, pueden tener más influencia en muerte que lo que tuvieron en vida.

El legado no se mide por lo que logras durante tu vida útil. El legado se mide por las vidas que se ven influenciadas por tu existencia mucho después de que te has ido.

Cuando el rey David murió, su reino estaba en peligro. Ocurrieron varios golpes de estado durante su reinado de cuarenta años y hubo varios más cuando Salomón asumió el trono. La primera amenaza fue formulada por el hermano mayor de Salomón, Adonías. Una segunda amenaza fue planteada por un Benedict Arnold (un general durante la guerra revolucionaria americana) llamado Joab. En ambos casos, fue a Benaía que el rey Salomón le dijo que se encargara de aquello.

Benaía era la pieza clave entre dos generaciones, dos reinos.

Fue la valentía de Benaía lo que le abrió la puerta de la oportunidad para convertirse en guardaespaldas del rey David. Pero fue la lealtad lo que le abrió la puerta a su círculo íntimo. No puedo predecir lo que te hará ganar la promoción que deseas, pero no va a suceder sin una lealtad desinteresada. Si la quieres por las razones equivocadas, no estás listo. Hasta que no puedas invertirte desinteresadamente en el sueño de otra persona, no estás listo para el tuyo.

Descendentes

Tim Scott es el primer afroamericano en la historia de los Estados Unidos en ser elegido tanto a la Cámara de Representantes como al Senado. Como madre soltera, la madre de Tim trabajaba dieciséis horas al día solo para llevar comida a casa. Demasiadas personas que crecen en la pobreza creen que sus sueños son inalcanzables y se resignan a esa noción. Pero para Tim, la pobreza solo reforzó su determinación de alcanzar sus sueños y trabajar para asegurar que los demás también lo hicieran.

La génesis de su sueño fue un profesor de octavo grado que vio potencial político en él y dijo: «Tú deberías pensar en el consejo de estudiantes». Esas ocho palabras cambiaron la trayectoria de su vida. Nunca subestimes el poder de una palabra de ánimo bien oportuna y bien enunciada. ¡Una frase puede alterar el destino de otra persona!

Hace poco me encontré con el senador Scott entre bastidores en la actividad Catalyst Next Conference en Washington, D.C. Durante una entrevista sin micrófonos, el senador dijo: «Soy un gran creyente en escribir la visión». Eso es precisamente lo que hizo cuando era un chico de diecinueve años de edad. El mentor de Tim, un operador de un restaurante Chick-fil-A llamado John Moniz, soñaba con influir positivamente en un millón de personas. Uno de ese millón era un adolescente que solo podía permitirse comprar papas. John le daba a Tim sándwiches gratis y una dieta constante de sabiduría divina. Cuando John murió de un ataque al corazón a los treinta y ocho años de edad, Tim adoptó el sueño de John y lo aumentó. Luego escribió el sueño de la segunda generación: influir positivamente en la vida de *mil millones* de personas.

¿Mil millones de personas? ¡Eso es un león de doscientos cincuenta kilos! Especialmente para un chico que no aprobó en inglés ni en español. «Eso no te hace bilingüe», dice Tim a modo de autocrítica. «Te hace bi-ignorante». Pero a pesar de todo, Tim está ahora tomando decisiones que afectan en modo directo la vida de 319 millones de estadounidenses. Y esas decisiones afectan indirectamente a miles de millones en todo el mundo.

En nuestra narrativa cultural, el senador Scott es el héroe de la historia. Pero Tim diría que los verdaderos héroes eran un maestro de octavo grado y un operador de un restaurante Chick-fil-A que vieron su potencial. Son los que ayudaron a Tim Scott a salir en los titulares. Y eso es cierto con Benaía y su banda de hermanos.

Cada David necesita un Benaía.

Cada Tim Scott necesita un John Moniz.

¡Y alguien te necesita a ti!

Estoy eternamente en deuda con la gente que ha influido en mí, como mis padres, mis profesores, mis entrenadores, mis mentores y mis pastores. La mayoría de sus nombres no los vas a reconocer: Bob Rhoden, Gordon

Anderson, Kirk Hanson, Jac Perrin, Opal Reddin, St. Clair Mitchell, John Green, Michael Smith, Robert Smiley, Dick Foth, Jack Hayford. Algunas de mis líneas ascendentes interceptaron mi vida durante solo unos segundos, como un misionero llamado Michael Smith, que pronunció una palabra profética sobre mi vida cuando tenía diecinueve años. Él ni siquiera recordará ese momento, pero yo nunca lo he olvidado. Lo mismo es cierto con Opal Reddin, Jac Perrin y Gordon Anderson. Fue una secuencia de conversaciones con cada uno de ellos en una coyuntura crítica en mi trayectoria lo que me ayudó a resolver un acertijo teológico. Luego está Dick Foth, que ha sido un padre espiritual para mí por dos décadas. La única manera en que puedo pagar la deuda que tengo con cada uno de ellos es haciendo por los demás lo que ellos han hecho por mí.

Tu legado no es tu sueño. Tu legado es influenciar en los sueños de los que vienen tras de ti. Tu legado es tu línea descendente, aquellos de quienes eres padre o madre, tutor, entrenador y maestro. Quizás no vayas a influir en un millón de personas, pero ¿quién sabe? Es posible influir en una persona que influencia a mil millones de personas.

La vara de medir

Uno de los más grandes milagros de la Biblia es la victoria de Elías sobre los quinientos profetas de Baal. El Monte Carmelo fue el punto culminante de su carrera profética, pero el punto de inflexión fue un sutil cambio en el enfoque que sucedió durante una temporada de depresión. Las placas tectónicas se desplazaron cuando Dios le dijo a Elías que ungiera a un sucesor: «Y le dijo Jehová: Ve, vuélvete por tu camino, por el desierto de Damasco; y llegarás, y ungirás a Hazael por rey de Siria. A Jehú hijo de Nimsi ungirás por rey sobre Israel; y a Eliseo hijo de Safat, de Abel-mehola, ungirás para que sea profeta en tu lugar».[5]

¿A quién estás ungiendo?

¿A quién estás preparando para el éxito?

¿Quién es tu Hazael, tu Jehú, tu Eliseo?

La verdadera medida del éxito de Elías no fueron los catorce milagros que realizó. Fueron los veintiocho milagros que Eliseo realizó después de él. En pocas palabras, el éxito es la sucesión. Así es como nuestros sueños sobreviven a nosotros. Ellos viven en los sueños de la segunda generación que inspiramos. Y no es ninguna coincidencia que Eliseo realizara el doble de los milagros. Dios le había dado una doble porción del espíritu de Elías. Después de la muerte de su esposo, el Presidente Franklin Delano Roosevelt, Eleanor luchó con la soledad. En una brillante biografía sobre Eleanor Roosevelt, *Sin tiempo ordinario*, Doris Kearns Goodwin señaló que un verso de una poesía que una amiga le dio a Eleanor «la inspiró a hacer el resto de su vida digna de la memoria de su marido».

Un verso poético era su constante fuente de aliento:

No están muertos los que viven en las vidas que dejan atrás. En aquellos a quienes han bendecido vive una vida de nuevo.[6]

Mi suegro murió de un ataque al corazón el 6 de enero de 1998, pero su sueño aún está influenciando al mío. Él plantó la congregación Calvary Church en Naperville, Illinois, y fue pastor por treinta y un años. Es su ejemplo lo que inspiró mi sueño de pastorear una iglesia para toda la vida. Su amor por las misiones nos inspiró a ser una iglesia misional. Los viajes misioneros que hacemos y el dinero que damos a las misiones son un derivado de su sueño, una misión dentro de otra.

Cuando me puse al pie de su ataúd en el día de su muerte, le pedí a Dios una doble porción de su unción. Ni siquiera estaba seguro de lo que estaba pidiendo, pero esto sé con certeza: su sueño no murió al mismo tiempo que él. Su sueño sigue vivo en mí, a través de mí. Sigue influenciando mi vida en maneras grandes, en maneras pequeñas, en formas extrañas y misteriosas. Y quiero hacer lo mismo para la próxima generación.

LA HABITACIÓN DEL CONEJO

Entre los treinta.

2 SAMUEL 23:24

EL 25 DE NOVIEMBRE de 1911, un estudiante de Oxford de diecinueve años de edad, registró la salida de un pequeño libro marrón del salón de lectura de Exeter. Ese libro, *Una gramática finlandesa* escrito por Sir Charles Eliot, aburriría a la mayoría de las mentes. Pero para John Ronald Reuel Tolkien, era un agujero a lo desconocido. Tolkien se embriagó con la lengua finlandesa. La comparó con el descubrimiento de una bodega surtida con una nueva cosecha exquisita.[1]

Tolkien creó su famoso legendarium —un mundo mitológico llamado la Tierra Media— utilizando elementos finlandeses. Cuarenta y tres años más tarde Tolkien publicó *El Señor de los Anillos*. Elegido como el «libro del siglo» por la librería británica Waterstone; calificada como la segunda novela más vendida de todos los tiempos. Su precuela, *El Hobbit*, ocupa el tercer lugar. Juntos han vendido un estimado de 290 millones de copias. ¡Eso es algo más que *Una gramática finlandesa*!

Como todo viaje ensoñador, hubo un momento génesis. Ese pequeño libro marrón era el pasaporte de Tolkien a la Tierra Media. Y a lo largo del camino hubo momentos decisivos. Una excursión de Interlaken a Lauterbrunnen, Suiza, con doce amigos ayudó a Tolkien a imaginarse el heroico viaje de Bilbo Baggins a través de las Montañas Nubladas. Una línea de poesía del poema anglosajón del siglo diez —«Ave Éarendel, el más brillante de los ángeles, enviado a los hombres sobre la Tierra Media»[2]— agitó algo en lo profundo de su alma. Luego vino la Primera Guerra Mundial. La fiebre de las trincheras truncó sus días de combate, pero no antes de que se hiciera amigo de los carniceros, los mayordomos, los jardineros y los carteros. La habilidad de Tolkien para escribir cuentos sobre personas ordinarias con un valor extraordinario fue inspirada en esos británicos comunes, Bilbos corrientes.

El viaje de sueños de Tolkien tuvo momentos génesis, momentos decisivos. Pero hay una pieza más del rompecabezas de sueños, que hace que todas las otras encajen. ¡No conseguimos, por nuestros propios medios, dónde quiere Dios que vayamos! Si vamos solos, nos perderemos en algún lugar a lo largo del camino.

Entonces, ¿quién va a recogerte cuando caigas? ¿Y quién va a empujarte para que desarrolles tu potencial?

A la miseria le encanta la compañía y también a los sueños. Si la presencia de la compañía corta la miseria a la mitad, entonces más que duplica la alegría de un sueño compartido. Es la sinergia de los sueños compartidos, el todo es mayor que la suma de las partes.

Poco después de escribir *Con un león en medio de un foso cuando estaba nevando*, las placas tectónicas se desplazaron en mi vida. Me di cuenta de que muchos de mis objetivos de vida eran de naturaleza egoísta, por lo que he editado la lista para incluir otros. La meta de vida # 102 es un buen ejemplo. En vez de simplemente visitar la Torre Eiffel, edité mi objetivo y he añadido un elemento: besar a mi esposa en la parte superior de la misma. ¡Eso era mucho más divertido!

Luego modifiqué las metas de vida # 73, # 75 y # 80.[3]

No solo quiero ir en bicicleta a un siglo de distancia, correr un triatlón o nadar fugándome de Alcatraz. ¡Quiero cruzar la línea de meta con uno de mis hijos! ¿Por qué? Porque cruzar la línea de meta solo es la mitad de divertido que cruzarla con otra persona. O dale vuelta a la moneda. ¡Cruzar la línea de meta con alguien que amas es el doble de divertido!

Añadir un componente relacional a mis metas de vida reduce su naturaleza egoísta. Ya no se trata de mí y de «yo». Mis metas de vida ahora influyen en otros, lo cual duplica la motivación.

Me encanta la pequeña frase «entre los treinta». Hay algo tan sindicalizado acerca de esta banda de hermanos. David era el que fue coronado rey, pero fue un esfuerzo de equipo. Sin un equipo, no sueñes muy grande. Pero si reúnes a otros para apoyar tu causa, ¡el juego ha comenzado!

La enésima potencia

Ellos fueron etiquetados como «un círculo de instigadores, casi de incendiarios».[4] Sería una buena descripción de los valientes de David, pero esos descriptores hacen referencia a una banda de hermanos escritores llamados los Inklings. Ellos se reunían para almorzar todos los martes en The Eagle and Child, un bar del siglo diecisiete situado en la calle 49 San Giles, Oxford, Inglaterra. Fue allí, en un salón privado llamado la Habitación del Conejo, donde se recitaban sus escritos uno al otro.

¡Si esas paredes pudieran hablar!

C. S. Lewis, tal vez el más famoso miembro de los Inklings, una vez se refirió a sí mismo como el converso más reacio de toda la cristiandad. Fue otro miembro del grupo, J. R. R. Tolkien, el que convenció a Lewis en cuanto a la credibilidad de Cristo. Durante una de sus justas verbales, Tolkien contrarrestó las objeciones intelectuales de Lewis con un golpe mortal a la duda: «Tu incapacidad para comprender deriva de la falta de imaginación por tu parte».[5]

Por la fe, C. S. Lewis imaginó su camino hasta el pie de la cruz. A continuación, se imaginó a su arquetipo de Cristo, Aslan, el guardián y salvador de un mundo llamado Narnia. La serie de siete novelas de fantasía de Lewis, *Las Crónicas de Narnia*, ha vendido más de cien millones de copias, colocándola no muy por detrás de los libros de su amigo en la lista de libros más vendidos de todos los tiempos.

Los Inklings compartieron ideas, sueños y risas entre. «No hay sonido que me guste más», dijo C. S. Lewis, «que la risa de los hombres adultos».[6] ¡Y había mucha!

J. R. R. Tolkien se refirió a los Inklings como «la amistad a la enésima potencia».[7]

Las amistades forjadas en esa habitación de conejo condujeron a una revolución literaria diferente a todo lo que el mundo ha visto antes. Pero no fue la primera revolución forjada por la amistad.

El Club Santo

Más de doscientos años antes, en ese mismo recinto universitario de Oxford, dos hermanos formaron el Club Santo. Los miembros del club se dedicaban a la oración, el estudio y la amistad. El dúo dinámico de John y Charles Wesley fundó el movimiento metodista y, otro miembro, George Whitefield, se convirtió en el catalizador del Primer Gran Avivamiento en Estados Unidos de América.

En una cultura individualista como la de Estados Unidos, tendemos a pasar por alto el poder de la amistad. Pero la amistad es la enésima potencia. Sin un equipo, tu sueño no alcanzará su pleno potencial. Llámalo un Club Santo. Llámalo los Inklings. Llámalo como quieras, pero se necesita un equipo para concretar un sueño del tamaño de Dios.

Aun Jesús reclutó a doce discípulos. En cierto modo, los doce discípulos duplicaron su carga de trabajo. Sus errores significaron un trabajo extra para Jesús. Cuando Pedro le cortó la oreja al siervo del sumo sacerdote, Jesús tuvo que hacer un milagro solo para deshacer lo que había hecho Pedro. Pero Jesús dio el ejemplo, estableció la norma.

Cuando empezamos NCC, yo era un hombre orquesta. Contestaba el teléfono, doblaba boletines, dirigía el culto y predicaba el sermón. Pero rápidamente me di cuenta de que nuestro potencial de crecimiento era muy bajo si yo lo hacía todo. Al comienzo de un viaje de sueños, la clave es tu competencia. Pero cuanto más tiempo lideras, menos se trata de ti. Tu potencial será determinado por las personas con las que te rodees. Así que las decisiones para contratar se convierten en las más importantes que tomas, ya que tienen un efecto exponencial.

Tomamos tan en serio que escogemos a todos los candidatos a empleados a través de una batería de evaluaciones de personalidad. ¿Por qué? ¡Porque no necesitamos más gente como yo! Necesitamos gente que pueda hacer lo que yo no puedo hacer.

Nuestra tendencia natural es rodearnos de gente como nosotros. Pero si quieres que tú y tu organización crezcan, no puedes rodearte de un grupo de hombres y mujeres que solo digan: Sí señor. Se necesitan personas que piensen diferente y conduzcan de forma distinta. Eso crea una tensión sana y sacra, pero como con los instrumentos de cuerda, la tensión te mantiene en sintonía. Sin tensión no hay melodía, no hay armonía.

David era un hombre renacentista; músico, guerrero, poeta y rey. Pero el mayor don de David era que identificaba talentos. Donde otros veían marginados e inadaptados, David veía a hombres poderosos. Primera de

Samuel 22:2 los describe de esta manera: «Además, se le unieron muchos otros que estaban en apuros, cargados de deudas o amargados. Así, David llegó a tener bajo su mando a unos cuatrocientos hombres». ¡Estas no eran selecciones de primera ronda! Cada uno de ellos era de la «Isla de los juguetes inadaptados». Sin embargo, esta era la reserva genética de la que David seleccionó a sus hombres valientes.

La descripción de los valientes de David me recuerda un poco a nuestros primeros días en NCC. Cuando el promedio de asistencia es de veinticinco personas, ¡tú necesitas gente en los asientos! Y tomarás a cualquier persona que puedas conseguir. ¿Angustiado? Perfecto. ¿En deuda? ¡No hay problema! ¿Decepcionado? ¿Descontento? Disfuncional? ¡Venga! Estábamos tan desesperados por cuerpos en aquellos días cuando iniciamos la iglesia que estuvimos tentados a utilizar esos muñecos inflables que la gente pone en sus autos para conducir ilegalmente en los carriles para vehículos con múltiples pasajeros.

La Sociedad de Soñadores

Si deseas tener sueños más grandes, rodéate de soñadores.

Es una subtrama de la trama, pero Benaía estaba rodeado de soñadores. Algunas de sus hazañas, sin duda, fueron inspiradas por las hazañas de sus compatriotas. Estoy seguro de que algunos de esos hechos heroicos fueron motivados por los rasgos competitivos no santificados que los llevaban a querer aventajarse entre sí.

Los hombres valientes tenían egos igual que nosotros y montones de testosterona además. Pero también se presionaban el uno al otro de una manera sana y santa. Cuando su amigo Eleazar, hijo de Dodo, combate hasta que la mano se le queda pegada a su espada, ¡todas las excusas se van! Eso te presiona a esforzarte.

¿Qué te está presionando?

Si deseas mejorar en cualquier deporte, tienes que jugar con alguien que sea mejor que tú. En otras palabras, tienes que estar dispuesto a perder para ganar. De la misma manera, si quieres crecer espiritualmente, tienes que estar cerca de personas que tienen más fe, más sabiduría. Sus sueños del tamaño de Dios van a estirar tu fe.

Hace poco, pasé dos días con Dave Ramsey y treinta pastores de todo el país hablando sobre mayordomía. Dave pidió a dos pastores que hablaran; Robert Morris, pastor de la congregación Gateway Church, en Dallas, Texas, y Craig Groeschel, pastor de Life Church en Oklahoma City, Oklahoma.

Antes de que Robert interviniera, pensaba que yo era generoso. Antes de que Craig hablara, pensaba que era un visionario. Pero, comparado con ellos, ¡no soy nada de eso! Y es precisamente por eso que me encanta estar rodeado de gente como ellos, me estiran.

Bob Goff es el autor de *Love Does* y un tipo estupendo en todo sentido. Nos sentamos a cenar hace unos años, cuando me dijo: «Ustedes deberían encargarse de un país». Estaba empezando a conocer a Bob, así que pensé que era una broma. Pero la expresión de su rostro no cambió. Fue entonces cuando me di cuenta de que hablaba en serio. ¿Y por qué no iba a hacerlo? Como cónsul honorario de la República de Uganda, Bob está cambiando una nación con su valiente lucha por la justicia.

Necesito estar cerca de personas que me hagan sentir pequeño porque sus sueños son muy grandes. Necesito estar cerca de personas que me hagan sentir lejos de Dios porque están muy cerca de Jesús. Necesito estar cerca de personas que me hagan sentir como que yo estoy haciendo casi nada porque ellos están haciendo una diferencia enorme.

Ofrecemos un año de pasantías en NCC que llamamos nuestro programa de aprendices. Es sin sueldo, por lo que los aprendices recaudan fondos para venir a trabajar a NCC. Es como una granja. Nuestro sistema de granja. Si alguien está dispuesto a trabajar gratis, puede ser que sea alguien que desees contratar. Más de una docena de miembros del personal fueron aprendices.

Nuestros pasantes tienen una cartera, los hacemos pasar a través de un riguroso curso de desarrollo de liderazgo. Pero es algo más que el trabajo que hacen o las cosas que aprenden. Se trata de respirar nuestro aire, de tomar nuestra agua. NCC es una fábrica de sueños. Invitamos a la gente al sueño corporativo que Dios nos ha dado, y nos invitan a entrar en el sueño individual que Dios les ha dado a ellos. Ese es nuestro de doble paso, nuestro baile de sueño.

Cuando Salomón acuñó la frase «el hierro se afila con el hierro», apuesto a que estaba pensando en los valientes de David. Apuesto que David le contaba historias a la hora de acostarse sobre Joseb, Eleazar y Benaía. Salomón pidió, sin duda, *la historia del león* más de una vez. Y tal vez esa historia fue la semilla que llevó a Salomón a designar a Benaía como su mano derecha después de la muerte de su padre. No fue solo una buena elección; honraba la memoria de su padre. Si su padre podía confiar en Benaía para que fuera su guardaespaldas, Salomón podía confiar en él para que fuera su comandante en jefe.

Armonía de tres partes

Hace unos años, estaba almorzando con una leyenda de D.C., Doug Coe. Pocas personas han tenido más influencia tras bastidores en Washington, D.C., durante el último medio siglo, lo que ha hecho a través de relaciones. Uno de los hábitos de Doug es hacer pruebas sorpresivas durante el transcurso de las conversaciones. Así que Doug me preguntó si sabía quién escribió las epístolas a los Tesalonicenses. Detecté por el tono de su voz que era una pregunta capciosa, pero de todos modos dije «Pablo». Tengo tres postgrados de seminario, así que me avergüenza admitir que estaba equivocado. Tal vez sea nuestro sesgo individualista que nos hace pasar por alto el hecho de que hay tres citas: Pablo, Silas y Timoteo.

Le pasamos por encima cuando lo leemos, pero la epístola a los Tesalonicenses es una armonía de tres partes. Hay tres juegos de huellas digitales, tres unciones en esa epístola. Pablo pudo haber jugado al primer intérprete, pero no fue un solo.

Todo lo que Dios hace a través de ti es un testimonio de los que te han emparentado, tutelado, discipulado, entrenado y amado. Tú eres su línea descendente y ellos son tu línea ascendente.

Este número es un cálculo aproximado, pero yo soy un 17,2 por ciento Dick Foth. Cuando era un pastor veinteañero con cero experiencia, él me tomó bajo su ala. Y ha sido un padre espiritual para mí desde entonces. Es casi aterrador con qué frecuencia me encuentro pensando como Foth, hablando como Foth.

Ya se trate de un Club Santo, un club literario como el de los Inklings, o una banda de hermanos como los valientes de David, en última instancia reflejarás a aquellos con los que te rodeas. Y ellos te van a reflejar ti. Las malas compañías corrompen las buenas costumbres,[8] pero la buena compañía te ayuda a pasar de bueno a excelente.

La verdadera prueba de la grandeza no se mide por tus logros. La verdadera prueba de la grandeza se mide por los logros de los que te rodean, de los que vienen después.

Una vez más, el éxito es sucesión.

Así es como nuestros sueños nos sobreviven.

Pasa el testigo

Uno de mis mayores logros es un registro de pista y campo que sigue en pie en la escuela secundaria Madison en Naperville, Illinois. Yo era una cuarta parte del equipo de relevos de 4 x 100 metros cuyo tiempo de registro se ha mantenido, ¡durante más de treinta años! Por desgracia perdimos el campeonato de la ciudad, porque se me cayó el testigo de mando en la segunda etapa. Es uno de mis recuerdos más dolorosos de atletismo.

Algún día voy a pasar la posición de pastor principal de NCC y, cuando lo haga, no quiero dejar caer el testigo. Quiero pasarlo y luego quiero correr en el mismo carril detrás de la persona a quien se lo entregue, animando a esa persona ¡todo el tiempo que yo pueda a mantener el paso!

La mayor medalla de honor para Benaía no es el hecho de que persiguiera a un león o matara a dos moabitas poderosos. Es el hecho de que se mantuvo leal a Salomón cuando David murió. Benaía era la pieza clave entre las administraciones de David y la de Salomón. Sin él, el testigo habría sufrido una caída y Salomón habría sido descalificado. Cuando los demás cometieron traición, Benaía se mantuvo leal a la realeza. Fue su integridad, no su valor, lo que lo llevó a su segundo trabajo ideal.

Esto puede venir como una leve sorpresa, especialmente en un libro acerca de perseguir sueños, pero no creo que todo el mundo esté destinado a perseguir sus propios sueños. No todo el mundo es un soñador rebelde. Pero si tú no lo eres, es imprescindible que estés cerca de alguien que lo sea. ¿Por qué? ¡Porque sin visión la gente perece!

Algunas personas están destinadas a tocar el segundo violín, ¡pero todavía puedes tocar «The Devil Went Down to Georgia» [N.deT.: El diablo fue a Georgia, una canción de 1979, que narra que el diablo va a Georgia y encuentra a un niño llamado Johnny al que reta con un duelo de violín. Si Johnny pierde, también perderá su alma; pero si gana, el diablo le dará un violín de oro. Johnny acepta, pero el diablo hace trampa y llama a unos demonios para que lo ayuden. Lejos de asustarse, Johnny le dice que le va enseñar cómo se toca. Y hace la mejor presentación.] Servir en el sueño de otra persona no es menos importante que buscar tu propio sueño. En mi opinión es más noble. Es el soñador el que obtiene la mayor parte del crédito en la ovación final. Pero me pregunto si los segundos violines obtendrán la mayor parte de la recompensa. Y, en última instancia, es Dios el que se lleva toda la gloria cuando ruedan los créditos finales.

NARRATIVAS OPUESTAS

Benaía el piratonita.

2 Samuel 23:30

HACE CIEN AÑOS, BOOKER T. Washington fue quizás el hombre negro más famoso en el planeta. En una ocasión compartió una taza de té con la reina de Inglaterra. También fue el primer negro invitado a cenar con el presidente en la Casa Blanca. «En un grado muy extraordinario», dijo el presidente Teddy Roosevelt, «él combina la humildad y la dignidad». Entonces Roosevelt le hizo quizás el mejor halago que cualquier persona puede recibir: «Más que ningún hombre que yo haya conocido, él vivió a la altura del versículo de Miqueas que dice: "¿Qué pide Jehová de ti: solamente hacer justicia, y amar misericordia, y humillarte ante tu Dios?"».[1]

Eso es un gran elogio por parte del Presidente de los Estados Unidos.

El 12 de marzo de 1911, Booker T. Washington estaba en Des Moines, Iowa, dando varios sermones y discursos en el mismo día. Se dirigió a multitudes en salones en los que la gente estaba de pie oyéndolo. Predicó en la Iglesia Episcopal de San Pablo, en la Iglesia de Plymouth, en la Casa de la Ópera de Foster y en una concentración de cuatro iglesias afroamericanas.[2] Booker T. era el tema de conversación de la ciudad.

Más tarde ese mismo día Washington, estaba en el vestíbulo del hotel donde se alojaba cuando una mujer blanca lo confundió con un empleado del hotel. Ella le pidió un vaso de agua y, en vez de corregirla o identificarse, él le hizo el favor. Trajo el vaso de agua, se lo dio y le preguntó: «¿Hay algo más que pueda hacer por usted?»[3]

Ese solo encuentro encapsula su carácter. Booker T. Washington fue asesor de presidentes, pero lo más importante, era un servidor humilde.

Fama

Vivimos en una cultura que apunta a quince minutos de fama. ¡Estamos apuntando demasiado bajo! ¿Por qué apuntar a la fama y la fortuna cuando la recompensa eterna está sobre la mesa? Vivo en una ciudad donde cada buena acción parece obtener un comunicado de prensa o una conferencia de prensa, pero Jesús advirtió en cuanto a los trucos de publicidad en el Sermón del Monte: «Cuídense de no hacer sus obras de justicia delante de la gente para llamar la atención. Si actúan así, su Padre que está en el cielo no les dará ninguna recompensa. Por eso, cuando des a los necesitados, no lo anuncies al son de trompeta, como lo hacen los hipócritas en las sinagogas y en las calles para que la gente les rinda homenaje. Les aseguro que ellos ya han recibido toda su recompensa».[4]

Todo el mundo conoce el nombre de Bill Gates, el fundador de Microsoft, y Warren Buffett, el «oráculo de Omaha». Están calificados como dos de los multimillonarios más ricos del mundo. Pero, ¿has oído hablar alguna vez de Chuck Feeney? Ese es el hombre que Gates y Buffett identifican como su héroe. Buffett va tan lejos como para decir: «Debería ser el héroe de todo el mundo».[5]

La revista *Forbes* denominó a Chuck Feeney como «el James Bond de la filantropía». Al igual que una versión moderna de San Nicolás, el obispo de Mira del siglo IV que se disfrazaba y secretamente daba regalos a los pobres, en los últimos treinta años Feeney tiene «recorrido el mundo conduciendo una operación clandestina para regalar una fortuna 7,5 mil millones de dólares». ¿Su objetivo? ¡Morir arruinado! Feeney incluso suena un poco como el viejo San Nicolás: «La gente me pregunta por qué eso me hace feliz; supongo que soy feliz cuando lo que hago ayuda a la gente y que soy infeliz cuando lo que hago no ayuda a nadie».[6]

Los sueños que Dios da tienen más que ver con los demás que contigo. Los sueños egoístas siempre hacen corto circuito, pero los que involucran e incitan a los demás tienen una cola larga.

Hay una línea muy fina entre «venga tu reino» y «venga mi reino». En última instancia, el objetivo de un sueño dado por Dios es honrar al Dios que te lo dio, en primer lugar. Un sueño dado por Dios no persigue un premio terrenal. Su objetivo es la recompensa eterna que Jesús prometió después que amonestara sobre la hipocresía: «Que no se entere tu mano izquierda de lo que hace la derecha, para que tu limosna sea en secreto. Así tu Padre, que ve lo que se hace en secreto, te recompensará».[7]

¿Estás viviendo de los aplausos de la gente o del aplauso de las manos cicatrizadas por los clavos? ¿Estás tratando de hacerte un nombre por ti mismo o hacer famoso el nombre de Jesús? ¿Estás construyendo altares a Dios o monumentos a ti mismo?

Hay treinta y siete hombres valientes enumerados en 2 Samuel 23. Elije un nombre, cualquiera. Yo elegí a Benaía el piratonita porque comparte el mismo nombre que Benaía hijo de Joyadá. Tal vez lo llamaban Ben para diferenciarlos. Puedo decir con un alto grado de confianza que lo que Ben hacía no tenía que ver con sí mismo. Tenía que ver con David. Él no estaba tratando de hacerse un nombre por sí mismo ni de establecer su propio trono.

Cada uno de los valientes, hasta el último, arriesgó su vida y su integridad física por David. Las energías de cada uno de ellos fueron dedicadas a ayudar a David a cumplir su sueño.

He conocido a un montón de líderes asombrosos a través de los años, muchos de los cuales son gente increíble también. Sin embargo, algunos de ellos lo son solo a la distancia. Son aquellos cuyos egos apenas caben a través del marco de la puerta. ¿Puedo decirte quiénes me impresionan más? Los que no tratan de impresionar. No hay nada más impresionante que un soñador con los pies en la tierra que entiende que el liderazgo es, ante todo, dedicación a servir.

¿Es tu sueño acerca de ti? ¿O acerca de los demás?

Si tu sueño es acerca de ti, nadie se va a reunir a tu alrededor.

Si tu sueño es acerca de otros, no vas a poder mantener a la gente alejada.

Agridulce

Tengo el privilegio de servir en la junta de Bittersweet Foundation [Fundación Agridulce], con sede en Washington, D.C. La directora ejecutiva, Kate

Schmidgall, fue reconocida por la Cámara de Comercio de D.C. como Empresaria Joven del Año en 2014. Kate es una líder visionaria, pero lo que más respeto de ella es que es todo acerca de los demás.

Hace catorce años concibió en su espíritu la convicción de que la iglesia necesita hacer un mejor trabajo en cuanto a contar historias acerca de un Dios bueno que está obrando en el mundo. En palabras de Kate: «Es una injusticia no hacerlo». Durante siete años, su sueño no era más que un deseo. Si alguna vez has tenido un sueño que ha acumulado polvo en el estante, conoces esa sensación de frustración. Luego llegó el momento de la verdad. «Yo sabía que ya no estaba esperando por Dios», dijo Kate. «Sabía que Dios estaba esperando por mí». ¡Así que Kate persiguió a su león!

La misión de Bittersweet es compartir narrativas opuestas.

Escucha cualquier ciclo noticioso de veinticuatro horas y la mayoría de las noticias son malas. No son solo deprimentes; son engañosas. Bittersweet cree que Dios no está muerto, que la iglesia no está inactiva y que la fe no es inútil. Pero es nuestro trabajo, como una tienda de historias, ¡celebrar esas historias! Cada mes resaltamos una historia inspiradora de una buena obra de Dios en el mundo. Si necesitas una pequeña dosis de inspiración, echa un vistazo al inventario de historias que hay en bittersweetmonthly.com.

En el Evangelio de Lucas hay una frase común: «El reino de los cielos es semejante…» Y se puede llenar el espacio en blanco con cualquier número de parábolas. Es semejante a la levadura; es como un grano de mostaza; es como un tesoro escondido en un campo.

Bittersweet cree que el reino de los cielos es como una mujer palestina, la señora Lidia, de ochenta años de edad, que inició el Centro de Paz para los Ciegos en el este de Jerusalén. ¿Por qué hizo eso? Porque la misma Lidia es ciega. Creemos que el reino de los cielos es como un maestro artesano que utiliza las herramientas de su oficio para construir aparatos de soporte para que los niños con polio puedan ir a la escuela, jugar fútbol, bailar y soñar. Creemos que el reino de los cielos es como DC127, una organización no lucrativa que está reuniendo a las iglesias para revertir la lista de hogares de custodia, en Washington, D.C., por lo que hay más familias en espera de niños que niños en espera de familias.

¿Cómo hacemos retroceder al reino de la oscuridad? Poniendo de relieve las historias de la bondad de Dios, la gracia de Dios. Y después de que contamos esas historias, la garantía creativa pertenece a las organizaciones que reseñamos; de manera que puedan compartir su historia con tantas personas como sea posible.

Al igual que cualquier soñador, Kate lucha con la duda: *¿Está haciendo realmente algo loable?* Su respuesta sincera: «Es difícil para nosotros saberlo». Entonces, ¿para qué seguir adelante? La respuesta corta es convicción. ¿Has sentido alguna vez tal convicción en cuanto a una causa que no puedes *no* hacer algo al respecto? Es como el profeta Ezequiel, que tenía fuego encerrado en sus huesos.[8] «Si Bittersweet ayuda incluso a una sola persona a aprender a ver a Dios en la oscuridad», afirma Kate, «entonces considero que mi vida cotidiana vale la pena».

Tercera rueda

En los días malos apuesto a que Benaía el piratonita sentía como si él fuera la segunda cuerda o la tercera rueda. Después de todo, ni siquiera era el más famoso en la banda de hermanos de David. Apuesto a que tenía que corregir a la gente varias veces cuando erróneamente pensaban que él era Benaía el que persiguió al león. *No, ese era Benaía hijo de Joyadá.*

Es difícil entrar en la cabeza de alguien que vivió hace miles de años, pero la naturaleza humana es la naturaleza humana. Supongo que Benaía el piratonita luchó con la autoestima como el resto de nosotros. Algunos días se sentía como un desconocido. Y eso causa una amplia variedad de problemas emocionales si estás tratando de hacerte un nombre por ti mismo. Pero si tu sueño es acerca de los demás, ¡eso no importa!

Mi amigo Mark Moore dirige una organización maravillosa que se llama MANA (por sus siglas en inglés), cuya misión es la lucha contra el hambre en el mundo, niño por niño.[9] ¿Su arma? Ayuda Nutritiva Administrada por Madres: paquetes de mantequilla de maní infundidos con nutrientes que ayudan a millones de niños desnutridos en todo el mundo. Parte de lo que me gusta de esta historia de campo ensoñador es que su fábrica en Georgia ¡fue construida en un terreno en el que se solía sembrar maní! Otra razón por la que amo a MANA es porque fue lanzado en el café Ebenezers el «Día Mundial contra el Hambre» en el 2010. Por lo tanto, se siente como un sueño dentro de otro sueño.

Si visitaras la sede de MANA, lo primero que te llamaría la atención es la imagen de una niña etíope demacrada precisamente en la entrada. Es un truco. Mark anticipó la pregunta que la gente le haría: «¿Quién es esa niña?» Me encanta la respuesta de Mark: «¡Ella es la jefa!»

MANA no se trata de Mark. Se trata de los millones de niños sin nombre, sin rostro, que merecen una oportunidad de luchar. Es por eso que Mark está persiguiendo ese león de doscientos cincuenta kilos.

Los hombres valientes consagraron su fama y su destino a lo que parecía ser una causa perdida en ese momento, un fugitivo llamado David. Ellos sabían que David recibiría la gloria y estaban de acuerdo con eso. ¿Por qué? Porque el sueño de David era el sueño de ellos.

Me encanta la forma en que la Biblia ni siquiera nombra algunos de sus héroes, como la viuda que dio las dos blancas o el niño que dio su bolsa de almuerzo a Jesús. ¡Va a ser divertido descubrir sus nombres cuando todo el mundo sea presentado en las Bodas del Cordero! Por supuesto, tu nombre real no es el que te dieron tus padres biológicos. Es el nombre que te dará el Hijo de Dios mismo: «Al que salga vencedor le daré del maná escondido, y le daré también una piedrecita blanca en la que está escrito un nombre nuevo que solo conoce el que lo recibe».[10]

Uno de los momentos más grandes de toda la eternidad será el instante en el que Jesús pronuncie tu nuevo nombre, tu verdadero nombre. Cuando te golpee el tímpano, se dispare a través de tus conexiones sinápticas y se registre en tu corteza auditiva; eso va a ser como si toda tu vida destellara rápidamente ante tus ojos. En ese momento toda tu existencia entrará en el foco perfecto. Ese nombre dará a conocer tu verdadera identidad, tu verdadero destino. Eso hará que todo tenga sentido.

Una tortuga en el poste de una cerca

Una de las ventajas de vivir en Washington, D.C., es que tenemos todos los monumentos y los elementos conmemorativos en nuestro patio. Me encanta el Memorial de Lincoln al amanecer, el Monumento a Jefferson cuando los cerezos florecen, y el Memorial de Einstein en la avenida Constitución.

Dicho esto, no hay memorial más emotivo que el de los Veteranos de Vietnam. Nombre tras nombre está grabado en la pared de roca ígnea negra que se extiende a 75 metros de largo.

Si no sabes ninguno de los nombres escritos en la pared, es posible que puedas lograr ir de un extremo al otro sin llorar. Sin embargo, para los niños, los cónyuges y los padres, esos nombres son más que nombres. Cada uno de ellos representa un universo de emociones, una vida de recuerdos.

En un sentido, leer la lista de los treinta y siete nombres en 2 Samuel 23 es casi tan emocionante como leer la guía telefónica. Es una larga lista de nombres que apenas podemos pronunciar. Para nosotros es un montón de desconocidos. Pero para David esa era la banda de hermanos con los que fue a la guerra. Sin ellos, él nunca se habría convertido en rey.

El mayor talento de David pudo haber sido atraer talentos.

Se dice que Alex Haley, el autor ganador del Premio Pulitzer de *Raíces*, colgó en su oficina una pintura de una tortuga sobre el poste de una cerca. «Cada vez que veas una tortuga en la parte superior del poste de una cerca», decía Haley, «sabes que tuvo algo de ayuda».[11]

El legendario entrenador Vince Lombardi dijo algo similar: «El hombre en la cima de la montaña no cayó allí».[12]

Se trate de un hombre en una montaña, de una tortuga en el poste de una cerca o de un rey en un trono, has de saber que tuvieron un poco de ayuda para llegar allí. Eso es cierto con cada sueño, con cada soñador.

A medida que NCC crece más y más, sé menos cada vez sobre más y más cosas. En lo organizacional, es demasiado complejo mantener el pulso en todo. En otras palabras, ¡mi sueño me superó hace mucho tiempo! Se necesitan casi quinientos voluntarios para sacar un fin de semana en nuestros ocho recintos. Y tenemos un equipo ensoñador que lo hace semana tras semana.

Si eres lo suficientemente grande para tu sueño, tu sueño no es lo suficientemente grande para Dios.

Necesitas un sueño que requiera treinta y siete hombres valientes, mujeres valientes.

Necesitas un sueño que necesite dólares y décadas.

¡Necesitas un sueño que te asuste!

LA DECIMOTERCERA VIRTUD

Najaray el berotita, que fue escudero de Joab hijo de Sarvia.

2 Samuel 23:37

Cuando Josiah Franklin murió el 16 de enero de 1745, su hijo Benjamin instruyó a un cronista para que inscribiera un versículo de la Escritura en la tumba de su padre. Era el proverbio favorito de su progenitor: «¿Has visto hombre solícito en su trabajo? Delante de los reyes estará».[1]

No sé por qué Josiah Franklin se apropió de ese proverbio en particular, de esa promesa en especial. ¿Tal vez fue una promesa de los Franklin para la próxima generación? Josiah nunca estaría delante de un rey, pero crió a un hijo que lo haría. Dedicó su décimo hijo al Señor como diezmo. Su sueño con Benjamin era que iba a ser ministro cristiano, pero en vez de eso se convirtió en un ministro plenipotenciario.

Tal vez el diplomático más importante en la historia de los Estados Unidos, Benjamin Josiah Franklin aseguró el apoyo de Francia durante la lucha de Estados Unidos por su independencia. Sin su arte de gobernar la revolución americana probablemente habría fracasado. Y lo mismo podría decirse con respecto al Congreso Continental.

Hacia el final de su ilustre y laboriosa vida, Benjamin Franklin hizo esta amplia observación general: «No pensé que alguna vez estaría, literalmente, delante de reyes; lo que, sin embargo, ya ha sucedido; porque he estado delante de cinco, e incluso tuve el honor de sentarme con uno, el Rey de Dinamarca, a cenar».[2]

El currículo de Benjamin Franklin podría ser sin igual entre los de nuestros Padres Fundadores. Franklin no solo firmó la Declaración de Independencia, sino que también la editó. Sus invenciones incluyen el pararrayos, la estufa de Franklin y los bifocales. Su publicación, *El almanaque del pobre Richard*, lo hizo el escritor más leído de Estados Unidos del siglo dieciocho. Comenzó la Sociedad Americana Filosófica, sirvió como jefe de correos de Filadelfia, y fue elegido por unanimidad sexto presidente del Consejo Ejecutivo Supremo de Pensilvania.

Un currículo así puede parecer un poco surrealista, pero dejé por fuera una pieza crítica del rompecabezas. No es insignificante el que Benjamin Franklin sirviera como funcionario administrativo en la Asamblea General de Pensilvania quince años antes de ganar un escaño. Él transcribió miles de discursos antes de que pronunciara uno. Escuchó miles de debates antes de entrar en uno. Benjamin Franklin también sirvió por casi una década a su hermano como aprendiz de impresor.

En pocas palabras, era un suplente. Y estudió duro.

No sabemos mucho acerca de Najaray el berotita, pero sabemos lo suficiente. Era un escudero, lo que significa que llevaba la armadura de Joab y le hacía los mandados. No era un trabajo demasiado encantador, pero lo puso en proximidad con Joab, que estaba con David. Y Najaray debe haber sido diligente en su vocación, ya que se cuenta entre los hombres valientes. Al igual que cada uno de ellos, Najaray se presentó ante el rey David, cumpliendo el antiguo proverbio incluso antes que el hijo de David, Salomón, lo escribiera. No me sorprendería que el rey Salomón pensara en los hombres valientes cuando escribió esas palabras.

Ayudante de campo

Hay una tendencia en la Escritura que no se puede ignorar. Muchos de los más grandes líderes eran suplentes. Eliseo llevaba el manto de Elías. Josué subió el Sinaí con Moisés. Incluso David sirvió como escudero de Saúl hasta que este empezó a tirarle lanzas.

Lo que es cierto en la Escritura es verdadero en la historia.

Puede que sepas que nuestro primer ministro de hacienda, Alexander Hamilton, sirvió como ayudante de campo de George Washington durante la Guerra de la Independencia. Pero, ¿sabías que el general Washington tenía treinta y tres ayudantes? Y ellos son una lista auténtica de protagonistas por sus propios méritos. No se limitaron a servir a George Washington; aprendieron de él a ser líderes.[3]

Edmund Jennings Randolph se convirtió en el primer fiscal general de Estados Unidos, así como segundo ministro de Estado. Jonathan Trumbull Jr., fue elegido para el Primer Congreso y se desempeñó como Presidente de la Cámara en el Segundo Congreso. El Dr. David Cobb fue elegido para el Tercer Congreso en 1793. Alexander Contee Hanson trabajó en el Senado. David Humphreys fue ministro de relaciones exteriores en Portugal y España. James McHenry tenía un fuerte que lleva su nombre, y fue la defensa de ese fuerte en la batalla de 1812 que inspiró a Francis Scott Key «The Star-Spangled Banner» (la letra del himno nacional de los Estados Unidos). Y, por último, pero no menos importante, la pintura John Trumball *La Declaración de la Independencia* adorna la parte posterior del billete de dos dólares.

No tengo ni idea de lo que Peregrine Fitzhugh, Hodijah Baylies o el Dr. Ebenezer Man hicieron después de servir bajo Washington, pero me encantan sus nombres. Además, me recuerdan a Najaray el berotita. Cada uno de los ayudantes de campo de Washington jugó un papel crítico en un momento crucial de nuestra historia, al igual que cada uno de los valientes de David.

Hay una temporada para ir tras tus sueños, pero también hay otra para servir al sueño de otro. La mejor manera de aprender el liderazgo es servir bajo un líder dotado. Los ayudantes de campo de Washington aprendieron cosas que no se podrían enseñar en un aula. Ellas podrían aprenderse solamente en un campo de batalla. Y lo mismo podría decirse de los valientes de David.

Yo me guío por un pequeño lema: *No busques la oportunidad; busca a Dios, y la oportunidad te buscará.* No estoy sugiriendo que no mantengas los ojos abiertos o pongas tu mejor pie por delante. Si la oportunidad llama, responde a ella. Pero la mejor ruta hacia tu sueño no está en buscar una posición de liderazgo; está en posicionarte como sirviente.

Todos los soñadores tienen que pagar sus cuotas, temo por aquellos que no lo hacen. Algún día vas a deber impuestos atrasados por los atajos que tomes. Y tu éxito será de corta duración. No dejes que el apuro por comenzar un nuevo capítulo de tu vida te impida aprobar con buenas notas las lecciones que el capítulo actual está tratando de enseñarte.

Si eres diligente, estarás parado delante de reyes. ¡O sentado a la mesa con expresidentes!

¿Cómo llegué aquí?

En los últimos años, he tenido unos cuantos momentos tipo *¿cómo llegué aquí?* Sigo encontrándome sentado a la mesa con individuos con los que no tendría por qué estar en el mismo salón, incluyendo almuerzo con un expresidente y una cena con un antiguo MVP de la NFL. Pero he descubierto en este viaje de sueños que cuando sigues a Jesús, vas a ir a lugares que están fuera de la red y conocerás a personas que están fuera de tu liga.

Hace un año estaba sentado a la mesa con un general de tres estrellas, otro ex MVP de la NFL y un miembro del Congreso. ¿Qué teníamos en común? Somos amigos de Dick Foth, por supuesto. ¡He llegado a pensar en esto como los cinco grados de Dick Foth! A la cabeza de esa mesa estaba el ex ayudante de campo de Dick, Jeremy Vallerand.

Como veinteañero, Jeremy pasó un año conduciendo a Dick Foth en D.C., por todo el Capitolio. Es uno de media docena de ayudantes que pasaron un año con Dick durante su tiempo en Washington D.C. De hecho, el primer ayudante de Dick fue mi cuñado Joel Schmidgall, que ahora sirve como nuestro pastor ejecutivo de NCC.

Durante su año en D.C., Jeremy se convirtió en un experto en conducir en el tráfico a horas pico y en estacionamientos laberínticos. También aprendió valiosas lecciones de liderazgo con el Dr. Foth. Avancemos una década y veamos a Jeremy ahora, dirige una asombrosa organización sin fines de lucro llamada Rescue: Freedom, cuyo león de doscientas cincuenta kilos es la trata de personas.

«Lo que me motiva es el hecho de que somos capaces de ayudar a niños y niñas a escapar de la esclavitud», dijo Jeremy en un perfil reciente de *Forbes*. «Verlos perseguir sus sueños es lo que me hace continuar».[4]

Jeremy es una versión moderna de Moisés. Su sueño es liberar esclavos para que puedan soñar de nuevo. Y a los que dirigen burdeles y campos de trabajo, Rescue: Freedom les dice: «¡Deja ir a mi pueblo!»

Escala por los cautivos

El momento génesis de Jeremy fue su primer viaje a Kamathipura, que tiene uno de los mayores distritos rojos o de alta peligrosidad en Asia. Fue allí donde Jeremy conoció a treinta y cinco niños que eran VIH positivos.

Se preparó para lo que pensaba sería un sitio muy sombrío, pero en vez de eso se sintió como si hubiera encontrado la fuente de la esperanza. La trata de personas ya no era solo un problema; ahora tenía un rostro. Y cuando Jeremy voló de regreso a su casa en Seattle, dejó su corazón detrás.

Unos meses más tarde Jeremy tenía la intención de escalar el Monte Rainier el Cuatro de Julio. Iba a hacerlo por diversión, pero luego tuvo una idea. «La gente hace todo tipo de cosas a fin de recaudar dinero para diversas causas», dijo Jeremy. «Si puedes correr maratones para apoyar la investigación del cáncer o vender galletas para las Girl Scouts, ¿por qué no puedes escalar montañas para rescatar niños de la esclavitud?» Sobre todo el Cuatro de Julio.

El objetivo de Jeremy para la primera Climb for Captives [Escala por los cautivos] era recaudar 14,410 dólares, es decir, un dólar por cada pie vertical de la montaña. Esa primera subida recaudó 20.000 dólares, y los ascensos posteriores han levantado $486.000. Y el sueño de Jeremy ha provocado una reacción en cadena. «Hemos visto que la gente usa las carreras de bicicletas, los maratones, las cenas, las ventas de garaje, los regalos de boda, los espectáculos de danza y café microtostado», dijo Jeremy.

Las personas están aprovechando lo que les gusta hacer para ayudar a causas importantes para ellos.

«Empecé dedicando un ascenso a una causa», dijo Jeremy. «En algún momento dediqué mi vida a un sueño».

Cuando Jeremy se mudó a Washington, D.C., hace una década, no tenía idea de lo que podría resultar de aquello. Y no estaba seguro de lo que quería hacer con su vida. Si estás en una situación similar, mantente alrededor de alguien con un sueño. Acércate lo más que puedas. Pudiera iniciarse una reacción en cadena que cambie tu vida y la de ellos.

Un divertido efecto dominó: Dick Foth sirve como presidente de la directiva de Rescue: Freedom que Jeremy Vallerand, su antiguo protegido, dirige. Es más que un favor a un ex ayudante de campo. ¡Es una causa a la que Dick ha dedicado el resto de su vida!

Agáchate, joven

Cuando joven, Benjamin Franklin era bastante mordaz en sus editoriales, más de unos cuantos de ellos se dirigieron al predicador puritano Cotton

Mather. En un gesto bastante magnánimo, Mather invitó a Benjamin a cenar una noche y le mostró su biblioteca. Franklin invertía gran parte de su tiempo y su dinero durante su juventud en la adquisición de una de las bibliotecas más grandes de Estados Unidos, que consta de 4.276 volúmenes. Mientras caminaban a través de un estrecho pasaje hacia la biblioteca, Mather le gritó a Franklin: «¡Agáchate! ¡Agáchate!» Franklin no entendía la exhortación hasta que fue demasiado tarde y se golpeó la cabeza con una viga baja. Como cualquier buen predicador, Mather lo convirtió en un sermón. «Que esto sea una advertencia para que no siempre mantengas la cabeza tan alta. Agáchate, joven, agáchate —a medida que avanzas a través de este mundo— y te evitarás muchos porrazos».

Muchos años más tarde, Franklin le dijo al hijo de Mather que nunca olvidó ese momento, esa lección. «Ese consejo, metido de esa forma en mi cabeza, con frecuencia ha sido de utilidad para mí», dijo Franklin, «y a menudo pienso en ello cuando veo el orgullo mortificado y las desgracias impuestas a las personas por llevar sus cabezas demasiado altas».[5]

Uno de los momentos decisivos de mi vida fue cuando fui puesto en mi sitio por un pasante de verano. Hice una declaración orgullosa sobre NCC, por lo que él me desafió. Al principio, me puse a la defensiva. Pero estoy muy agradecido porque tuvo el valor de desafiarme. Desde luego, no quiero dar la impresión de que he conquistado al orgullo. Al igual que cada uno de los siete pecados capitales, el orgullo tiene nueve vidas. Tienes que luchar la batalla todos los días, pero hay victorias decisivas. Y esa fue una de ellas.

Fue una experiencia que me hizo poner los pies sobre la tierra y que dio a luz un pequeño mantra que repetimos en NCC todo el tiempo: *Si permaneces humilde y te mantienes con hambre, no hay nada que Dios no pueda hacer en ti o a través de ti.*

Déjame correr la cortina y revelar un poco de NCC. Tenemos un equipo de estrellas que es increíblemente talentoso. Nuestros líderes de adoración son máquinas compositoras de canciones. En mi humilde opinión, valga el doble sentido, ellos están escribiendo algunas de las mejores canciones de adoración y alabanza en Estados Unidos.[6] Nuestro equipo de medios de comunicación produce tráileres, documentales y películas cortas con calidad de Hollywood. Y con la ayuda de nuestros amigos en Orange,[7]

Crosswalk Kids [Niños de pasos peatonales] apabullan. ¡Pero la actitud prevalece sobre el talento siete días a la semana y dos veces el domingo!

Cuando vamos a contratar personas, estamos sin duda en busca de habilidades, de inteligencia. Si te graduaste *summa cum laude*, eso me dice que tienes una cabeza sobre tus hombros. Si te graduaste *gracias al laude*, probablemente no te contrataremos para nuestro departamento de finanzas. Pero aun más que aptitud, estamos buscando una actitud. Estamos buscando humildad, disposición a aprender y sentido del humor.

A los veinte años de edad, Franklin identificó las virtudes en las que iba a trabajar con diligencia para desarrollarlas. Creó una lista de verificación y él mismo se calificaba todos los días. En principios, la lista se componía de doce virtudes. No fue hasta que había sido humillado una o dos veces que Franklin añadió la virtud decimotercera, la humildad. Junto a ella, escribió: «Imitar a Jesús y a Sócrates».

Hay una secuencia en la Escritura que es sacrosanta: «El orgullo va delante de la destrucción», y «la humildad precede al honor».[8] En el orden espiritual de las cosas, esto es inviolable.

El orgullo es el primer capítulo en el libro del fracaso.

La humildad es el primer capítulo en el libro del éxito.

Dios no te pondrá en una posición de liderazgo hasta que adoptes una postura de servidumbre.

El mayor halago dado a Benaía puede ser este: «Recibió más honores que los demás miembros de los Treinta».[9] Es un descriptor simple, pero dice mucho de Benaía. Esta es mi traducción: Era *más humilde* que cualquiera de los Treinta. Eso no es un salto exegético; es una ley espiritual. Incluso si la palabra *humildad* no se mencionara explícitamente en el texto de la Escritura, es parte de la secuencia.

Y hay dos maneras de conseguirlo: humillarte o dejar que Dios te humille. Es lo uno o lo otro. ¡Elige lo primero para que no tengas que experimentar lo segundo!

La humildad es el prólogo a cada historia de éxito en la Escritura.

Fue cierto con Benaía.

Fue cierto con Najaray.

Es cierto contigo.

DENTRO DE CIEN AÑOS

En total fueron treinta y siete.

2 SAMUEL 23:39

EL 31 DE DICIEMBRE de 1759, Arthur Guinness abrió una fábrica de cerveza en Dublín, Irlanda. Arrendó un terreno de hectárea y media en St. James Gate. Como entrada occidental de la ciudad, tenía un gran tráfico peatonal. También era el lugar de una feria anual donde el artículo de mayor venta era la cerveza. Pero Guinness no eligió ese lugar por esas razones. Él sabía que los planificadores urbanos planeaban construir el Gran Canal de Irlanda adyacente a St. James Gate, lo cual daría a su cervecería una vía de despacho construida en su propio patio trasero.

Guinness tenía ojo para la oportunidad, y también debe haber tenido una habilidad especial para la negociación, porque logró asegurar un contrato de arrendamiento de nueve mil años. Leíste bien, ¡un contrato de arrendamiento de nueve mil años! Eso debe ser un récord mundial Guinness, nunca mejor dicho.[1] Arthur Guinness dio una inicial de cien libras y se comprometió a pagar cuarenta y cinco libras por año.

No tengo ni idea de por qué Arthur propuso una cantidad de tiempo de nueve mil años en vez de ocho mil o diez mil. Pero era obvio que entró en ese proyecto para larga data. Guinness, que es más antiguo que Estados Unidos de América, tiene una política tradicional que ha guiado su toma de decisiones por 257 años: *considerar por largo tiempo y actuar con rapidez.*[2]

Esa filosofía de doble filo es una buena regla de oro tanto en los negocios como en la guerra. Antes de unirse a las filas de David, los valientes sin duda hicieron algunos análisis de escenarios. Si eres parte de un golpe de estado que fracasa, no es solo el líder el que pierde la cabeza. Unirse a la banda de hermanos de David fue una decisión peligrosa, por eso estoy seguro que pensaron largo y tendido al respecto. Pero una vez que la decisión se tomó, actuaron con rapidez. Después de todo, ¡requería reflejos de gato para que Benaía aventajara y combatiera a aquel león!

Considerar por largo tiempo.

Uno de los mayores errores que cometemos es pensar en términos de una generación. No solo es miope; también es egoísta. Pensamos que lo que Dios hace por nosotros, es *para nosotros.* Y lo es, pero no lo es. También es para la tercera y la cuarta generación.

Creemos en aquí, en este momento.

Dios está pensando en naciones y en generaciones.

La clave para soñar en grande está en *pensarlo mucho.* Y cuanto más grande sea el sueño, mayor debe ser el cronograma. Si estás pensando en términos de eternidad, debes tener algunos sueños que no se pueden lograr en toda tu vida.

Millones por nacer

Antes de la batalla de Long Island, el general George Washington les recordó a sus tropas por quiénes estaban luchando. No luchaban solo por su libertad como primera generación de estadounidenses. «El destino de millones por nacer dependerá ahora, bajo Dios, del valor y la conducta de este ejército».[3]

Ciento cincuenta años más tarde, Abraham Lincoln estaba tratando de conseguir la Decimotercera Enmienda, que aboliría la esclavitud, a través del Congreso. Faltando dos votos, Lincoln hizo un llamamiento a la bancada republicana: «La abolición de la esclavitud por disposición constitucional resuelve el destino, para todo… tiempo, no solo de los millones ahora en esclavitud, sino de los millones por nacer; una medida de tal importancia que *esos dos votos deben ser procurados*».[4]

Millones por nacer.

Washington y Lincoln tenían sus ojos en la tercera y la cuarta generación. Por eso es que estaban luchando. Su sueño no era de ellos. Se trataba de la próxima generación y la generación después de esa.

Al igual que Washington y Lincoln estaban luchando para la próxima generación de estadounidenses, David y sus hombres valientes estaban combatiendo por la próxima generación de judíos. Un reino pendía de un hilo. Puedo escuchar a David inspirar a sus hombres con las mismas palabras que George Washington utilizó para inspirar al ejército continental: «Tenemos, por lo tanto, que resolver conquistar o morir».[5]

Al igual que nuestros Padres Fundadores, los valientes de David consagraron mutuamente sus vidas, sus destinos y su sagrado honor a su causa, a su llamado. El resto es historia. Sus actos heroicos son recordados, considerados por largo tiempo.

¿Qué estás haciendo hoy que se ha de distinguir cien años a partir de ahora?

Cada generación debe administrar lo que se le ha confiado. Se inicia honrando a la generación que la ha precedido, aprendiendo todo lo que podamos de ellos. Pero eso es solo la mitad de la ecuación cuando se trata de transmitir la bendición generacional. Se continúa empoderando a la generación que viene detrás de nosotros. Así es como se pasa el testigo de bendición a la tercera y a la cuarta generación. Y eso es lo que el salmista propugna en el Salmo 78:

Para que los conocieran las generaciones venideras
y los hijos que habrían de nacer,
que a su vez los enseñarían a sus hijos.[6]

Una sola semilla

En 1914, un joven predicador llamado Ben Mahan comenzó a predicar en las esquinas de Jeannette, Pensilvania. Con el tiempo, se formó una iglesia y empezó a reunirse en la parte superior de una carnicería. Cinco años más tarde, en 1919, la congregación compró su primer edificio.[7] Unos años más tarde, un muchacho de dieciséis años llamado George Wood entregó su corazón a Cristo después de uno de los mensajes de Mahan.

En 1932, George y su esposa, Elizabeth, sintieron el llamado misionero al noroeste de China. Ellos difundieron el evangelio lo mejor que pudieron y se estableció una iglesia. Les nacieron tres niños, incluyendo al más joven de ellos, también llamado George, el 1 de septiembre de 1941.

Cuando expulsaron del país a los misioneros cristianos, la iglesia que pastoreaban los Wood contaba con doscientas almas. Durante muchas décadas, la iglesia pasó a la clandestinidad. Cuando volvió a emerger en 1983, uno de los pastores chinos con los que George Wood había trabajado inició de nuevo esa congregación con treinta personas. Cuando murió en 2004, ¡la iglesia contaba con quince mil personas!

Cuando se le preguntó cómo había sucedido aquello, el pastor de noventa y seis años de edad, dijo: «Jesucristo es el mismo ayer, hoy y siempre. Y oramos mucho».

Tu sueño está sentando las bases para el sueño de otra persona. Estás plantando semillas que alguien más va a cosechar, del mismo modo que estás cosechando las semillas que alguien plantó. Me encanta la forma en que Stanley Tam lo dice: «Dios no puede recompensar a Abraham todavía, porque su simiente sigue multiplicándose».[8] Y lo mismo se puede decir de Ben Mahan, George Wood y de ti.

Ben Mahan no tenía la menor idea cuando plantó una iglesia en Jeannette, Pensilvania, de que las semillas que sembró tendrían una cosecha en la provincia china de Qinghai cien años más tarde. Pero cuando plantamos y regamos, Dios da el crecimiento. Él determina cuándo, dónde y cómo.

Las semillas de la fe germinan a lo largo de las naciones y las generaciones.

Escuché esa historia por primera vez cuando el Superintendente General de las Asambleas de Dios, George Wood —hijo de los misioneros George y Elizabeth Wood— la contó. De hecho, lo hizo no muy lejos de la iglesia en Jeannette, Pensilvania, donde su padre fue salvo. George había visitado recientemente la iglesia y recorrido el mismo pasillo por el que su padre entró cuando fue salvo en 1924.

Al igual que George Wood heredó el nombre de su padre, su nombre se ha transmitido a su hijo y a su nieto; cuatro generaciones de Georges. Hay cincuenta y ocho miembros de su familia extensa, y cincuenta y seis de ellos conocen a Jesucristo como su Señor y Salvador personal. Yo pudiera sugerir que todos y cada uno de ellos son línea descendente de Ben Mahan.

La semilla de fe que Ben Mahan plantó se está multiplicando a través de naciones; desde Jeannette, Pensilvania, a la provincia de Qinghai, en China. Y está germinando a través de generaciones. Las Asambleas de Dios es el movimiento de más rápido crecimiento en la historia de la cristiandad, con sesenta y siete millones de adherentes en todo el mundo solo un siglo después de su inicio.

No subestimes el poder de una sola semilla.

Tiene el poder de influir sobre naciones y generaciones.

El diario de los sueños

Cada año nuestro personal en NCC va a dos retiros. Nuestro retiro de verano se llama Ora y juega, y adivina qué, oramos y jugamos. Nuestro retiro de otoño se llama Ora y planifica. Ya hemos hecho nuestro retiro de otoño en el puerto interior de Baltimore por quince años consecutivos. El derivado de ese retiro es un plan estratégico. Establecemos prioridades y fijamos cronogramas para nuestros sueños. Por supuesto, Dios nos sorprende cada año con cosas que definitivamente no planificamos.

Antes de nuestro último retiro, volví a leer nuestro plan estratégico de la década anterior. No solo me recordó lo lejos que hemos llegado, sino que también vi las semillas de algunos de los sueños que se han cumplido desde entonces.

El 18 de octubre de 2015, NCC lanzó su octavo recinto en la mayor sala de música y club de danza en Washington, D.C. El Echostage está situado justo al lado de un club para caballeros y al frente de una planta de fabricación de marihuana. Y ambos nos dejan usar sus estacionamientos los domingos por la mañana.

Poco después de la apertura de esa instalación, un auto se detuvo y el conductor le preguntó a uno de nuestros voluntarios en el estacionamiento cuándo abría el club de «striptease» [funciones de nudistas]. Él le dijo: «No estoy seguro, pero tenemos servicio de iglesia en este momento». Los dos chicos en el asiento delantero se marcharon, no sin antes que la chica del asiento trasero se bajara del coche y entrara a la iglesia.

Una de nuestras convicciones fundamentales es que la iglesia pertenece al medio del mercado. Es por eso que nos reunimos en las salas de cine. Es por eso que hemos construido un café. Es por eso que poseemos y operamos una sala de cine de primera calidad, con películas de segunda exhibición en el Capitolio. Y es por eso que nos reunimos en una sala de música al lado de un club de striptease.

Esto es lo que escribí en nuestro plan estratégico de una década antes:

Estamos llamados al medio del mercado, en este momento eso significa reunirnos en una sala de cine. En 2006 significará la apertura de un café donde la iglesia y la comunidad puedan cruzarse. También tenemos que tratar de redimir otros espacios sociales como clubes de baile.

No recuerdo nunca haber escrito esas palabras. ¿Un club de baile? En ese entonces, ¡ni siquiera podía mover los pies! Pero las semillas de lo que Dios está haciendo ahora se plantaron en mi espíritu una década antes.

Hace una década yo era un líder nervioso. Tenía miedo de que si se nos evadía, lo perderíamos. Fallaba en apreciar el hecho de que Dios hace lo que hace a pesar de nosotros, no solo a causa de nosotros. ¡Solo tenemos que permanecer fuera del camino! Dios es el que ordena nuestros días, ordena nuestros pasos y prepara buenas obras con antelación. Y cuando ese es el punto de enfoque de tu confianza, no es que estés seguro de ti mismo. Es confianza santa.

Es un inquebrantable sentimiento de destino.

Es una terquedad santificada.

Al lado de mi Biblia, no hay nada más sagrado para mí que mi diario. Yo lo llamo diario de oración, pero es además mi diario de los sueños. Después de todo, orar es una forma de soñar y soñar es una forma de orar.

Uno de mis rituales anuales es reflexionar y volver a leer mi diario. Es mi forma de asegurarme de que estoy aprendiendo las lecciones que Dios está tratando de enseñarme. También me ayuda a conectar los puntos entre mis oraciones y las respuestas de Dios. Mi diario de los sueños es el semillero donde germinan las ideas de Dios.

Uno de los ocho recintos es el histórico Teatro Lincoln, donde Duke Ellington y Ella Fitzgerald tienen su inicio. Si miras a través de mis diarios, encontrarías el Teatro Lincoln encerrado en círculos media docena de veces en un período de varios años. Soñamos con reunirnos allí mucho antes de que la puerta finalmente se abriera. Si no hubiéramos nutrido esa semilla de fe con un círculo en oración, no estoy seguro de que sería uno de nuestros recintos hoy.

Cada sueño, no importa cuán grande, empieza como una semilla. Y como una semilla, con frecuencia pasa bajo tierra una temporada. Es entonces cuando nos desanimamos porque no vemos ninguna evidencia física del progreso del sueño. Pero tiene que echar raíces antes de que pueda dar frutos.

Cien años a partir de ahora

Una imagen panorámica del paso de la montaña Sun Moon cuelga en la pared de la oficina de George Wood como recordatorio del lugar donde pasó los primeros seis años de su vida. Es también un recordatorio del legado que le dejaron sus padres misioneros.

Dos máximas, repetidas por su madre Elizabeth, son fundamentales para el enfoque que George da a la vida y al ministerio. «Cuando estemos delante de Dios», decía su madre, «no nos preguntará si fuimos exitosos. Nos preguntará si fuimos fieles».

La segunda máxima fue repetida tan a menudo como George se molestaba: «Bueno, Georgie, eso no importará cien años a partir de ahora».

En diferentes puntos de mi vida, he sentido como que el sueño que Dios me ha dado es demasiado grande para mí. Y es porque eso es lo que es. Por definición, un sueño del tamaño de Dios está más allá de tu capacidad, más allá de tus recursos. Si un sueño es de Dios, se requerirá la intervención divina. Pero también he aprendido que a veces un sueño se siente como que es demasiado grande para nosotros, ¡porque no es solo para nosotros!

Así es como me sentí cuando compramos el castillo en el Capitolio por 29,3 millones de dólares. Yo no calificaba para un sueño tan grande. Sinceramente, no estaba seguro de que necesitáramos una manzana de la ciudad. Y tal vez no lo necesitemos. Pero la próxima generación puede que sí. Y para ellos es que lo estamos construyendo.

No se trata de nosotros.

No se trata de ahora.

Todo lo que Dios esté haciendo en nosotros, aquí y ahora, lo está haciendo para la tercera y la cuarta generación. El sueño que Dios te ha dado es la semilla de algo que Él quiere hacer un centenar de años más adelante. Es probable que no vayas a estar para presenciarlo, pero otros van a cosechar donde no han sembrado a causa de tu fidelidad.

Me encanta la máxima de Elizabeth Wood: «No importará cien años a partir de ahora». Es un recordatorio para alejarnos a fin de poder ver el panorama en general. Es un recordatorio de que la vida de uno pronto pasará y solo lo hecho por Cristo perdurará. ¡No te preocupes por las cosas que no tienen incidencia en la eternidad! Tu único pesar al final de la jornada será el tiempo, el talento y el dinero que no le devolviste a Dios.

Ahora permíteme también darle vuelta a la máxima: *sí importará cien años a partir de ahora.* Ninguna oración quedará sin respuesta. Ningún sacrificio pasará inadvertido. Ningún regalo quedará sin recompensa. ¡Esas cosas tendrán un interés compuesto por toda la eternidad!

No renuncies a tu sueño. Si lo haces, no estarás renunciando a su realidad en tiempo presente. Estás renunciando a su potencial en tiempo futuro. ¿Hubo momentos en los que nos sentimos como para tirar la toalla en NCC? ¡Absolutamente! Sobre todo en los primeros dos años. Pero no habríamos estado renunciando a solo las cientos de personas que asistían a NCC en ese tiempo. Habríamos estado renunciando a todo lo que Dios ha hecho en las últimas dos décadas.

Sigue soñando sueños del tamaño de Dios.

Sigue persiguiendo leones de doscientos cincuenta kilos.

Eso marca toda la diferencia en el mundo.

Eso marca toda la diferencia para la eternidad.

Antes de que nacieras

Jonathan Gray creció en la capital del país cuando era la capital nacional de los asesinatos. La ciudad es más segura hoy que entonces, pero todavía es la historia de dos ciudades. Como el epicentro político del mundo libre, es el epítome de la potencia del primer mundo. Pero los que vivimos aquí sabemos que también hay un país estadístico del tercer mundo en nuestro patio trasero. La delincuencia y la pobreza están demasiado desenfrenadas, la falta de vivienda y la ausencia de padres son una epidemia; además, la tasa de VIH es mayor que en muchos países africanos.

Jonathan creció en medio de ese caos. Abandonó la escuela en el octavo grado y comenzó a avanzar por el camino equivocado. Jonathan no iba a la iglesia, pero un día la iglesia vino a él. A la edad de trece años, Jonathan dio su vida a Cristo en una campaña evangelística comunitaria de la organización para rehabilitar personas con adicciones Teen Challenge. Tres décadas más tarde Jonathan Gray funge como director ejecutivo de ese mismo ministerio.

Jonathan y su esposa han criado a sus tres hijos en los suburbios, pero al cumplir los catorce años, Jonathan efectúa un ritual sagrado con ellos. Los lleva a la ciudad y se estaciona en la esquina de Blaine y la calle 50 NE. Luego les dice lo que Dios hizo por ellos *antes de que nacieran*.

«Les digo cómo correteaba por las calles, robándole a todo el mundo y metiéndome en todo tipo de problemas», dice Jonathan. «Luego les cuento cómo un hombre trajo una iglesia a nuestro barrio, se ubicaba en una esquina y comenzaba a hablarles a todos acerca de Jesús».

Esa esquina es el camino a Damasco de Jonathan. Es el lugar donde Jesús interceptó la vida de Jonathan y Jonathan hizo un giro a la derecha. En la actualidad hay tres generaciones Gray siguiendo a Cristo, pero cada una de sus genealogías espirituales se remonta a esa esquina de aquella calle. No fue solo el punto de inflexión de la vida de Jonathan; fue el punto de inflexión para las generaciones que estaban por nacer.

«Les cuento a mis hijos lo que la venida de Cristo a mi vida hizo por ellos, incluso antes de nacer», dice Jonathan. «Les digo que el Señor estaba haciendo un excelente cuidado de ellos antes de que nacieran».

Tu destino no comienza al nacer. Incluso antes de que tus padres se conocieran, Dios estaba preparando el escenario para ti. Tú fuiste concebido en la mente de Dios antes de que fueras concebido en el vientre de tu madre. Y todo lo que Dios hizo por ellos, lo estaba haciendo por ti.

Todo lo que Dios hizo por George Wood padre, lo hizo por George Wood hijo. Todo lo que Dios hizo por Jonathan, lo hizo por Charles, Janelle y Alana. Y todo lo que Dios hizo por David, lo hizo por Salomón.

Puede que tu historia no parezca tan dramática como la de Jonathan, pero no es menos providencial. Tu sueño puede no parecer tan histórico como el de David, pero no es menos trascendental.

Antes de que nacieras, Dios estaba obrando en tu vida trabajando en las vidas de los que te influenciarían. Y no se limita a una o dos generaciones. Para mí, se remonta por lo menos a seis generaciones.

La última voluntad y el testamento

Hasta hace poco sabía muy poco acerca de mi árbol genealógico, unos pocos nombres, algunas historias. Pero es extraordinario lo que se puede desenterrar con una búsqueda en Google. He descubierto un tesoro familiar, una copia del testamento de mi tátara tatarabuelo.

Andreas Pannenkuchen nació en el condado de Filadelfia en 1730. En algún momento su apellido alemán fue americanizado a Pancake (panqueques). Y, sí, es bastante irónico que un Batter-son (en inglés, hijo-de-masa) ¡venga de una larga línea de panqueques!

El 11 de septiembre de 1793, Andrew Pancake redactó su última voluntad y su testamento. Le dejó una vaca negra a su esposa, Elisabeth. Dejó cinco libras a su hijo mayor, John, que ejecutó el testamento. Y dejó la granja, literalmente, a su hijo Joseph. Luego escribió estas palabras: «Estando en el presente débil de cuerpo pero en plenas facultades mentales gracias sean dadas a Dios por su bondad y sus misericordias».[9]

Me encanta la alusión al salmo veintitrés. Sucede que esa es una de mis frases favoritas en toda la Escritura: «Ciertamente el bien y la misericordia me seguirán todos los días de mi vida». Casualmente, fue mi abuela por el lado de la familia Pancake la que primero me ayudó a memorizar ese salmo.

Se me puso la piel de gallina cuando leí por primera vez el testamento de mi tátara tatarabuelo, ¡porque me di cuenta de que la bondad y la misericordia de Dios me han estado siguiendo desde hace por lo menos seis generaciones!

La palabra *seguirán* también puede traducirse *perseguirán*; de hecho, podría ser una mejor traducción. Del mismo modo que Benaía persiguió a un león en un hoyo en un día de nieve, la bondad y la misericordia de Dios te están persiguiendo. La raíz hebrea, *radaph*, es un término de caza. El Sabueso del cielo está detrás de ti, en tu camino. Él nos persigue por los pasillos del tiempo hasta el día que nos arrepentimos. Entonces nos captura con su bondad y su misericordia por toda la eternidad.

No importa cuán lejos o por cuánto tiempo huyas de Dios, si te volteas, descubrirás que Dios te ha estado siguiendo. Está justo detrás de ti con los brazos abiertos, listos para abrazarte. Mi propio abuelo es un testimonio de este hecho. Las únicas veces que usaba el nombre de Dios, era en vano. Pero incluso después de una vida huyendo de Dios, mi abuelo descubrió que Dios había estado corriendo tras él. En una habitación de un hospital en Lake Forest, Minnesota, fue capturado por el bien y la misericordia de Dios, ¡que le habían perseguido por setenta y seis años!

Treinta y nueve genealogías

La mayoría de nosotros sabemos casi nada acerca de nuestros tatarabuelos, pero las decisiones que ellos tomaron influyeron en nuestras vidas en formas innumerables e incalculables. Si mi tatarabuelo político, Christian Schmidgall, no hubiera emigrado a los Estados Unidos en 1902, el paisaje de mi vida sería muy diferente. Lo mismo es cierto con mis antepasados suecos, los Johansson, que emigraron a América en el siglo diecinueve.

Nuestros ojos se ponen a menudo vidriosos cuando llegamos a las genealogías en la Escritura. Son largas listas de nombres que ni siquiera podemos pronunciar. Pero he llegado a apreciarlas como un testimonio eterno de la fidelidad de Dios.

Cada sueño tiene una genealogía, incluso el Hijo del Hombre, el Hijo de Dios, el Hijo de David. La genealogía de Jesús se registra en el Evangelio de Mateo. Hay cuarenta y dos generaciones, cuarenta y dos genealogías y, yo diría, cuarenta y dos milagros.

Una genealogía es una historia de generaciones. Y los nombres que figuran son el elenco, los personajes. En el caso de Jesús, hay un giro de la trama que se híper vincula con 2 Samuel 23: «Isaí engendró al rey David; y el rey David engendró a Salomón de la que fue mujer de Urías».[10]

Probablemente conozcas la historia, pero quizás no la subtrama. David cometió adulterio con Betsabé. Luego trató de encubrirlo ordenando que hicieran que el marido de Betsabé, Urías el hitita, muriera. Es posible suponer que Urías era un soldado al azar en el ejército de David, pero era en realidad uno de los valientes de David. El último nombre que aparece en 2 Samuel 23 es Urías el hitita. Así que David usó la corona que Urías le ayudó a asegurar para traicionar su matrimonio y tramar contra su vida.

Con todo y lo desastrosas que eran esas circunstancias, Dios todavía engendró al Mesías. Incluso en medio de la angustia, ¡Dios todavía engendra milagros! Y no es la primera ni la última vez.

¿Recuerdas a Rahab?

¡Ese solo acto de bondad generó un efecto dominó que resultó en tu salvación!

Hace unos años, lanzamos una iniciativa en Washington, D.C., llamada City Fathers [Padres de la ciudad]. El motivo de eso es simple: si no honramos a aquellos que nos han precedido, les robamos la oportunidad de bendecir a los que vienen detrás. Vivimos en una cultura que le da más relevancia a quince minutos de fama que a toda una vida de fidelidad. Es todo acerca de lo último y lo más grande. Así que decidimos honrar a nuestros padres y a nuestras madres de la ciudad; aquellos que han estado arando y sembrando en este campo de cosecha mucho antes que apareciéramos nosotros.

En nuestra primera actividad invitamos a cuatro pastores. El pastor titular por más tiempo fue el obispo Alfred Owens, de Greater Mount Calvary Holy Church, que ha sido pastor en esta ciudad por medio siglo. ¡Ha pastoreado en esta ciudad más de lo que yo he estado vivo! Los cuatro pastores han pasado acumulativamente 147 años en el ministerio en Washington, D.C.

¿Mi punto? ¡Estoy cosechando donde no he sembrado! Las bendiciones que he disfrutado son el subproducto directo e indirecto de la fidelidad de los que me han precedido. Sus sueños han influido en mí de una manera que ni siquiera voy a ser capaz de imaginar hasta que cruce el borde espacio-temporal.

Perseguidor de leones

Compartimos solo un almuerzo juntos, pero el Dr. Richard Halverson —para mí—, es un héroe. El excapellán del Senado sembró semillas en la capital del país que aún están germinando décadas después de su muerte. Una de esas semillas es la bendición que pronuncio al final de nuestros servicios en NCC. Fue inspirada y adaptada de su bendición como pastor de la Fourth Presbyterian en Bethesda, Maryland.

Cuando sales de este lugar, no dejas la presencia de Dios. Llevas la presencia de Dios contigo dondequiera que vayas.

He examinado muchos de los sermones y oraciones del Dr. Halverson, y mi favorito puede ser su discurso sobre «el viejo». Y va para las mujeres de edad también.

Algún día vas a encontrar a un viejo en la carretera, diez, treinta, cincuenta años a partir de ahora, esperando allí por ti... Ese viejo serás tú. Será el compuesto de todo lo que haces, dices y pienses hoy y mañana... Su corazón estará girando alrededor de lo que hayas puesto en él. Cada pequeño pensamiento, cada acción queda en ese anciano.

Todos los días en todos los sentidos, te estás convirtiendo cada vez más en ti mismo. Increíble, pero cierto. Estás empezando a parecerse más a ti mismo, pensar más como tú mismo, y hablar más como tú mismo. Te estás convirtiendo cada vez más en ti mismo.

Puedo imaginarme a cada uno de los valientes de David como hombres de edad. Sus muchas batallas habían dejado sus cuerpos magullados y maltratados, cáscaras de lo que fueron. Joseb sufría de bursitis en sus hombros. Eleazar tenía artritis en sus muñecas. Y Benaía apenas podía inclinarse a causa de una hernia discal o dos. Sus días de combate los afectaron severamente, pero estarían dispuestos a pagar el precio de nuevo. ¡Ni uno solo de ellos cambiaría un solo día! Y nadie podría quitarles el sueño que se hizo realidad en su vida: coronaron rey a David, ¡su legado para toda la eternidad!

Los hombres valientes de David deben haberse sentido un poco como los soldados que escucharon las palabras inmortales del Rey Enrique V antes de la batalla de Agincourt:

Y los caballeros ahora en sus lechos de Inglaterra
Se considerarán malditos por no haber estado aquí,
Y tendrán su hombría en baja estima cuando oigan hablar
a aquel que luchara con nosotros ¡el día de San Crispín![11]

En caso de que no te hayas dado cuenta a estas alturas, *Persigue tu león* no es solo un libro; ¡es un llamado a las armas! Está bien orar por un cerco de protección alrededor de aquellos que amas; Dios es nuestro Refugio, nuestro Escudo. Pero también es nuestra Bandera; el Dios que nos precede, ¡el Dios que lucha por nosotros!

Jesús no murió solo para mantenerte *a salvo*.

¡Murió para hacerte *peligroso*!

¿Puedo decirte qué creo que eres? ¡Eres un perseguidor de leones!

Entonces, haz lo que fuiste destinado a hacer.

¡Persigue tu león!

PERSIGUE TU LEÓN

GUÍA DE ESTUDIO

Capítulo 1:
Persigue al león

1. Mark escribe: "Estás a una idea, a un riesgo, a una decisión de distancia de una vida totalmente diferente. Por supuesto, es probable que sea la decisión más difícil que nunca habrás de tomar, el riesgo más temible que jamás corras. Pero si tu sueño no te asusta, es demasiado pequeño" (página 12).

_____

_____

_____

2. ¿Qué es lo primero que se te ocurre cuando piensas en seguir un sueño?

_____

_____

_____

3. ¿Cuándo has huido de algo a lo que temes? ¿Cuándo has perseguido algo incorrecto?

_____

_____

_____

4. ¿En qué maneras han influido tus decisiones cuando temes cometer errores?

_____

_____

_____

5. ¿Quién podría acompañarte a perseguir al león de tu vida?

_____

_____

_____

6. ¿Qué significa para ti "jugar a la ofensiva" con tu vida (página 14)?

_____

_____

_____

Capítulo 2:
Un sueño dentro de otro sueño

1. ¿Te ves como un soñador? ¿Por qué?

_____

_____

_____

2. ¿De qué incredulidad o falso sentido de imposibilidad debes arrepentirte?

_____

_____

_____

3. ¿Por qué es importante que tu sueño esté más allá de tu capacidad?

_____

_____

_____

4. ¿Quién ha sido profeta en tu vida? Piensa en la primera infancia, así como en los últimos años.

_____

_____

_____

5. ¿Qué significa «critica creando» (página 28)? ¿Cuándo has visto suceder eso?

_____

_____

_____

Capítulo 3:
El efecto dominó

1. ¿Qué es un «incidente incitante» en tu vida (página 33)?

_____

_____

_____

2. ¿Cuándo te ha cambiado un acto de bondad? ¿Cuáles fueron los efectos dominó de ese acto?

_____

_____

_____

3. ¿Cuándo ha cambiado tu vida un acto de valor? ¿Cuáles fueron los efectos dominó de ese acto?

_____

_____

_____

4. Dedica un tiempo a hacer un inventario de la fidelidad de Dios con tu vida (consulta la página 40). Escribe o comparte con tu grupo pequeño los momentos de bendición y generosidad de Dios contigo.

_____

_____

_____

Capítulo 4:
La puerta al futuro

1. Mark escribe: "¡Los sueños son altamente contagiosos!" (página 44). Si no tienes un sueño en este momento, ¿con cuál soñador podrías pasar tiempo?

_____

_____

_____

2. "Muchas personas mueren mucho antes de que el corazón les deje de latir. Empezamos a morir el día que dejamos de soñar. E irónicamente, comenzamos a vivir el día que descubrimos un sueño por el que vale la pena morir" (página 44). ¿Dirías que nuestra cultura apoya esta idea? Explica por qué.

_____

_____

_____

3. ¿Cuáles son algunos de tus pasajes bíblicos favoritos? ¿De qué maneras se están convirtiendo en el guion de tu vida (ver páginas 14 y 45)?

_____

_____

_____

4. Mark cita a Graham Greene: "Siempre hay un momento en la infancia cuando la puerta se abre y deja entrar al futuro" (página 47). ¿Qué momento de la infancia, aunque sea pequeño, señalarías como un tiempo que deja entrar tu sueño futuro?

_____

_____

_____

5. ¿A quién podrías elogiar hoy, reconociendo que los efectos de un cumplido pueden cambiar el curso de la vida de alguien? ¿De quién podrías "jactarte" a sus espaldas?

_____

_____

_____

Capítulo 5: El juego de centímetros

1. ¿Cuándo, un aparente error o accidente, cambió tu vida para bien?

_____

_____

_____

2. ¿Por qué puertas, de las que se te cerraron, agradeces a Dios ahora?

_____

_____

_____

3. ¿Por qué usaría Dios pequeñas conversaciones e instantes para agitar sus sueños en nosotros?

_____

_____

_____

4. ¿Dirías que estás trabajando en tus sueños? ¿Por qué? De cualquier manera, ¿en qué modo contribuye tu trabajo actual a dar forma y a lograr tus sueños?

_____

_____

_____

5. Describe un evento tipo "dos centímetros" que te haya ocurrido, uno en el que casi te pierdes algo grande que Dios tenía para ti, aunque no te hayas dado cuenta hasta más tarde (página 53).

_____

_____

_____

Capítulo 6:
El momento decisivo

1. Describe un momento en el que te hayas sentido tentado a dejar que lo que no pudiste hacer alguna vez te impidiera hacer lo que, en realidad, sí puedes.

_____

_____

_____

2. ¿De qué maneras se atascan las iglesias en "hacer iglesia" o "hacer misiones", como solían hacerlo las generaciones pasadas?

_____

_____

_____

3. Al considerar el sueño que deseas perseguir, ¿en qué modo necesitas elegir tus batallas sabiamente (ver página 73)?

_____

_____

_____

4. ¿Cuál es la diferencia entre operar con "un espíritu de temor" y hacerlo con "un espíritu de enfoque" (página 76)?

_____

_____

_____

5. Al considerar perseguir a tu león, ¿qué debes comenzar a hacer hoy para que eso suceda? ¿Qué necesitas dejar de hacer?

_____

_____

_____

Capítulo 7:
Frozen

1. ¿Qué te parece la idea de que debes practicar y disciplinarte para lograr tu sueño?

_____

_____

_____

2. ¿Cómo van tu "ética de oración" y tu "ética de trabajo" (página 80)?

_____

_____

_____

3. Mark escribe sobre el modo en que nuestra cultura se centra más en "quince minutos de fama" que en la "obediencia prolongada en la misma dirección" (página 83). ¿De qué manera crees que esa actitud ha afectado la búsqueda de tus sueños?

_____

_____

_____

4. ¿Qué objetivos tienes que te llevarán toda una vida conseguirlos? ¿Qué objetivos tienes que no se pueden lograr en la vida?

_____

_____

5. ¿Por qué es tan significativo celebrar lo que Dios ha hecho? ¿Por qué es más importante que centrarnos en las formas en que hemos fallado?

_____

_____

_____

6. ¿Te ha liberado Dios de un sueño que hayas tenido? ¿Sigues aferrado a ese sueño o lo has dejado ir?

_____

_____

_____

Capítulo 8:
El campo de los sueños

1. ¿Cuándo un cambio en tu rutina, o en el entorno, te ha acercado más a Dios?

_____

_____

_____

2. Si pudieras regresar a un lugar donde Dios ha hecho algo significativo contigo, ¿irías? ¿Por qué es ese *lugar* tan importante para nosotros?

_____

_____

_____

3. Mark escribe: "Solo cuando el sueño está muerto y enterrado puede ser resucitado para la gloria de Dios " (página 95). ¿Cuándo has visto que eso ha ocurrido contigo o con otra persona?

_____

_____

_____

4. ¿Cuándo has cuestionado a Dios al dudar de ti mismo?

_____

_____

_____

5. ¿Por qué crees que a veces tenemos que dar el primer paso antes de que Dios revele el segundo?

_____

_____

_____

Capítulo 9:
En este lugar

1. En la actualidad, ¿dirías que estás persiguiendo activamente tu sueño o que estás en un patrón de espera? En cualquier etapa de tu sueño en la que estés en este momento, ¿cómo puedes mostrar tu integridad?

_____

_____

_____

_____

2. ¿Por qué es importante compartir tus luchas y tus pérdidas, así como tus victorias?

_____

_____

_____

_____

3. ¿Cómo influye tener una perspectiva eterna en lo que haces cada día para perseguir a tu león?

_____

_____

_____

_____

4. ¿Por qué es importante percatarte de que el sueño no se trata de ti sino de Dios? ¿De qué manera te ayuda Dios a ver eso?

_____

_____

_____

_____

Capítulo 10:
El foso de los leones

1. ¿Por qué podría Dios llamarte a una situación sin prometerte éxito?

_____

_____

_____

2. ¿Cómo definirías el éxito en tu vida?

_____

_____

_____

3. ¿Por qué es peligrosa la voluntad de Dios?

_____

_____

_____

4. ¿De qué maneras los cristianos promueven, a veces, la idea de que el éxito significa riqueza, salud y prosperidad? ¿Qué tiene que decir la Escritura en cuanto a esa perspectiva?

_____

_____

_____

5. ¿Cuándo es más probable que equipares el éxito terrenal con el éxito eterno?

_____

_____

_____

Capítulo 11:
El club de lucha

1. Mark habla de luchar contra el diablo con "palabras de fe" y "cantos de alabanza" (página 124). ¿Cómo puedes hacer eso ahora? ¿De qué otras formas puedes combatir los ataques del diablo en la actualidad?

_____

_____

_____

2. ¿Qué diferencia hace, en la práctica, que te veas como "más que vencedor" que como víctima (página 126)?

_____

_____

_____

3. ¿Qué significa que Dios está luchando por ti?

_____

_____

_____

4. Mark escribe: "Hasta que el dolor de permanecer igual se hace más agudo que el dolor del cambio, no sucede nada " (página 128). ¿Dirías que eso te parece más peligroso en la actualidad?

_____

_____

_____

5. ¿Qué es lo más tonto de tu sueño (ver página 129)?

_____

_____

_____

Capítulo 12:
Corre hacia el rugido

1. ¿Cuál es la diferencia entre la fe y la temeridad?

_____

_____

_____

_____

2. Mark dice que los cazadores de leones "no buscan la seguridad; buscan situaciones que les asusten" (página 139). ¿Cuándo te ha asustado la vida?

_____

_____

_____

3. ¿Qué te da más miedo: perder oportunidades o cometer errores? ¿Por qué?

_____

_____

_____

4. ¿Cuáles son algunos ejemplos bíblicos de las locuras que se hacen en la obra de Dios?

_____

_____

_____

5. Mark dice: "Nunca estarás listo" (página 141). ¿Alguna vez has usado tu falta de preparación como una excusa?

_____

_____

_____

Capítulo 13:
Un día de nieve

1. ¿Cómo podría Dios «reciclar» el sufrimiento, el fracaso y la decepción en tu vida para sus propósitos (página 144)? ¿Cómo lo has visto hacer eso en el pasado?

_____

_____

_____

2. ¿Qué excusas has creado —y que debes confesar— para no perseguir tu sueño?

_____

_____

_____

3. ¿Qué necesitas para empezar? Considera la sugerencia de Mark en la página 147: pon una fecha de inicio, qué hora del día le vas a dar a Dios y tu fecha límite.

_____

_____

_____

4. ¿Te consideras un perfeccionista? ¿Por qué?

_____

_____

5. ¿A qué podrías dedicarle el ochenta por ciento en vez de esperar a poder dedicarle el cien por ciento?

_____

_____

_____

Capítulo 14:
Un sueño de tres kilos

1. ¿En qué modo depende tu sueño de los sueños de los demás? ¿En qué manera dependen los sueños de los demás del tuyo?

_____

_____

_____

2. ¿Cómo sueles responder a las críticas?

_____

_____

_____

3. ¿Has sufrido oposición a un sueño que hayas tenido?

_____

_____

_____

4. ¿Requiere tu sueño un compromiso financiero en este momento? ¿Qué paso de fe darías en el aspecto financiero?

_____

_____

_____

5. ¿Qué puntos de control impondrías para determinar si estás haciéndolo bien al asumir un riesgo financiero para alcanzar tu sueño?

_____

_____

Capítulo 15:
Destino doble

1. ¿Por qué crees que Dios pocas veces revela un sueño completo y los medios para lograrlo de una sola vez?

_____

_____

_____

2. Mark escribe: "Todo en tu pasado es una preparación para algo en el futuro" (página 163). ¿Cómo respondes a la idea de que Dios no está desperdiciando nada en tu vida?

_____

_____

_____

_____

3. ¿Qué es algo de tu infancia que Dios está usando hoy para bien: una habilidad, un estímulo para los maestros, una pérdida, una tarea escolar, una amistad?

_____

_____

_____

4. ¿Cuál es la diferencia entre un trabajo y un llamado?

_____

_____

_____

Capítulo 16:
Reacción en cadena

1. ¿Qué sabes sobre las generaciones anteriores de tu familia: sus creencias, sus países de origen, sus trabajos? ¿Se te ha transmitido una fe espiritual o eres (hasta donde sabes) un creyente de primera generación?

_____

_____

_____

2. ¿Qué es algo pequeño que podrías hacer en este momento como si fuera algo grande, sabiendo que «Dios hará grandes cosas como si fueran pequeñas" (página 170)?

_____

_____

_____

_____

3. ¿Qué legado espiritual quieres dejar a las futuras generaciones?

_____

_____

_____

4. Piensa en alguien que te haya influenciado de manera positiva. ¿Podrías retribuirle a esa persona influenciando a otra de manera similar?

_____

_____

_____

5. ¿A quién estás ayudando a prepararse para el éxito?

_____

_____

_____

Capítulo 17:
La habitación del conejo

1. ¿Con quién podrías compartir tu sueño esta semana?

_____

_____

_____

_____

2. ¿Te es fácil o difícil pedir ayuda? ¿Por qué?

_____

_____

_____

_____

3. ¿Quién te hace sentir pequeño porque sus sueños son muy grandes? ¿Te inspira eso o te desalienta?

_____

_____

_____

4. Mark escribe: "La verdadera prueba de la grandeza no se mide por tus logros. La verdadera prueba de la grandeza se mide por los logros de los que te rodean, de los que vienen después" (página 186). ¿Cómo influye esta verdad en tus acciones, palabras y sueños?

_____

_____

_____

5. ¿Crees que, en este momento, estás llamado a cumplir tu propio sueño o el de alguien más? ¿Cómo es eso y por qué?

_____

_____

_____

Capítulo 18:
Narrativas opuestas

1. ¿De qué manera te anima la cultura a apuntar bajo? ¿En qué formas te anima la iglesia, en Estados Unidos, a apuntar bajo?

_____

_____

_____

2. ¿Por qué los sueños por el bien de los demás tienden a atraer más seguidores? ¿Por qué duran más que los sueños egocéntricos?

_____

_____

_____

3. ¿Crees que lograr un sueño debería ser personalmente satisfactorio? ¿Por qué?

_____

_____

4. ¿Estás esperando que Dios persiga tu sueño o está esperando Él que lo hagas tú? ¿Cómo lo sabes?

_____

_____

_____

5. ¿Estás dispuesto a perseguir una meta aunque no sepas si marcará la diferencia? ¿Por qué?

_____

_____

_____

Capítulo 19:
La decimotercera virtud

1. ¿Cómo se entromete el orgullo en el camino de los sueños?

_____

_____

_____

2. ¿Cuándo has visto a alguien servir antes que se convierta en líder?

_____

_____

_____

3. ¿A quién podrías servir o aprender de esa persona mientras persigues tu sueño?

_____

_____

_____

4. ¿Cómo definirías el *ministerio*? ¿Crees que podrías ser ministro en un trabajo secular tanto como en una posición eclesiástica o en un ministerio sin fines de lucro? ¿Por qué?

_____

_____

_____

_____

Capítulo 20:
Dentro de cien años

1. Mark dice que pensar solo en términos de una generación es egoísta (ver página 206). ¿Estás de acuerdo o no? ¿Por qué?

_____

_____

_____

2. ¿Cómo honrarías a las generaciones anteriores al aprender de ellas?

_____

_____

_____

3. Mark escribe: "Dios hace lo que hace a pesar de nosotros, no solo a causa de nosotros" (página 210). ¿Cómo "nos desviamos del camino" de la obra de Dios aun cuando perseguimos su llamado?

_____

_____

_____

4. ¿Cuál es la diferencia entre confiar en ti mismo y la confianza santa?

_____

_____

_____

5. ¿Cómo ha modificado este libro, Persigue tu león, la visión que tienes de tus sueños? ¿Cómo vas a vivir ahora debido a ese cambio de perspectiva?

RECONOCIMIENTOS

SE NECESITA UN EQUIPO para llevar a cabo un sueño y eso es ciertamente el caso de *Persigue tu león*. Tengo una deuda de gratitud con WaterBrook Multnomah por la publicación de mi primer libro, *Con un león en medio de un foso cuando estaba nevando*. Qué alegría celebrar el décimo aniversario con una secuela.

Gracias por tu visión para este libro, Alex. Después de todas nuestras comidas y conversaciones en los últimos años, ¡es maravilloso tener un libro para demostrarlo! ¡Gracias a Andrew, Carol, Laura y Julia por sus ojos para la edición! Me encanta esta cubierta tanto como cualquier libro que he escrito, de modo que gracias especiales a Mark Ford. Y gracias a Ginia, Chris, Brett, Lori y Kim por ayudar a colocar este libro en las manos adecuadas en el momento adecuado.

Gracias a mi agente, Esther Fedorkevich. ¡Eres la mejor en el negocio! Y gracias a todo el equipo de la Agencia Fedd: Whitney, Lisa y el resto de los mejores.

Gracias a la iglesia a la que tengo el privilegio de servir como pastor, NCC. ¡No me gustaría estar en otro lugar haciendo otra cosa! Gracias a nuestro increíble equipo administrativo y al equipo de liderazgo ejecutivo por el privilegio de pastorear y, al margen, escribir. Y para nuestro personal, ¡ustedes son un equipo estelar! Un agradecimiento especial a Jill Wyman, mi asistente ejecutiva. Y gracias a nuestro pastor de oración, Heidi Scanlon, y a todo el equipo de oración de NCC por sus oraciones incesantes por mí.

Por último, gracias a mi esposa, Lora. ¡Me encanta perseguir leones contigo! Y a mis tres hijos: Parker, Summer y Josiah, la alegría de ser su padre es indescriptible. Hace diez años les dediqué *Con un león en medio de un foso* a ustedes. ¡Qué alegría verlos crecer y convertirse en perseguidores de leones!

NOTAS

Capítulo 1: Persigue al león
1. 2 Samuel 23:20, NTV.
2. Janet Jennings, *The Blue and the Gray* (Cantwell Printing, 1910), 178.
3. Véase 2 Samuel 23:21.
4. Gracias a Stephen Covey por esta metáfora. Encontré por primera vez esta idea en *Los 7 Hábitos de la gente altamente efectiva*.
5. Mateo 25:21, 23.
6. Un pequeño reconocimiento a uno de mis autores favoritos, Oswald Chambers. Su devocional *En pos de lo supremo* es un clásico.
7. Véase Efesios 3:20.

Capítulo 2: Un sueño dentro de otro sueño
1. David McCullough, *The Wright Brothers* (Simon & Schuster, 2015), 36.
2. Véase Efesios 3:20.
3. «Dream Within a Dream», on The Inception, Wikia, www.inception.wikia.com
4. Edgar Allan Poe, «Un sueño dentro de un sueño», PoeStories.com.
5. Hechos 2:17.
6. Véase 1 Samuel 16:1-13.
7. Loren Cunningham, *El libro que transforma naciones* (YWAM Publishing, 2007), 62.

Capítulo 3: El efecto dominó
1. «Paul Tudor Jones», https://en.wikipedia.org.
2. Andy Serwer, «La leyenda de Robin Hood», *Fortune*, 8 de septiembre de 2006.
3. Paul Tudor Jones, citado en Tony Robbins, Dinero: Domina el juego (Simon & Schuster).
4. Véase el Salmo 127:1.
5. Josué 2:12.
6. Gálatas 6:9-10.
7. «Gerda Weissmann Klein»,www.wikipedia.org.
8. «New England Holocaust Memorial», Wikipedia, https://en.wikipedia.org.
9. Leonard Mlodinow, *Subliminal* (Vintage Books, 2013), 46.

Capítulo 4: La puerta al futuro
1. «Wilson A. Bentley: The Snowflake Man», http://snowflakebentley.com/bio.htm.
2. Yo cuento cincuenta y un signos de interrogación en Job 38-39 (en inglés). Por supuesto, algunos de ellos contienen preguntas dentro de otras preguntas, por lo que el total es aún más. ¡Es todo un examen sorpresa!
3. Job 37:14.
4. M. B. Mullet, «The Snowflake Man», *The American Magazine*, febrero 1925, 29.
5. Jim Cymbala, «What Happens When the Church Prays?» Pray for Revival! May 13, 2013, https://prayforrevival.wordpress.com.
6. Steven Furtick, *Sol Detente*, (Multnomah).
7. «Graham Greene», www.brainyquote.com.
8. Brian Grazer and Charles Fishman, *A Curious Mind*, (Simon & Schuster, 2015), xv.

Capítulo 5: El juego de centímetros
1. Ed Catmull, *Creatividad S.A.* (Random House)
2. Catmull, *Creatividad S.A.*, 176.
3. «Cita: Diálogo de Regreso al futuro, Parte II», http://backtothefuture.wikia.com.
4. «Fun Fact: First Ten Move Possibilities», Chess.com.
5. Hechos 17:28.
6. Véase Hechos 17:26.
7. «Hospital Albert Schweitzer», www.wikipedia.org.
8. Albert Schweitzer, *Mi vida y mi pensamiento*. (Johns Hopkins University Press, 2009).
9. Schweitzer, *Mi vida…* 82.
10. Ben también ha escrito un gran libro titulado *Dream Year*, que recomiendo altamente.

Capítulo 6: El momento decisivo
1. «Death of Alan Kurdi», www.en.wikipedia.org.
2. Un mil millones dividido por cien es igual a diez millones.
3. «Death of Alan Kurdi», Wikipedia.
4. «Henri Cartier-Bresson», www.en.wikipedia.org.
5. Gracias de nuevo a mis amigos en la Conferencia Vino Nuevo por una de las semanas más notables de mi vida. Su hospitalidad me llenó de humildad y la conferencia cambió mi vida.
6. Stefan Zweig, *Momentos Estelares de la humanidad*. (Ariadne Press, 1999), 5.
7. Aunque la cita se atribuye generalmente a Burke, la fuente es incierta.
8. Julia Ward Howe, «El Himno de Batalla de la República», http://specialneedsmusic.com.
9. «Elizabeth Fry», https://en.wikipedia.org.
10. David Wills, Terry Parker, and Greg Sperry, *Family*. (The National Christian Foundation).
11. «Juramento Nightingale», www.en.wikipedia.org
12. 1 Crónicas 12:32.
13. La versión Reina Valera 1960 los llama principales, el resto de las versiones se refieren a ellos como jefes, lo que para nuestros efectos es lo mismo que líderes.
14. Anthony J. Mayo y Nitin Nohria, *En su tiempo*, (Harvard Business School, 2005).
15. Mateo 28:19.
16. International Civil Society Centre, «Missing the "Kodak Moment"», Disrupt & Innovate, https://disrupt-and-innovate.org.
17. Peter H. Diamandis and Steven Kotler, *Bold*, (Simon & Schuster, 2015).
18. Diamandis and Kotler, *Bold*, 5.
19. R. T. Kendall, *La unción: Ayer, hoy, mañana* (Casa Creación, 2003).
20. Kendall, *La unción…* 133.
21. «Henri Cartier-Bresson», Wikipedia.
22. «Richard Feynman», https://en.wikipedia.org.
23. Richard Feynman, «The Making of a Scientist», www.google.com.
24. «How Much Time Does It Take for a 95 M.P.H. Fastball to Reach Home Plate?» www.phoenixbats.com.

25. David Epstein, *The Sports Gene,* (Current, 2014).
26. «Wayne Gretzky», www.brainyquote.com.
27. Epstein, *The Sports Gene,* 9.

Capítulo 7: Frozen

1. Richard Goldstein, «George Shuba, 89, Dies; Handshake Heralded Racial Tolerance in Baseball», www.nytimes.com.
2. Roger Kahn, *Los chicos de verano* (Harper Perennial, 2006), 224.
3. Kahn, *Los chicos de verano,* 241.
4. Jon Gordon, «Will Smith's Secret to Success», *Jon Gordon Blog,* www.jongordon.com/.
5. 2 Samuel 23:10.
6. Peter King, «I Desperately Want to Be Coached», www.mmqb.si.com.
7. «Pablo Casals», https://en.wikipedia.org.
8. Véase Deuteronomio 28:2.
9. Véase Isaías 55:11.
10. Véase Jeremías 1:12.
11. Véase Filipenses 1:6.
12. John Wooden, www.goodreads.com.
13. «Stream of Consciousness», *Gaiam Life,* www.blog.gaiam.com.
14. 1 Samuel 7:12, RVR.
15. Véase 1 Samuel 17:54.
16. Véase 1 Samuel 17:4-7.
17. Véase Levítico 23:39.
18. Deuteronomio 24:5.
19. «Let It Go», https://en.wikipedia.org.
20. Jackson Truax, «Frozen Composers Robert Lopez and Kristen Anderson-Lopez», Awards Daily.com, www.awardsdaily.com.
21. Adam Grant, *Originals,* (Viking, 2016).
22. Patrick Gomez, «5 Things to Know About the Masterminds Behind *Frozen's* "Let It Go"», *People,* www.people.com.
23. Me encontré por primera vez con esta idea leyendo una biografía de Peter Marshall. Era la prueba que él empleaba para discernir la voluntad de Dios.

Capítulo 8: El campo de los sueños

1. Consulta summitleaders.org.
2. Véase Génesis 15:5.
3. «Winston Churchill», www.brainyquote.com.
4. Véase Marcos 16:20, RVR.
5. Véase Génesis 6.
6. Véase 2 Reyes 3.
7. Véase 2 Reyes 4.
8. No estoy seguro de quién acuñó esa frase, pero John Ortberg tiene un maravilloso libro con ese título.

Capítulo 9: En este lugar

1. Julia Solis, *New York Underground,* (Routledge).
2. William Tindall, *Standard History of the City of Washington,* (H. W. Crew, 1914).
3. Tindall, *Standard History,* 18.
4. Véanse Génesis 22:1-2 y 2 Crónicas 3:1.
5. Zachary M. Seward, «Recap of "Serial" Season Two, Episode One», http://qz.com.
6. Eric Weiner, *The Geography of Genius,* (Simon & Schuster, 2016), 2.
7. Salmos 34:3.

Capítulo 10: El foso de los leones

1. Mi suegro, Bob Schmidgall, contó esta historia durante el mensaje que nuestra familia escuchó la noche de Acción de Gracias en 2015. Está fechada 21 de febrero de 1979.
2. Gracias a Jeffrey Portman por este concepto, este reto. Se lo oí por primera vez a él, mientras hablaba en un evento en Seattle, Washington.
3. Kirk Cousins, *Game Changer,* (Zondervan).
4. Hebreos 11:32-34.
5. Hebreos 11:35-37.
6. «J. W. Tucker Event», YouTube, October 31, 2007, https://www.youtube.com.
7. George O. Wood, submitted by Marshall Shelley, «A Missionary's Sacrifice Was Worth the Cost», *Preaching Today,* www.preachingtoday.com.

Capítulo 11: El club de lucha

1. *The Book of Legends/Sefer Ha-Aggadah.* ed. Hayim Nahman Bialik and Yehoshua Hana Ravnitzky, (Schocken Books, 1992), 128.
2. *The Book of Legends,* 128.
3. Véase 1 Crónicas 11:23.
4. Véase Isaías 54:17.
5. Véase Santiago 4:7.
6. Véase Romanos 8:31.
7. Véase 1 Juan 4:4.
8. Corrie ten Boom con Elizabeth Sherrill y John Sherrill, *El refugio secreto* (Ed. Palabra).
9. Martin Luther King Jr., «Transformed Nonconformist», http://okra.stanford.edu.
10. King Jr., «Transformed Nonconformist.»
11. Rosa Parks with Jim Haskins, *Rosa Parks: My Story* (Puffin Books, 1992).
12. «Rosa Parks: "I had been pushed as far as I could stand"» Salon, www.salon.com.
13. Mark Batterson, *Tras el rastro del ave salvaje:* (Editorial Nivel Uno, 2018).

Capítulo 12: Corre hacia el rugido

1. «Jack Handey Quotes», http://thinkexist.com.
2. «Franz Reichelt», https://en.wikipedia.org.
3. 2 Timoteo 2:15, RVR.
4. Gracias a Jim Collins para este concepto, llamado la paradoja de Stockdale, que se puede leer en su clásico Good to Great.
5. 1 Juan 4:18, NVI.
6. 1 Samuel 21:13.
7. Mateo 16:18, RVA.
8. Neal Roese, *If Only,* (Broadway, 2005).

Capítulo 13: Un día de nieve

1. Bob Ruppert, «The Statue of George III», *Journal of the American Revolution,* http://allthingsliberty.com.
2. Ruppert, «The Statue of George III.»
3. Véase 1 Samuel 15:12.
4. «Compensation», https://en.wikipedia.org.
5. Malcolm Gladwell, «The Uses of Adversity», *The New Yorker,* www.newyorker.com.
6. George Bernard Shaw, www.goodreads.com.
7. W. H. Murray, *La Expedición Escocesa al Himalaya* (J. M. Dent an, 1951).

8. Andy Stanley, *Líder de la próxima generación*, (Multnomah, 2006).
9. Daniel J. Boorstin, *The Seekers*, (Vintage Books).
10. Juan 4:35.
11. Juan 4:35.
12. Si todo lo demás falla, ve el discurso motivacional de Shia LaBeouf «Just Do It», YouTube, https://www.youtube.com.
13. Christopher Harress, «The Sad End of Blockbuster Video: The Onetime $5 Billion Company Is Being Liquidated as Competition from Online Giants Netflix and Hulu Prove All Too Much for the Iconic Brand», *International Business Times*, December 5, 2013, www.ibtimes.com.
14. Joseph Baxter, «Netflix Is Now Worth More Than CBS», www.cinemablend.com.
15. Adam Grant, *Originals*, (Viking, 2016).
16. Grant, *Originals*, 1.

Capítulo 14: Un sueño de tres kilos
1. Consulta los productores de café en www.redeeminggrounds.com. Y mientras estás allí, compra una bolsa de granos.
2. Génesis 50:20.
3. Génesis 37:19.
4. Esta idea se originó con Erwin McManus.
5. 2 Samuel 23:20, RVR1960
6. Lucas 6:38.

Capítulo 15: Destino doble
1. Jeremías 1:4-5.
2. Mateo 19:26.
3. Lucas 1:37, RVA-2015.
4. 2 Samuel 23:22.
5. Consulta ipourlife.org.
6. Véase Romanos 8:29.
7. Edward Grant Ries, «The True History of William Wallace», www.electricscotland.com.
8. Ries, «The True History.»
9. Mira el libro de Joshua *The President's Devotional*, (HarperOne, 2013).

Capítulo 16: Reacción en cadena
1. Lorne Whitehead, «Domino "Chain Reaction"» *American Journal of Physics* 51 (1983): 182, http://popperfont.net.
2. Peter H. Diamandis, «The Difference Between Linear and Exponential Thinking», Big Think, http://bigthink.com.
3. Whitehead, «Domino "Chain Reaction"»
4. Hechos 2:39, NBLH.
5. 1 Reyes 19:15-16, RVR.
6. Doris Kearns Goodwin, *No Ordinary Time*, (Simon & Schuster, 1994), 633.

Capítulo 17: La habitación del conejo
1. Philip Zaleski and Carol Zaleski, *The Fellowship*, (Farrar, Straus, and Giroux), 59.
2. Zaleski and Zaleski, *The Fellowship*, 63.
3. Para ver mi lista completa de metas de vida, consulta *El hacedor de círculos*.
4. Zaleski y Zaleski, *The Fellowship*, 3.
5. «Paschal Imagination», RonRolheiser, OMI, February 18, 1991, http://ronrolheiser.com.

6. Zaleski and Zaleski, *The Fellowship*, 198.
7. Zaleski and Zaleski, *The Fellowship*, 26.
8. Véase 1 Corintios 15:33.

Capítulo 18: Narrativas opuestas
1. Stephen Mansfield, *Mansfield's Book of Manly Men*, (Thomas Nelson, 2013), 214.
2. Johnson Brigham, Des Moines: The Pioneer of Municipal Progress and Reform of the Middle West (S. J. Clarke Publishing, 1911), 1:631–32, https://books.google.com.
3. Mansfield, *Mansfield's Book of Manly Men*.
4. Mateo 6:1-2.
5. James O'Shea, «Chuck Feeney, Unsung Hero, Honored by IrishCentral, Guinness», www.irishcentral.com.
6. Steven Bertoni, «Chuck Feeney: The Billionaire Who Is Trying to Go Broke», *Forbes*, October 8, 2012, www.forbes.com.
7. Mateo 6:3-4.
8. Véase Ezequiel 37.
9. Consulta http://mananutrition.org/.
10. Apocalipsis 2:17.
11. Alex Haley, www.brainyquote.com.
12. Vince Lombardi Jr., www.goodreads.com.

Capítulo 19: La decimotercera virtud
1. Proverbios 22:29, RVR.
2. Walter Isaacson, *Benjamin Franklin: An American Life* (Simon & Schuster, 2003).
3. «Washington's Aides-De-Camp», https://en.wikipedia.org.
4. Evan Kirkpatrick, «Launching a Non-Profit? Here Is the Best Advice from 6 Leading Social Entrepreneurs», Forbes, www.forbes.com.
5. Isaacson, Benjamin Franklin, 41.
6. Consulta la adoración de NCC en nccworship.net.
7. Consulta www.whatisorange.org/.
8. Proverbios 16:18, NTV; 18:12, NTV.
9. 2 Samuel 23:23.

Capítulo 20: Dentro de cien años
1. «Guinness Brewery», https://en.wikipedia.org
2. Stephen Mansfield, *The Search for God and Guinness*, (Thomas Nelson, 2009).
3. «George Washington before the Battle of Long Island», www.thirty-thousand.org.
4. William Eleroy Curtis, *The True Abraham Lincoln* (J. B. Lippincott, 1902), 176.
5. «George Washington before the Battle».
6. Salmo 78:6.
7. Dan Van Veen, «AG, Church Share 90th Anniversary», Assemblies of God, January 19, 2005, http://ag.org.
8. Stanley Tam hizo este comentario durante la cena después de hablar en NCC.
9. «Pancake, Pankake, Panique, Kaniess, Saar, Ovitt and Related Families», Roots Web, http://wc.rootsweb.ancestry.com.
10. Mateo 1:6, RVR1960.
11. «St. Crispin's Day Speech», https://en.wikipedia.org.